Bas Kast

Ich weiß nicht, was ich wollen soll

Warum wir uns so schwer entscheiden können und wo das Glück zu finden ist

S. Fischer

MIX
Papier aus verantwortungsvollen Quellen
FSC® C083411
www.fsc.org

3. Auflage Juli 2012

Satz: Druckerei C. H. Beck, Nördlingen
Druck und Bindung: CPI – Clausen & Bosse, Leck
Printed in Germany
ISBN 978-3-10-038303-7

Für Sina

Inhalt

Zweiter Teil
Das Wohlstandsparadox

Dritter Teil
Wir rastlosen Stadtneurotiker

Vorwort
Warum tanzen wir nicht auf der Straße?

Stellen wir uns vor, ein Außerirdischer wäre soeben auf der Erde gelandet und würde sich bei uns danach erkundigen, wie wir so leben, sagen wir, in einem Land wie Deutschland. Der Außerirdische würde sich für ganz simple Dinge des Alltags interessieren, etwa die Frage, ob es bei uns genug zu essen gäbe oder ob wir hungern müssten, ob wir reich wären, ob wir so etwas wie Sklaverei und Unterdrückung kennen würden etc.

»Na ja«, würden wir vielleicht antworten. »Was heißt schon reich … Die meisten schwimmen nicht im Geld wie Dagobert Duck. Aber wenn man es mit anderen Regionen der Welt vergleicht, nagen wir nicht am Hungertuch, und fast jeder hat bei uns ein einigermaßen stabiles Dach überm Kopf.«

Danach gefragt, ob wir frei wären, unser Leben so zu leben, wie es uns vorschwebt, oder ob man uns alles vorschreiben würde, könnten wir sagen: »Gut, wer ist schon wirklich frei? Immerhin haben wir das Glück, in einer demokratischen Gesellschaft zu leben – was man beileibe nicht von jedem Land auf dieser Erde behaupten kann und was auch bei uns, nebenbei gesagt, schon mal anders war.«

Womöglich würde der eine oder andere von uns im Verlauf des Gesprächs feststellen, dass wir in Deutschland sowohl im globalen als auch im historischen Vergleich ziemlich gut dastehen. Insgesamt gehört Deutschland bekanntlich nicht nur zu den demokratischsten, sondern auch zu den wohlhabendsten – und ich würde sogar hinzufügen: lebenswertesten – Ländern der Welt.

»Wow!«, würde unser Außerirdischer da vielleicht begeistert ausrufen. »Ihr müsst bestimmt ganz schön glücklich und zufrieden sein, oder? Wahrscheinlich tanzt ihr den lieben langen Tag fröhlich auf der Straße und feiert euer Glück!«
An der Stelle würden die meisten von uns wohl innehalten. Auf der Straße tanzen? Feiern? Wir?
Wie bitte?

Natürlich ist unser Außerirdischer naiv. Nur weil es uns relativ gutgeht, heißt das nicht, dass wir keine Probleme hätten und uns immerwährender Feierlaune erfreuen würden. Dennoch wäre unser intergalaktischer Freund vielleicht nicht zu Unrecht überrascht, wenn wir ihm, mit Blick auf handfeste statistische Befunde, offenbaren müssten: »Nein, mein Lieber, von fröhlichem Tanzen auf der Straße kann bei uns nicht wirklich die Rede sein. Im Gegenteil, es ist zwar so, dass unsere persönliche Freiheit und unser Wohlstand in den letzten Jahrzehnten nahezu stetig gestiegen sind, unsere Zufriedenheit jedoch ist im gleichen Zeitraum gesunken. Dafür sind nicht nur bei uns in Deutschland, sondern überhaupt in den reichen Ländern der westlichen Welt Angsterkrankungen, Depressionen, Stress und Burn-out fleißig auf dem Vormarsch. Was auch immer mit uns Privilegierten los ist, eins ist sicher: So richtig zu genießen scheinen wir die Privilegien, die wir haben, nicht.«
»Was? Aber warum nicht?«, könnte unser Außerirdischer verblüfft fragen, und damit hätte er die zentrale Frage dieses Buchs gestellt: Was an uns oder unserer Gesellschaft ist es, das uns, unserer *objektiv recht guten Lage zum Trotz*, aufs Gemüt schlägt und zu schaffen macht? In zahlreichen Industrienationen dieser Welt hat das Glück in den letzten Jahrzehnten kaum oder nicht zugenommen, und in manchen Ländern,

darunter Deutschland, hat es sogar nachgelassen. Wie ist das möglich? Was ist los mit uns? Was fehlt uns denn im Überfluss?

Auf der Suche nach Antworten ist dieses Buch entstanden. Die Antworten und eventuelle Einsichten, die es anbietet, stammen dabei nicht aus meiner geheimen Schatzkiste mit dem eingravierten Schriftzug *Die gesammelten Weisheiten aus dem Leben des B. K.* Nein, ich habe eine weitaus spannendere und verlässlichere Quelle der Weisheit zu Rate gezogen: die Wissenschaft. Mit Hilfe empirischer Studien habe ich versucht, mir ein genaueres Bild davon zu machen, wie wir ticken, was uns antreibt, was uns glücklich stimmt und, umgekehrt, zur Verzweiflung bringt. Warum neigen wir inmitten steigenden Reichtums zu Unzufriedenheit und wachsender Rastlosigkeit? Wieso – wenn wir wirklich so frei sind – leben wir nicht das Leben, das wir *eigentlich* leben wollen? Warum fällt es uns so schwer, das Glück zu finden? Suchen wir es möglicherweise an den falschen Stellen? Um diesen und ähnlichen Fragen auf den Grund gehen zu können, habe ich eine Vielzahl statistischer Daten ausgewertet und Dutzende von Studien und Analysen aus den unterschiedlichsten wissenschaftlichen Disziplinen herangezogen, von der Psychologie über die Hirnforschung bis hin zu den Wirtschaftswissenschaften und der Soziologie.
Im Laufe der Recherche wurde dabei eine Sache immer klarer: Selbst so großartige Errungenschaften wie Freiheit und Wohlstand können ihre Schattenscheiten haben, Schattenseiten, die uns unzufrieden stimmen und sogar krank machen können.
Im ersten Moment mag das unglaubwürdig oder auch undankbar klingen, als wüsste ich diese Errungenschaften nicht zu schätzen. Das ist, wie ich Ihnen versichern kann, nicht der

Fall. Dazu ein einfacher Vergleich: Es ist zweifellos großartig, dass bei uns so gut wie keiner mehr hungern muss. Aber das heißt doch nicht, dass deshalb umgekehrt Übergewicht kein ernstes Problem darstellen würde. Aus der Tatsache, dass ein grundsätzlich begrüßenswerter, ja geradezu privilegierter Zustand – so gut wie jeder kann jederzeit seinen Hunger stillen – seinerseits gewisse Risiken und Nebenwirkungen mit sich bringt, folgt nicht, dass diese neuen Risiken und Nebenwirkungen nicht real oder unbedeutend wären. Die neuen Probleme können, wie das Beispiel Übergewicht zeigt, durchaus gravierend sein. Und was für den Körper gilt, das scheint mir teils auch auf unsere Psyche zuzutreffen.

Jede Umwelt stellt die Lebewesen, die sich in dieser Umwelt behaupten müssen, vor ihre ganz eigenen Herausforderungen. Versetzen wir uns einen Augenblick in unsere haarigen Vorfahren, wie sie vor Jahrmillionen in Jäger-Sammler-Grüppchen durch die afrikanische Savanne zogen.

Ganz hübsch, oder? Vor allem, wenn man in seinem Rucksack Proviant dabeihat und sich am Abend wieder in die klimatisierte Lodge mit gutgefüllter Minibar zurückziehen kann. Ohne all das wird die Savanne bald zu einem ziemlich unwirtlichen Ort. Gut möglich, dass unsere Ahnen immer wieder kurz vorm Hungertod standen. Um zu überleben, galt es, den ganzen Einfallsreichtum in die Nahrungsbeschaffung zu stecken, was sich wohl kaum im Alleingang, sondern nur in kleinen Gruppen bewerkstelligen ließ.
Wir modernen Stadtneurotiker sind in einer völlig anderen Lage. Auch wenn unser Gehirn maßgeblich vom Survival-Training in der afrikanischen Savanne geprägt worden ist, hat sich die Umwelt, in der wir uns bewegen, drastisch geändert. Mitunter ist sie der kargen Steppe diametral entgegengestellt.

Chronischer Mangel ist, einerseits, in vielen Lebensbereichen durch ein chronisches Zuviel ersetzt worden: durch zu viele Optionen, zwischen denen wir wählen können oder müssen,

zu viele unterschiedliche Tätigkeiten, denen wir nachgehen sollen oder manchmal auch wollen, zu viele Informationen, die auf uns einprasseln, zu viele (uns unbekannte) Menschen auf einem Fleck etc.
Auf der anderen Seite macht es unsere Konsumgesellschaft möglich, dass jeder auf eigene Faust überleben kann. Bei uns kämpft jeder erst mal für sich. Die Folge: Dem materiellen Überfluss steht nicht selten ein zwischenmenschlicher Mangel gegenüber, ein Zuwenig an gegenseitiger Aufmerksamkeit, an Zeit füreinander, an Nähe und Geborgenheit.

Es soll in diesem Buch nicht darum gehen, unsere mühsam erkämpften Freiheiten und unseren harterarbeiteten Wohlstand aufzugeben (so wie jemand, der über die gesundheitlichen Gefahren von Übergewicht berichtet, ja für gewöhnlich nicht den flächendeckenden Abriss der Supermärkte im Sinn hat und sich eine Hungersnot herbeisehnt). Vielmehr muss jeder von uns Wege und Strategien auskundschaften, um mit der heutigen, modernen Gesellschaft fertig zu werden und sein Glück darin zu finden. Tatsächlich erscheint mir die Gesellschaft, in der wir leben und deren Vorzüge wir unserem außerirdischen Freund zu Recht geschildert haben, in mancherlei Hinsicht als nahezu ideal. Sie bietet so viele Chancen für ein erfolgreiches, glückliches Leben. Dieses Buch will dabei helfen, die Fallstricke und Abgründe, die sich *auch* in unserer Gesellschaft verstecken und die eng mit ihren Vorzügen verknüpft sind, zu erkennen – damit sich am Ende jeder, hoffentlich, etwas besser darin zurechtfindet.

Erster Teil

Das Freiheitsparadox

1. Die Qual der allzu großen Wahl

Ein Grillabend mit Tränen

Nie werde ich die Wochen des Sommers 2009 vergessen, als Freunde von mir mit einem leicht heruntergekommenen Bauernhof etwas außerhalb Berlins regelmäßig freitags einen Grillabend veranstalteten, zu dem sich stets dieselben sechs, sieben Leute zusammenfanden. Man hätte an einem Freitagabend in Berlin hundert andere Sachen machen können, trotzdem entschied sich jeder von uns immer wieder aufs Neue zu diesem eher unspektakulären Abend »auf dem Lande«, wobei vielleicht gerade darin der Reiz lag: der Stadt mit ihren Verlockungen und Zumutungen für ein paar Stunden einfach den Rücken zu kehren.

Abgesehen von meiner Freundin und mir bestand die Grillrunde aus: den Gastgebern, Julia und Christian, einem Ehepaar von knapp über 40, sie Kinderpsychologin, er Journalist. Dann Tanja, Anfang 30, Single, sie war die Einzige, die gelegentlich fehlte, sei es, weil sie auf einem Meeting irgendwo auf der Welt sein musste, sei es, weil sie irgendein Date hatte. Dafür kamen Sophie und Nico immer, beide Mitte 30, beide mit wechselnden Jobs und noch weitgehend verwirrt darüber, was sie mit ihrem Leben denn nun eigentlich genau anstellen sollten.

Eines Abends tauchte Sophie alleine auf. Während Christian und ich uns am Grill teils nützlich, teils wichtig machten, verschwanden die Frauen ins Haus und kamen nicht wieder.

Irgendwann, als die ersten Zucchinischeiben auf dem Grill langsam beunruhigend dunkel wurden, ging Christian los, um nachzusehen.
Minuten später kamen sie alle in den Garten, und ich erfuhr, was los war: Sophie und Nico hatten sich getrennt. Der Grund erwies sich als erschreckend einfach: Sie wollte Kinder, er nicht, noch nicht. Er war einfach noch nicht so weit. Jetzt hatte sie die Schnauze voll und nach einem langem Hin und Her, von dem wir nichts mitbekommen hatten, einen Schlussstrich gezogen.
»Ist ja schon typisch«, sagte Tanja nach einer Weile, wir saßen mittlerweile am langen Holztisch. Aßen, redeten. Versuchten, Sophie zu trösten. »Alle toben sich aus, keiner bindet sich wirklich, und am Ende bleiben wir Frauen dabei auf der Strecke.« Ich schätze, dass Tanja mit ihrem Job bei einem großen Pharmaunternehmen schon damals mehr als 70 000 oder 80 000 Euro verdiente, jedenfalls mehr als alle anderen in der Runde. Sie hatte ein Dauerabo bei Elitepartner.de und bei ihrer immer verzweifelteren Suche nach einem (einem? *dem*) Mann ihre astronomischen Ansprüche sukzessive und zähneknirschend heruntergeschraubt, bis dahin ohne Erfolg.
Ich fragte vorsichtig, was sie denn damit meine und ob nicht auch Frauen unter Umständen Spaß daran hätten, sich auszutoben.
Austoben sei ja schön und gut, entgegnete Tanja. »Aber je länger alles unverbindlich bleibt, desto mehr steigt für die Frau das Risiko, dass sie nur ihre Zeit verschwendet mit einem Typen, der sich davonmacht, sobald es ernst wird. Irgendwann steht sie alleine da, oder sie muss sich auf einen Mann einlassen, den sie vielleicht gar nicht so richtig will und den sie dann doch nimmt, weil ihr keine Zeit mehr bleibt.«

Christian, ein langer, schlaksiger Typ, sah Tanja irritiert an. »Und du denkst, Männer hätten mehr Zeit?«, fragte er.
»Ja, sicher«, entgegnete Tanja. »Charlie Chaplin ist noch mit 80 Vater geworden.«[1]
Christian schüttelte den Kopf. »Tja, so einfach ist das also«, sagte er in einem ironisch-sarkastischen Tonfall, woraufhin es unangenehm still wurde. Keiner sprach ein Wort. Auch Tanja schwieg. Vielleicht wurde ihr erst jetzt bewusst, dass ihre Sätze, so recht sie damit aus ihrer Sicht vielleicht hatte, für Christian und Julia einem Schlag ins Gesicht gleichkamen.
Christian und Julia hatten sich nach ihrem Studium mehr oder weniger ausschließlich um ihre Karrieren gekümmert. Erst hatten Kinder nicht in ihren Lebensplan gepasst, dann hatte sich der Plan geändert, zu dem Zeitpunkt jedoch war es bereits, wie ein Besuch beim Arzt bestätigte, zu spät. Jetzt besuchten sie einen Adoptionskurs, den das Jugendamt fordert, um für die Adoption eines Kindes in Frage zu kommen.
Die Diskussion zog sich noch bis weit nach Mitternacht hin, unter einem blassen Sternenhimmel. Als meine Freundin und ich schließlich nach Hause fuhren und über den Abend und *unsere* Probleme redeten (um nur eins zu nennen: Meine Freundin musste gerade arbeitstechnisch für längere Zeit nach Holland, hatte aber wenig Lust, mich, ihre Freunde und Familie und Berlin zu verlassen), platzte es irgendwann aus ihr heraus: »Warum fällt es uns so schwer, alles richtig zu machen? Eigentlich haben wir doch alle Möglichkeiten, trotzdem sind wir ständig unzufrieden!«
Ich weiß nicht mehr, was ich damals geantwortet habe, ob ich überhaupt etwas halbwegs Intelligentes gesagt habe, wahrscheinlich eher nicht. Ich glaube, ich stimmte, furchtlos und unerschrocken, wie ich bin, meiner Freundin zu. Sie hatte ja

auch recht: Eigentlich haben wir wirklich alle Möglichkeiten, eigentlich sollten wir wirklich zufrieden sein. Warum also sind wir es nicht? (Oder sind wir es doch, und wir sind einfach zu verwöhnt, es zu merken?)

Frauen: Mehr Freiheit, mehr Glück?

Ein paar Tage später. Ich hatte immer mal wieder an den Grillabend und die anschließende Heimfahrt gedacht. Ich hatte mich mit Nico getroffen, mir seine Version der Geschichte angehört und darüber gegrübelt, was die Probleme, die an dem Abend zur Sprache gekommen waren, zu bedeuten hatten, ob sie – über die Probleme als solche hinaus – überhaupt etwas zu bedeuten hatten. Hatte es die Liebe in der heutigen Zeit besonders schwer? Hatten *wir* es besonders schwer, und wenn ja, warum? Worin bestand, auf einen Nenner gebracht, unser Problem? Etwa »nur« darin, dass es für uns schwierig geworden war, Arbeit und Liebe oder Arbeit und Familie unter einen Hut zu bekommen?

Ich überlegte, ob das Ganze nicht eine kleine Recherche wert wäre, und fing an, mich in die Sache zu vertiefen, wenn zunächst auch nur halbherzig. Und selbst als ich schon einiges gelesen hatte, wurde ich das Gefühl nicht los, dass ich meine Zeit mit so etwas Trostlosem wie einem Luxus-Lamento verschwendete.

Einem Teil von mir kam es einfach naiv, fast ein bisschen peinlich vor, dass ausgerechnet meine Generation sich mit der Liebe und dem Leben schwertun sollte und zu Frust und Unzufriedenheit neigt. Na gut, wir stöhnen und jammern, etwas, das wir uns als Spezies wohl nie abgewöhnen werden, aber, herrje, stöhnen und jammern wir nicht auf einem verdammt hohen Niveau? Sind wir nicht, alles in allem, in einer weitaus besseren, privilegierteren Lage als die meisten, um nicht zu sagen: alle Generationen vor uns? So manche Angelegenheit ist sicher etwas komplizierter geworden als früher, aber war es früher wirklich *besser*? Als ob es jemals eine Zeit gegeben hätte, in der die Leute *nicht* unzufrieden gewesen wären! (Vielleicht, ja wahrscheinlich beschränkte sich die Sache gar nicht auf einen Jahrgang, sondern war mehr ein allgemeines Phänomen hochentwickelter, moderner Gesellschaften.)

Ich stand schon kurz davor, die Angelegenheit wieder fallenzulassen, als in diesem August 2009 zufällig eine Studie erschien, die meine Vorstellungen abermals auf den Kopf stellte. In der Studie untersuchen zwei US-Ökonomen minutiös, wie sich die Lebenszufriedenheit von Frauen und Männern der »westlichen« Welt in den letzten Jahrzehnten entwickelt hat.

Spätestens seit den 1970er Jahren, entdeckte ich, führen Meinungsforscher nicht nur in den USA, sondern auch in zahlreichen europäischen und anderen Industrieländern Befragungen durch, die Teile der Bevölkerung unter anderem danach abklopfen, wie glücklich sie sind. Mit anderen Worten: Die Frage, ob wir heute zufriedener oder unzufriedener mit unserem Leben sind als noch vor wenigen Jahrzehnten – tiefer in die Vergangenheit gehen die meisten Daten leider nicht –, lässt sich inzwischen empirisch beantworten. Man ist nicht mehr auf Spekulationen oder indirekte Befunde angewiesen, nein, man kann sich einfach ansehen, wie sich die Menschen selbst über ihr Leben geäußert haben.

Als die Wissenschaftler das taten und die Glücksangaben von Männern und Frauen aus den 1970er Jahren bis heute auswerteten, offenbarte sich ihnen ein Ergebnis, das sie zunächst kaum glauben konnten. Verblüfft stellten sie fest, dass sich das Glück je nach Geschlecht unterschiedlich entwickelt hat: Während es bei den Männern über die Jahrzehnte weitgehend konstant geblieben bzw. sogar leicht gestiegen ist, sind die Frauen mit der Zeit – größtenteils relativ zu den Männern, teils aber auch absolut – *immer unglücklicher* geworden. Waren die Frauen in den 1970er Jahren noch eindeutig glücklicher als die Männer, so hat sich dieses Glücksplus über die Jahrzehnte, schleichend, Stückchen für Stückchen, in Luft aufgelöst.

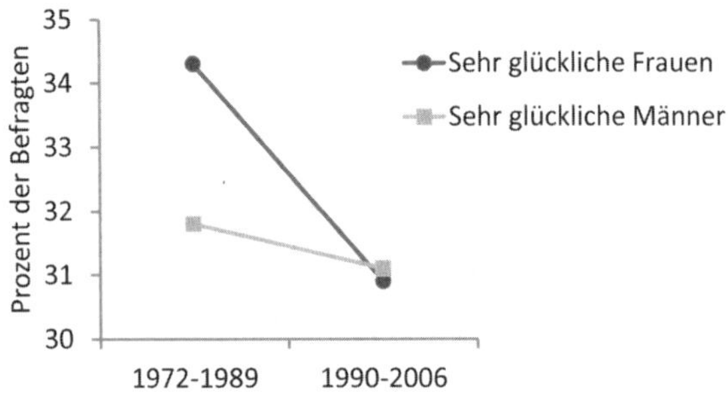

Die Grafik zeigt einen Ausschnitt der Befunde aus den USA.[2] Man sieht, der Anteil sehr glücklicher Frauen ist gesunken, während dieser Anteil bei den Männern ungefähr gleich geblieben ist. Und was das Erstaunlichste ist: Als relativer Trend zeigt sich der Glücksschwund der Frauen nicht nur in den USA, sondern in praktisch allen Nationen, die die Forscher untersucht haben, in Belgien, Dänemark, Frankreich, Großbritannien, Griechenland, Irland, Italien, Luxemburg, Spanien, Portugal und den Niederlanden. In Deutschland ist der Unterschied der Glücksentwicklung zwischen den Geschlechtern nicht ganz so klar, was einen erst mal positiv stimmen könnte, wäre es nicht so, dass wir in Deutschland in den letzten 30 Jahren insgesamt, also Frauen und Männer, unzufriedener geworden sind.[3]

Man stutzt, reibt sich die Augen, wundert sich. Ich bin weiß Gott kein Historiker, ich bin nur ein Laie, aber wenn ich so über die Entwicklung in den obengenannten Ländern nachdenke, wenn ich die Nachkriegszeit in groben Zügen an meinem geistigen Auge vorbeiziehen lasse und mich frage, was sich in den USA und bei uns in Europa so getan, was sich dort wie hier in den letzten Jahrzehnten verändert hat, zum Guten oder zum Schlechten, dann neige ich fast zu dem Schluss, dass es kaum eine gesellschaftliche Gruppe gibt, die ihre Situation so radikal verbessert hat wie die Gruppe der Frauen.

Es ist doch gar nicht so lange her, dass sich ein Großteil des Lebens der Frau noch in der Küche und dem Kinderzimmer abspielte, und obwohl das auch zu einem Mythos geworden ist, obwohl auch in den 1950er und 1960er Jahren zahlreiche Frauen außer Haus arbeiteten, so beschränkte sich das Job-Spektrum der Frau zu der Zeit überwiegend auf typische »Frauenberufe«, wie Sekretärin, Krankenschwester oder Lehrerin.

Ein weiterer Unterschied zu heute war, dass die meisten Frauen damals, auch wenn sie *Jobs* hatten, keine langfristigen *Karrieren* verfolgten. Sogar »die Uni war, statt ein Aufbruch in eine berufliche Laufbahn, für viele eher ein Weg, einen geeigneten Ehegatten kennenzulernen«, wie die Wirtschaftshistorikerin Claudia Goldin von der Harvard-Universität in einer kürzlich veröffentlichten Rückschau schildert.[4] Und spätestens, sobald sie heiratete und Kinder bekam, stand die Rollenverteilung unverrückbar fest – um sich diese kurz ins Gedächtnis zu rufen, genügt schon ein Blick auf die damalige Reklame, jene Anzeige für den brandneuen, revolutionär-innovativen Schnelltopfkoch von Fissler etwa.

Frappierend, wie haargenau Werbung und Alltagssitten sich gelegentlich spiegeln: Im einen wie im andern Fall liest er Zeitung, beschäftigt sich mit der großen Welt da draußen, und sie beschäftigt sich – mit ihm.

Bis in die 1960er Jahre hinein konnten Frauen in Deutschland nur dann ein Bankkonto eröffnen, wenn der Ehemann zustimmte, und noch in den 1970er Jahren, so wollte es das Bürgerliche Gesetzbuch, musste die Frau zuerst ihren Gatten um Erlaubnis bitten, bevor sie einen Beruf ergreifen konnte.
Ich will ja nicht suggerieren, dass heute alles perfekt wäre für Frauen, dass sie nach einem langen Leidensweg im Paradies angekommen wären, darum geht es in diesem Zusammenhang nicht. Es geht nur darum, dass sich die Situation der Frau objektiv, wie die Situation der meisten von uns, doch wohl eindeutig zum Besseren gewendet hat. Jeder halbwegs aufgeklärte Mensch würde doch selbstverständlich davon ausgehen, dass eine Erweiterung von Freiheit und Wahlmöglichkeiten zu unser aller Glück beitragen. Und dass also auch, ja dass gerade die Frauen der westlichen Welt mit der Freiheit, die sie sich in den letzten Jahrzehnten erkämpft haben – als wäre das nichts: Bundeskanzlerin, US-Außenministerin, eigene Fußball-WM –, insgesamt etwas glücklicher geworden sind, und wenn schon nicht glücklicher, so doch wenigstens nicht unglücklicher!
Trotzdem, anscheinend ist genau das teilweise der Fall.
Damit aber hatte für mich der Grillabend wieder an Aktualität gewonnen, schien der Befund doch einmal mehr die Frage aufzuwerfen, die meine Freundin damals auf der Autofahrt nach Hause gestellt hatte: Warum sind wir überhaupt noch unzufrieden – mitunter sogar, wie sich herausstellt, unzufriedener als früher –, angesichts der großen Freiheit und der vielen Möglichkeiten, die wir heute genießen? Anders gefragt: Warum genießen wir unsere Errungenschaften nicht ein bisschen mehr, als wir es den empirischen Erhebungen zufolge tun?
Ich recherchierte weiter, als sich allmählich eine erste, hypo-

thetische Antwort auf die Frage andeutete, eine Erklärung, die sowohl etwas Licht auf das Frauenparadox warf als auch auf die Probleme, die uns grillende Stadtneurotiker beschäftigt hatten, auch wenn diese Erklärung ihrerseits zunächst etwas paradox anmutet: Vielleicht, so die Überlegung, vielleicht sind wir ja nicht unzufrieden *obwohl*, sondern *weil* wir so viele Möglichkeiten haben.

Bitte, reicht mir mein Prozac!

Als die *New York Times* über die Befunde der beiden Wirtschaftswissenschaftler berichtete und ihre Leser dazu aufforderte, das Rätsel der unglücklicher werdenden Frau zu lösen, entfesselte sich auf der Webseite der Zeitung binnen Stunden ein regelrechter Krieg der Geschlechter. Hunderte von Kommentaren liefen ein, Deutungsversuche, Analysen, Lebensgeschichten, zynische Bemerkungen und bittere Beschimpfungen. Hören wir kurz hinein:[5]

Was von Frauen erwartet wird:

1) Dass sie dünn sind
2) Dass sie gigantische straffe Brüste haben
3) Dass sie den Haushalt schmeißen
4) Dass sie die Kinder erziehen
5) Dass sie Termine und das soziale Leben regeln
6) Dass sie das emotionale Support-Center der Familie sind
7) Dass sie selbst keine Bedürfnisse haben

Was von Männern erwartet wird:

Dass sie Geld verdienen
- Anon

Sowohl mein Mann als auch ich arbeiten, aber er ist vielleicht glücklicher, weil er sich, sobald er von der Arbeit nach Hause kommt, auf die Couch legt und Fernsehen guckt (was er jetzt gerade tut), während ich für unsere Kinder (Alter 3 & 7) das Frühstück sowie das Pausenbrot mache, ihnen beim Anziehen und Zähneputzen helfe (Ehemann schläft während dieser vier Aktivitäten noch), sie zur Schule bringe, ihre Hausaufgaben kontrolliere, die Rechnungen zahle, das Abendessen koche, die Einkäufe für den gesamten Haushalt erledige (Essen, Klamotten, etc.), die Wäsche mache und das Geschirr spüle.
- NYCgirl

Der Punkt ist einfach, dass Frauen keine Ehefrauen haben.
- Zinaida

Wenn meine verheirateten, an Kindern festgeschnallten Freundinnen über ihre Ehemänner jammern, dass sie ihnen das Abendessen machen müssen, dass sie einkaufen und Kinder von hier nach dort schleppen müssen, dann lächle ich nur und erinnere sie daran, dass niemand ihnen diesen Lebensstil aufgezwungen hat. Es sind alles Entscheidungen, Leute!
- ParisRunner

Nur damit's auch allen klar ist: Jede Erklärung für den Glücksunterschied zwischen Männern und Frauen muss natürlich zum Schluss kommen, dass der Fehler bei den Männern zu

suchen ist. Denkt dran, wir sind unreife, aggressive, dominante, unsensible Mistkerle. Wer widerspricht, für den gibt's heute Abend keinen Sex.
– Manuel Navarro

Nachdem ich all diese Kommentare gelesen habe, hab ich nur eins zu sagen: Bitte, reicht mir mein Prozac!
– Carol

Ein Großteil der Kommentare kommt von Frauen, und ein Großteil dieser Frauen macht ihrem Ärger darüber Luft, dass man als Frau heutzutage zwar durchaus Karriere machen kann, vieles habe sich in der Hinsicht zum Guten geändert, nur eines leider nicht oder zumindest nicht genug: die Männer. Während Frauen mehr und mehr Verantwortung im Berufsleben übernommen hätten, hätten die Männer ihrerseits nicht mitgezogen und mehr Verantwortung im Haushalt und Familienleben übernommen. Die Folge: Die Frauenbewegung, die auszog, den Frauen mehr Freiheit zu erkämpfen, habe ironischerweise dazu geführt, dass Frauen nun vor allem mehr Arbeit am Hals hätten, und zwar in Form von Karriere *und* Kind, wobei zu dieser letzten Kategorie in der Regel auch der Ehemann zu gehören scheint. Kein Wunder, dass die Frauen – relativ zu den Männern – immer unglücklicher geworden sind!
Die Erklärung leuchtet ein und soll ja auch bei uns, wie man hört, nicht gerade selten die Realität treffen. Und doch gibt es da ein kleines Problem: Die Erklärung geht stillschweigend davon aus, dass sich der Unglückstrend auf jene zweifellos überlasteten Frauen beschränkt, die zwischen Büro und Kita, zwischen Geschäftstermin und Schule hin- und herhetzen und

vor lauter Multitasking und Jonglieren zwischen den Welten nicht wissen, wo ihnen der Kopf steht.
Tatsächlich jedoch scheint das Phänomen der unglücklicher werdenden Frau viel umfassender zu sein. So ergab die Analyse der US-Ökonomen, dass Frauen *ohne* Ehemann von dem Unglückstrend ebenso betroffen sind wie ihre verheirateten Leidensgenossinnen. Und nicht nur das, nein, auch Frauen *ohne* Kinder und Frauen *ohne* Berufstätigkeit sind in den letzten Jahren, im Vergleich zu den Männern, immer unzufriedener geworden.[6] Mit anderen Worten: Die Doppelbelastung von Karriere und Kind erklärt sicher so manches, sie erklärt aber nicht alles, aus dem einfachen Grund, dass viele vom Unglückstrend ebenfalls betroffene Frauen dieser Doppelbelastung schlichtweg nicht ausgesetzt sind. Es muss also noch etwas geben, das den Frauen zunehmend zu schaffen macht. Nur was?
In diesem Kapitel werde ich die Antwort auf das Rätsel im Wesen der Freiheit selbst suchen, in dem Umstand, dass eine Erweiterung von Freiheit und Wahlmöglichkeiten nicht nur angenehme, sondern auch unangenehme, ja geradezu frustrierende Seiten haben kann. Dabei soll nicht in erster Linie das Schicksal der Frauen im Vordergrund stehen, sondern das Thema Freiheit. Da aber Frauen in den letzten Jahrzehnten eine besonders starke Ausdehnung ihrer Freiheit erfahren haben, wäre es nicht unlogisch, wenn sie auch deren Schattenseiten besonders stark zu spüren bekämen, mit der Folge, dass ihnen ihr Glücksplus, das sie einst den Männern gegenüber genossen, verlorengegangen ist.
Wenn es jedoch wirklich so ist, dass Freiheit und viele Möglichkeiten auch ihre Schattenseiten haben, die uns aufs Gemüt schlagen können, dann müssten nicht nur Frauen von diesen

Schattenseiten betroffen sein, sondern wir alle. Jeder von uns muss schließlich mit der Freiheit und den zahlreichen Optionen, die uns die heutige Welt bietet und denen wir uns nicht entziehen können – weil wir, sogar wenn wir sie nicht nutzen, immer wissen werden, dass es diese Optionen gibt –, fertig werden.
Na gut, selbst wenn diese Überlegungen einigermaßen plausibel sein sollten, bleibt immer noch die entscheidende Frage: Was sollten die Schattenseiten der Freiheit sein?

Zu viele Marmeladensorten verderben den Appetit

Ein urbaner Feldversuch. An einem gewöhnlichen Samstag in San Francisco bauen zwei Marketing-Studentinnen – Irene und Stephanie – in einem Delikatessengeschäft, gleich beim Eingang, einen Probiertisch mit Feinkostkonfitüren auf. Es gibt zwei verschiedene Tisch-Varianten, die die jungen Frauen stündlich wechseln: In der ersten Variante bieten sie der vorbeikommenden Kundschaft sechs, in der zweiten 24 Marmeladensorten zum Verkosten an. Wer daraufhin eine Marmelade kaufen will, kann das nicht direkt bei den Damen am Probiertisch tun, sondern muss dafür zu dem entsprechenden Gang im Geschäft, wo sich die Marmeladen befinden. Dort lauert ein weiterer Mitarbeiter des Versuchs, Mark, der die Kunden heimlich beobachtet.
Nach und nach stellen die beiden Studentinnen fest[7], dass eine große Konfitürenauswahl deutlich mehr Kunden an ihren Tisch lockt als eine kleine Auswahl – nicht weiter überraschend. Doch was dann geschieht, ist bemerkenswert. Dem Spion Mark fällt auf, dass sich die Einkäufer je nach Tisch-

Version unterschiedlich verhalten: Jene, die soeben von der großen Auswahl gekostet haben, wirken verunsichert. Lange bleiben sie vorm Marmeladenregal stehen, grübeln, zweifeln. Immer wieder prüfen sie die Marmeladengläser, und wenn sie mit jemandem zusammen im Laden sind, fangen sie an, die Vor- und Nachteile der Sorten zu diskutieren, was bis zu zehn Minuten dauern kann, woraufhin sie meist mit leeren Händen den Gang verlassen. Ganz anders dagegen die Kunden, die von der kleinen Auswahl gekostet haben: Sie scheinen genau zu wissen, was sie wollen, schreiten zum Marmeladenregal, nehmen ihre bevorzugte Sorte (»Zitronencreme«, bei der überwiegenden Mehrheit) und kaufen weiter ein.

Der Marmeladenversuch fand an zwei aufeinanderfolgenden Samstagen statt. Insgesamt beobachtete man dabei das Verhalten von über 750 Kunden. Die Grafik zeigt, was in einer durchschnittlichen Stunde geschah.[8]

In einer anschließenden Analyse der Daten kann die Leiterin des Versuchs, die US-Psychologin Sheena Iyengar von der Columbia University in New York, diese subjektiven Eindrücke bestätigen: Während 30 Prozent der Leute, die mit nur sechs Marmeladen konfrontiert worden waren, ein Glas kauften, entschieden sich bei einem Tisch mit 24 Sorten nur drei Prozent, also gerade mal ein Zehntel, zu einem Kauf.

Auf die wichtigste Erkenntnis in unserem Zusammenhang stößt die Psychologin Iyengar jedoch erst mit einem weiteren Versuch. Schauplatz ist diesmal das Labor der Forscherin, in dem ihre Mitarbeiter einer Gruppe von Testpersonen diverse Edelschokoladen anbieten. Die Auswahl besteht einmal aus sechs und einmal aus 30 verschiedenen Schokoladensorten, wobei es noch eine Kontrollgruppe gibt, die gar keine Wahl hat, sondern einfach eine bestimmte Schokoladensorte in die Hand gedrückt bekommt. Anschließend sollen alle auf einer Skala von 1 bis 7 bewerten, wie gut ihnen die Schokolade geschmeckt hat (je höher die Zahl, desto besser). Außerdem erhält jeder am Ende des Versuchs als Entschädigung fünf Dollar, die man, wenn man will, gegen Schokolade eintauschen kann.

Es stellt sich heraus, dass Menschen bei einer kleinen Auswahl von Möglichkeiten nicht nur weniger zweifeln und beherzter zugreifen, sondern am Ende auch *zufriedener* mit ihrer Wahl sind: Diejenigen Testpersonen, ergibt das Experiment, die ihre Schokolade aus dem Angebot von sechs verschiedenen Sorten herausgepickt haben, bewerten ihre Schokolade von allen Teilnehmern am besten – besser als jene, die keine Wahl hatten, überraschenderweise aber auch besser als jene, die aus einem großzügigen Angebot von 30 unterschiedlichen Schokoladensorten wählen konnten.

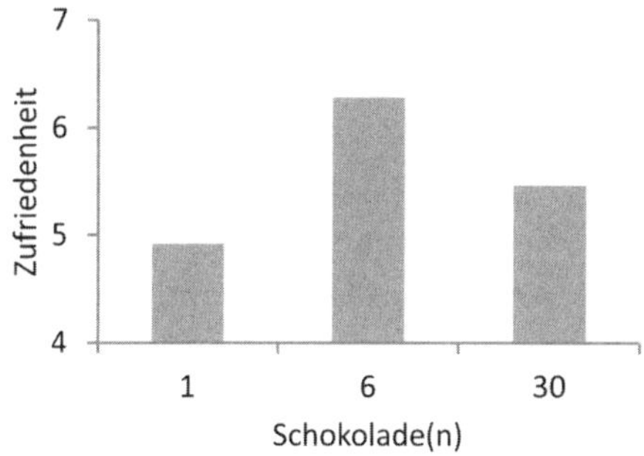

Und diese größere Zufriedenheit äußert sich auch im Verhalten: Von den Teilnehmern, die aus sechs Sorten wählen durften, ist immerhin knapp die Hälfte von ihrer Kostprobe dermaßen begeistert, dass sie sich spontan dazu entschließt, ihren Fünf-Dollar-Lohn gegen Schokolade einzutauschen. Jene, die keine Wahl *oder* eine sehr große Auswahl hatten, haben dagegen genug von Schokolade, sie wollen einfach nur ihr Geld und schleunigst nach Hause.[9]

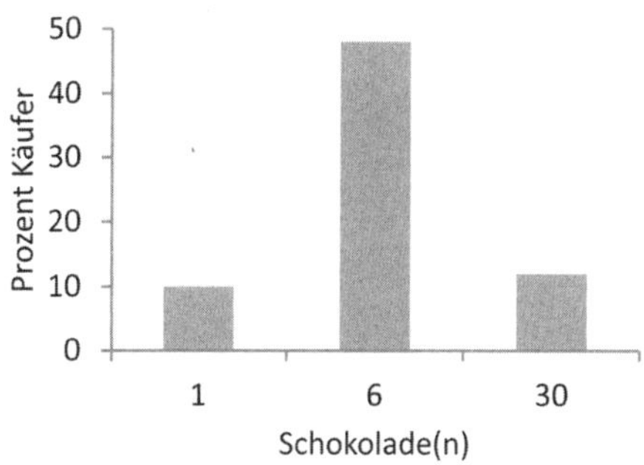

Das Regenbogenphänomen

Mehr Auswahl, weniger Zufriedenheit und weniger Kauflust – das klingt natürlich erst mal paradox. Eigentlich haben wir ja das Gefühl, dass es sich genau umgekehrt verhält, dass gerade eine spärliche Auswahl unserem Kaufrausch einen Strich durch die Rechnung macht. Wer gar keine Wahl hat, muss sich wohl oder übel mit dem zufriedengeben, was ihm vor die Nase gesetzt wird. Wir sind unserem Schicksal, in diesem Fall der Marmelade oder Schokolade, die uns aufgezwungen wird, auf Gedeih und Verderb ausgeliefert. Können wir zwischen verschiedenen Möglichkeiten wählen, bekommen wir dagegen eine gewisse Kontrolle über unser Schicksal, genauer gesagt: Aus Schicksal wird eine freie Wahl. Die Chancen stehen nicht schlecht, dass wir am Ende auch zufriedener mit der Alternative sind, die wir uns selbst ausgesucht haben, egal, ob es sich dabei um eine Marmelade, eine Karriere oder einen Lebenspartner handelt.

Nun haben wir – um die Argumentation logisch fortzusetzen – bei einigen wenigen Möglichkeiten zwar schon etwas, bei vielen Möglichkeiten jedoch noch mehr Freiheit. Die Wahrscheinlichkeit, dass sich unter einem großen Angebot zumindest einige Exemplare (Schokoladen, Lebenspartner) befinden, die uns so richtig schmecken, ist entsprechend größer. Allgemein formuliert, dürften wir davon ausgehen können, dass unsere Zufriedenheit mit der Zahl der Angebote stetig zunimmt, und genau in dieser Annahme bietet mein Lieblingssupermarkt am Alexanderplatz auch nicht schnöde sechs, sondern 250 Marmeladen, Konfitüren und Gelees an.[10] Würde man diese Annahme grafisch darstellen, sie würde ungefähr so aussehen:

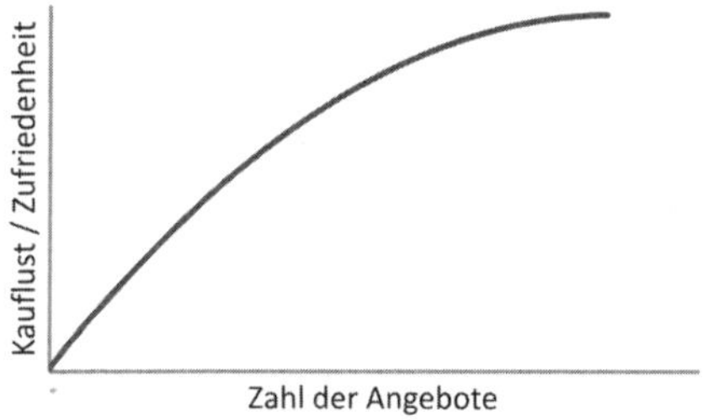

Je größer das Angebot, desto größer unser Kaufrausch, wobei man vernünftigerweise einschränken sollte, dass ab einer bestimmten Menge wohl eine gewisse Sättigung eintreten wird. Schließlich ergibt es einen größeren Unterschied, ob wir zwischen zwei und zwölf oder zwischen 240 und 250 Sorten wählen können. Die zunächst steil ansteigende Linie sollte sich deshalb irgendwann krümmen und allmählich flacher werden.

So weit die Theorie. Wirft man nun aber einen Blick auf Experimente wie den Marmeladenversuch, scheint das Verhältnis zwischen Angebotszahl und Zufriedenheit anders auszusehen, grafisch nimmt die gekrümmte Linie die Form eines umgekehrten U, einer Wurfparabel oder die eines klassischen Regenbogens an.

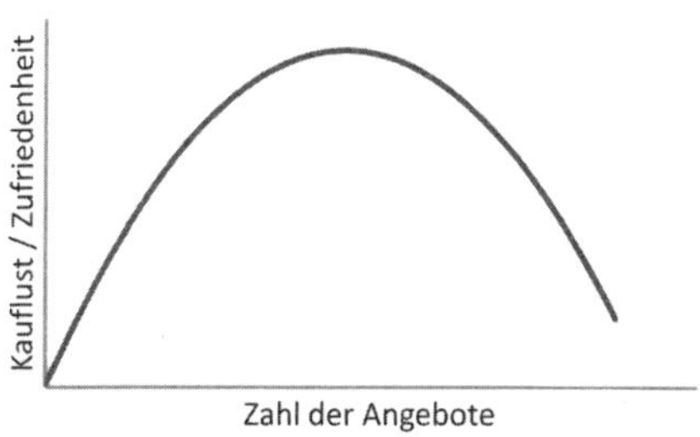

Man könnte meinen, dass das Hinzufügen immer weiterer Möglichkeiten irgendwann zwar keinen Mehrwert mehr bringt, uns allerdings auch nicht weiter stören sollte, da wir die überflüssigen Angebote ja getrost ignorieren können. Sonderbarerweise ist das nicht der Fall: Ab einer gewissen Vielfalt tritt offenbar nicht einfach nur wohlige Sättigung, sondern regelrechter Überdruss ein, wie sich seit dem Marmeladenversuch in mehreren Studien bestätigt hat.

In einer dieser Folgestudien baute man in einer Uni-Bibliothek einen Tisch auf, wo die Leute keine Konfitüren, sondern Kugelschreiber ausprobieren und zu einem sehr günstigen Preis kaufen konnten. Wie üblich variierte man die Größe des Angebots, und zwar diesmal systematisch, angefangen mit nur zwei Kugelschreiber-Modellen, hin zu vier, sechs, acht Modellen, und so ging das weiter in Zweierschritten bis zu 20 verschiedenen Kugelschreibern. Ergebnis: Sowohl bei einem sehr kleinen als auch bei einem sehr großen Angebot hielten sich Leute beim Kauf zurück. Die meisten Kugelschreiber gingen bei einer mittleren Angebotsvielfalt von zehn Modellen über den provisorischen Uni-Ladentisch.[11]

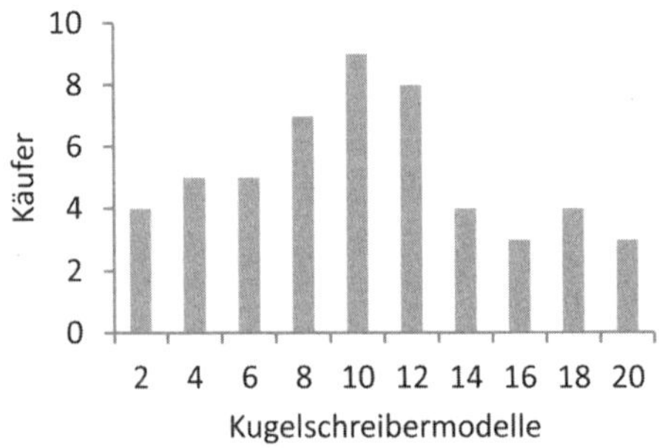

In einem anderen Versuch bot man Testpersonen Bilder von Geschenkschachteln verschiedener Formen und Farben dar und fragte sie, welche Schachtel sie wählen würden, um darin das Geschenk für einen guten Freund/eine gute Freundin einzupacken. Anschließend sollten die Leute »ihre« Schachtel auf einer Skala von 1 bis 10 benoten. Wieder variierte man die Größe des Angebots, in diesem Fall die Zahl der unterschiedlichen Schachteln, wieder zeigte sich bei der Bewertung des gewählten Gegenstands jene Regenbogenform in Abhängigkeit der Auswahlgröße, und auch diesmal lag das Optimum bei zehn verschiedenen Angeboten.[12]

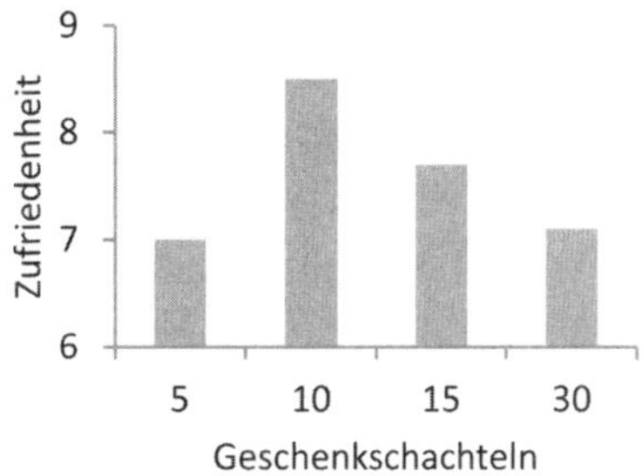

Das »Regenbogenphänomen« lässt sich sogar bis in unser Gehirn zurückverfolgen. So legte ein Forscherteam Probanden in einen Kernspintomographen und forderte die Versuchskaninchen in dem Gerät dazu auf, sich aus einer Sammlung von Landschaftsfotografien ihr Lieblingsexemplar auszusuchen. Die Fotosammlung bestand einmal aus sechs, einmal aus zwölf und schließlich aus einer Kollektion von 24 verschiedenen Fotografien.

Eine Analyse der Hirnscans ergab, dass die Aktivität einiger Hirnregionen mit der Anzahl der Fotografien, die zur Wahl standen, stetig zunahm. Dabei handelte es sich vor allem um Hirnregionen, die Körperbewegungen planen und steuern und visuelle Informationen empfangen. Der Befund ist nicht allzu verwunderlich, da man bei mehr Bildern ja auch mehr hin- und hergucken und mehr optische Eindrücke verarbeiten muss.

Bei anderen Hirnarealen jedoch tauchte die vertraute Regenbogenform in Abhängigkeit der Auswahlgröße auf – und bezeichnenderweise waren das Areale, die man zum sogenannten Belohnungssystem zählt, wie etwa der Nucleus accumbens und der Nucleus caudatus, beides Hirnkerne, die allgemein mit Begehren und Verlangen in Verbindung gebracht werden. Erhöhte man das Angebot von sechs auf zwölf Fotografien, stieg die Erregung in diesen Hirnstrukturen zunächst an, um dann bei einer weiteren Erhöhung auf 24 Fotos wieder abzuflachen.[13]

Schuldgefühle und weitere Schattenseiten der Freiheit

Was soll das? Wieso kommt es in den Experimenten wiederholt zu diesem Regenbogeneffekt[14], wenn es doch unzweifelhaft so ist, dass mit wachsender Angebotsgröße die Chance wächst, dass wenigstens eine Alternative dabei ist, die unserem Geschmack entspricht, und wir also eigentlich mit einer großen Auswahl besser dastehen müssten?

Es könnte natürlich sein, dass eine große Vielfalt einerseits zwar eine durchaus gute Sache ist, die sehr verlockend auf uns wirkt – dafür würden nicht nur die Supermärkte mit Riesen- bis Mega-Auswahl sprechen, sondern auch die Beobachtung beim Marmeladenversuch, dass wir bevorzugt bei einem Tisch mit großem Sortiment stehen bleiben. Üppige Vielfalt hat was, sie fasziniert uns, sie zieht uns an.

Zugleich könnte ein großes Angebot mit gewissen Risiken und Nebenwirkungen einhergehen, mit Nebenwirkungen, die unserem Wohlbefinden zuwiderlaufen, die wir aber unterschätzen, weil sie sich eher unbemerkt, gleichsam hinter unserem Rücken, entfalten.

Nehmen wir an, eine Erweiterung des Angebots hat zunächst einen grundsätzlich positiven Effekt, während sich die mutmaßlichen Nebenwirkungen erst nach und nach einstellen. In diesem Fall würden wir von den Nebenwirkungen erst mal nichts merken. Wenn dann aber ab einer gewissen Angebotsgröße der Glücksgewinn auf Grund der Sättigung nachlässt, die unangenehmen Nebenwirkungen jedoch weiter munter zunehmen, kippt unser Netto-Glück irgendwann – ab diesem Punkt sorgen noch mehr Möglichkeiten nicht für noch mehr Zufriedenheit, sondern für Verdruss. Grafisch könnte man diesen hypothetischen Prozess so darstellen, dass die negativen Nebenwirkungen die Glückskurve derart nach unten ziehen,

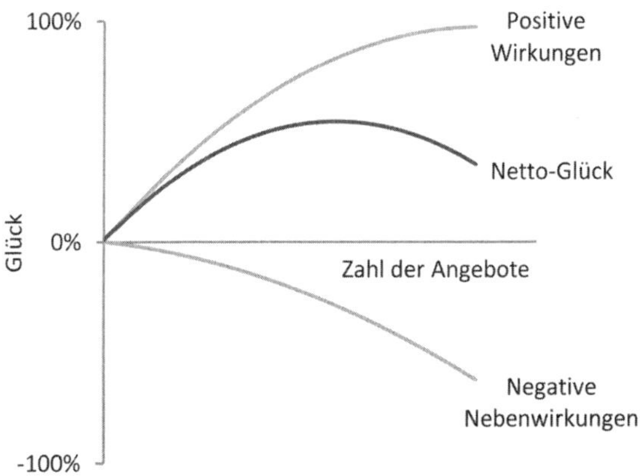

dass daraus im Endergebnis jene Regenbogenform entsteht, die in den experimentellen Versuchen des Öfteren zum Vorschein kommt.[15]

Worin aber sollten jene ominösen Nebenwirkungen bestehen, die unser Glück kippen lassen und uns den Spaß an der Vielfalt verderben? Verschiedene Erklärungsansätze bieten sich an.

Eine naheliegende Erklärung besteht darin, dass eine große Auswahl nicht nur mit einem größeren Nutzen, sondern auch mit größeren »Kosten« einhergeht, insofern, als man bei mehr Möglichkeiten auch mehr Vergleiche anstellen, also mehr Informationen sammeln und verarbeiten, mehr hin- und herüberlegen muss etc. So schön es ist, dass man uns 200 Flachbildschirmmodelle zur Auswahl stellt, jeder weiß, dass es irgendwann einfach lästig werden kann, bei einem derart umfassenden Angebot exakt dasjenige Exemplar zu finden, das uns am besten gefällt, zumal ja die meisten von uns für gewöhnlich noch etwas anderes zu tun haben, als Flachbildschirmexperten zu werden.

Außerdem, was den grundsätzlichen Punkt der Informationsverarbeitung betrifft, hat der US-Psychologe George Miller bereits vor Jahrzehnten in einer zum Klassiker gewordenen Untersuchung gezeigt, dass die Speicherkapazität unseres Kurzzeitgedächtnisses eng begrenzt ist, und zwar auf sieben plus / minus zwei Informationseinheiten, seither auch bekannt als »Millers magische Zahl sieben«.[16] Würde man Ihnen zum Beispiel eine Telefonnummer nennen, die aus fünf bis neun (im Schnitt sieben) Ziffern besteht, könnten Sie sich die Nummer wahrscheinlich noch einigermaßen merken, bei mehr Ziffern jedoch versagt bei den meisten von uns der Arbeitsspeicher.

Wer weiß, vielleicht hat die Woche deshalb, wie Miller speku-

lierte, sieben Tage[17], vielleicht gibt es deshalb die sieben Weltwunder, die sieben Todsünden, das Buch mit sieben Siegeln und die sieben Zwerge, und man packt ja auch seine sieben Sachen zusammen und ist auf Wolke sieben im siebten Himmel. Womöglich kann unser Verstand auf Grund seines beschränkten Arbeitsspeichers ganz gut mit 7 ± 2 Möglichkeiten umgehen, während mehr ihn schlicht überfordern und eine Art von kognitivem Brechreiz erzeugen, und tatsächlich kommt das Miller'sche Maximum von neun Informationseinheiten verblüffend nah an das häufiger beobachtete Angebotsoptimum von zehn Möglichkeiten heran. (Übrigens: Die durchschnittliche Zahl der Freunde bei Facebook liegt bei 130, wobei es sich natürlich beim Großteil dieser »Freunde« eher um mehr oder weniger entfernte Bekannte handelt, lediglich ein kleiner Teil davon sind Freunde, die diesen Namen auch verdienen. Wie viele das sind? Richtig: Einer kürzlich durchgeführten Analyse zufolge sind es sieben.[18])
Dennoch, obwohl an diesem informationsorientierten Erklärungsansatz durchaus etwas dran sein mag, strapazieren viele Möglichkeiten vermutlich nicht nur unser Arbeitsgedächtnis, sondern auch – und wahrscheinlich weitaus entscheidender – unsere Psyche im engeren Sinne, und dies in mindestens dreierlei Hinsicht:

Erstens. Je zahlreicher die Alternativen, zwischen denen wir wählen können, desto mehr Alternativen gibt es auch, die wir abwählen müssen und denen wir nachtrauern können – Wirtschaftswissenschaftler sprechen in diesem Zusammenhang von »Opportunitäts-« oder »Alternativkosten«. Alternativkosten sind keine Kosten im herkömmlichen Sinne, sondern Gewinne, die uns durch die Lappen gehen, weil wir mit der Wahl einer Alternative auf andere Alternativen verzichten müssen, insofern könnte man auch von »Verzichtskosten« sprechen (Beispiel: Zu den Alternativkosten der Freizeit gehört das Geld, das Sie, würden Sie stattdessen arbeiten, in dieser Zeit verdienen könnten). »Je mehr Optionen zur Verfügung stehen und je besser und attraktiver diese sind, auf umso mehr muss man verzichten, wenn man sich für eine bestimmte Option entscheidet«, formuliert der Schweizer Volkswirtschaftler Mathias Binswanger das Problem. »Absurderweise fühlt man sich somit immer ärmer, obwohl man mehr hat.«[19]

Zweitens. Mit der Zahl der Alternativen steigen nicht nur die Alternativkosten, sondern auch die Erwartungen an die gewählte Alternative. Unbewusst sagen wir uns: »Verdammt, für dich, liebe Himbeermarmelade, habe ich auf 23 andere, teils wirklich gute Marmeladen verzichtet, ich will also schon sehr hoffen, dass du diesen enormen Verzicht auch wert bist.« Außerdem, wer zwischen zwei Sorten wählen kann, ist nicht so vermessen zu erwarten, dass sich unter dieser recht übersichtlichen Auswahl ausgerechnet seine ultimative Lieblingssorte befindet. Das sieht bei 24 oder 250 Sorten schon anders aus. In letzterem Fall kann man nun wirklich davon ausgehen, dass eine Marmelade dabei ist, die uns restlos überzeugt. Alles andere wäre schlicht eine Enttäuschung.[20]

Drittens. Wer keine Wahl hat, den trifft auch keine Schuld. Je freier wir umgekehrt sind, desto mehr Raum eröffnet sich auch für Schuldgefühle und Reue. Wir fangen an zu grübeln: Warum habe ich das bloß getan? Warum habe ich mich – von den unzähligen Ferienorten, die es gibt – ausgerechnet für *dieses* Hotel auf *dieser* (verregneten) Insel entschieden? Der

US-Sozialpsychologe Barry Schwartz beschreibt in seinem Buch *Anleitung zur Unzufriedenheit*, wie das Risiko, nach einer Entscheidung von Schuldgefühlen und Reue geplagt zu werden, mit den Wahlmöglichkeiten wächst: »Je mehr Optionen es gibt, desto mehr *Hätte-ich-dochs* lassen sich finden. Und mit jedem *Hätte-ich-doch*, das Sie finden, wird die Reue ein bisschen größer und die Zufriedenheit mit der tatsächlich getroffenen Wahl ein bisschen kleiner. Es mag zwar ärgerlich sein, in eine Bank zu gehen und festzustellen, dass nur eine Kasse offen ist und dass eine lange Schlange davorsteht, aber es gibt keinen Anlass zum Bedauern. Doch wenn es zwei lange Schlangen gibt und Sie wählen die falsche?«[21]

Dieses letztgenannte Beispiel hat wahrscheinlich mehr mit dem Konzept der Alternativkosten zu tun. Strenggenommen kommt es, wenn wir die falsche Schlange wählen, ja nicht zu tiefen Reuegefühlen. Schuld und Reue gibt es wohl nur in Zusammenhang mit moralischen Vergehen. Wenn ich für meine Freundin und mich einen Urlaub buche, der sich als Albtraum herausstellt, dann spüre ich nicht nur so etwas wie ein Bedauern angesichts der vielen schönen anderen Reisen, die wir im gleichen Zeitraum hätten machen können (Alternativkosten). Ich fühle mich schuldig obendrein: weil ich es war, der meiner Freundin den Urlaub vermiest hat, was ich, hätte ich mich nur besser erkundigt (oder wäre ich nicht so geizig gewesen oder beides), womöglich hätte vermeiden können.
Ein besonders ergreifender Beleg dafür, wie sehr uns dieser Aspekt, den der Schuld durch Entscheidungsfreiheit und Entscheidungsautonomie, zu schaffen machen kann, und zwar bis an die Belastbarkeitsgrenze, offenbart eine weitere Studie der Psychologin Sheena Iyengar.

In der Studie untersucht Iyengar das Schicksal französischer und amerikanischer Eltern, die mit einer der schmerzhaftesten Erfahrungen konfrontiert wurden, die man sich denken kann: Sie hatten ihr Baby verloren. Die Babys hatten auf Grund diverser Komplikationen keine Aussicht mehr gehabt, ein eigenständiges Leben zu führen. Viele hatten durch Sauerstoffmangel einen massiven Hirnschaden erlitten, andere hatten unheilbare Atmungsprobleme. Sie alle konnten nur noch mit Hilfe moderner Apparate-Medizin am Leben bleiben, und die Ärzte hatten mit den Eltern über die Option gesprochen, diese Apparate auszuschalten und keine weiteren, lebenserhaltenden Eingriffe mehr vorzunehmen.

In den USA ist es in einer solchen Situation üblich, die Entscheidung ganz den Eltern zu überlassen. Die Ärzte fragen die Eltern, ob sie die Behandlung fortsetzen sollen oder nicht, und folgen dann auch dem Willen der Eltern. In Frankreich ist das anders: Dort treffen in erster Linie die Ärzte eine solche Entscheidung, getan wird in der Regel, was sie befürworten, es sei denn, die Eltern erheben dagegen ausdrücklichen Einspruch. Wie sich herausstellt, hat diese unterschiedliche Handhabung großen Einfluss darauf, wie die Eltern mit ihrem Schicksalsschlag fertig werden.

Zweifellos litten alle Eltern auch Monate später noch unter ihrem Verlust. Allerdings war es so, dass die amerikanischen Eltern weitaus mehr mit der Situation haderten als die französischen. Viele der Franzosen empfanden die Entscheidung, ihr Kind aufzugeben, als etwas, das unvermeidbar gewesen war. Vor allem: Keiner von ihnen gab sich selbst oder den Ärzten die Schuld.

Bei den amerikanischen Eltern war genau das nicht selten der Fall. Eine Frau, die ihren Sohn verloren hatte, konnte die

Tatsache nicht verschmerzen, dass sie es gewesen war, die die Entscheidung über Leben und Tod hatte treffen müssen: »Ich hatte das Gefühl, ich sei Teil einer Exekution«, urteilte sie noch Monate nach dem Geschehen. »Ich hätte das nicht tun sollen.«[22]

Die Erfahrung, die sie und die anderen Eltern durchgemacht haben, ist natürlich extrem und in vieler Hinsicht nicht mit den Problemen und Problemchen, mit denen wir im Alltag konfrontiert werden, zu vergleichen. Und doch legt vielleicht gerade dieses Extrembeispiel ein Phänomen bloß, das mittlerweile sehr wohl den Alltag von uns allen erfasst hat: Vieles, was früher noch Gottes Wille oder Schicksal war, ist heutzutage zu einer Sache geworden, über die wir entscheiden können oder müssen.

Früher wurden einem nicht zuletzt die wichtigsten Lebensentscheidungen von der Gesellschaft bzw. den Eltern abgenommen. *Dass* man heiraten würde, war klar, *wen*, darüber entschieden hauptsächlich die Eltern (die sich wiederum von den herrschenden gesellschaftlichen Konventionen leiten ließen). Der Beruf? War häufig nichts anderes als in die Fußstapfen des Vaters zu treten. Kinder? Selbstverständlich. Erwachsenwerden hieß heiraten, heiraten hieß Kinder kriegen. So glich das Leben im Großen und Ganzen einem Menü, das einem zwangsserviert wurde, und egal, ob einem die einzelnen Gänge schmeckten oder nicht: Man aß, was auf den Tisch kam.

Das hat sich gründlich geändert. Aus dem Menü ist ein buntes Büfett geworden, aus dem wir uns nach Lust und Laune bedienen können. Entscheidungen, die einst wohl oder übel für uns getroffen wurden, sind nun zu unseren Entscheidungen geworden: Was soll ich mit meinem Leben anstellen? Welchen Be-

rufsweg soll ich einschlagen? Wo soll ich leben? Mit wem soll ich leben? Soll ich heiraten, und wenn ja, wen? Soll ich für den Job umziehen? Ich weiß nicht, was ich wollen soll! Soll ich Kinder kriegen oder nicht, und wenn ja, wann? Alles Entscheidungen, die wir, positiv gesehen, selbst treffen können und die uns, negativ gesehen, leider keiner mehr abnimmt.
Und die schiere Zahl der Entscheidungen, mit denen wir im Leben konfrontiert werden, nimmt ständig zu, und damit das Gewicht der Verantwortung, das uns aufgebürdet wird. Beispiel Schwangerschaft: Wollen Sie eine Fruchtwasserpunktion, ja oder nein? Nein? Gut, dann müssen Sie aber auch mit dem Risiko leben. Also doch lieber: ja? Auch gut, aber das Risiko der Untersuchung tragen Sie. Sie wollen die Frage nicht hören? Prima, dann jedoch tragen Sie für Ihre Ignoranz – und für alle Konsequenzen, die sich daraus eventuell ergeben – die volle Verantwortung. Früher hat Gott das ganze Risiko auf sich genommen, jetzt sind Sie dran.
In immer wachsendem Maße werden wir vor große und kleine Entscheidungen gestellt. Das geht so weit, dass viele längst das Gefühl haben, ihr Leben sei weitgehend die Summe ihrer Entscheidungen (auch wenn tatsächlich nach wie vor zahlreiche Einflüsse außerhalb unserer Macht bleiben: Zufälle, Unfälle, Gene, unsere Eltern, unsere Erziehung – alles lebensprägend, alles jenseits unserer Kontrolle). Sind wir mit unseren Lebensentscheidungen erfolgreich, ist das alles kein Problem, im Gegenteil, wir haben allen Grund, glücklich und stolz zu sein.
Aber wehe, es klappt nicht ganz so super. Wehe, wir fliegen auf die Schnauze und scheitern. Dann sind wir auch selbst für dieses Scheitern verantwortlich. Was dann bleibt, was uns den Schlaf raubt, ist das nagende Gefühl der Schuld und der Reue.

Meine Freunde Christian und Julia zum Beispiel werfen sich bis auf den heutigen Tag vor, dass sie nicht früh genug mit der Kinderplanung begonnen, dass sie sich zu lange zu einseitig für ihre Karrieren entschieden haben: ihre Entscheidung, ihre Schuld.

Vom Nicht-entscheiden-Dürfen zum Entscheiden-Müssen

Schon als kleines Mädchen träumte meine Mutter (Jahrgang 1946) davon, Ärztin zu werden, und als junge Frau wollte sie nichts lieber als Medizin studieren. Problem: Ihr Vater war strikt dagegen. Er, selbst Lehrer und Schuldirektor in den Niederlanden, bestand darauf, dass auch sie Lehrerin wird. Also studierte meine Mutter daraufhin nicht Medizin und wurde Lehrerin. (Der Groll saß tief, und um es ihrem Vater heimzuzahlen, griff meine Mutter eines Tages zur übelsten Strafe, die es damals in Holland gab: Sie heiratete einen *Deutschen*. Erst Jahrzehnte später, als ihr Vater, mein Opa also, längst verstorben war, folgte meine Mutter schließlich ihrer Neigung und wechselte doch noch ins Gesundheitswesen.)
Die Nöte der heutigen Jugend scheinen mit der Not meiner Mutter – einer Not, der ich immerhin meine Existenz verdanke – nicht nur keinerlei Berührungspunkte zu haben, sondern sich geradezu in ihr Gegenteil verkehrt zu haben. An die Stelle des Zwangs, nicht selbst über sein Schicksal entscheiden zu *dürfen*, unter dem meine Mutter noch litt, ist inzwischen der umgekehrte Zwang getreten, der Zwang, ständig entscheiden zu *müssen*. Das, womit man heute zu kämpfen hat, sind nicht zu *wenige*, sondern zu *viele* Optionen.

Ich zweifle nicht daran, dass wir es angesichts dieser Offenheit größtenteils besser haben als die Generation meiner Mutter. Und doch heißt das nicht, dass mit immer steigenden Optionen das Glück automatisch in den Himmel wachsen würde.

Vielleicht könnte man den Wandel der früheren Generationen zu heute wie folgt beschreiben: Einst befanden sich die Mauern, auf die man beim Versuch, seine Ziele und Wünsche zu verwirklichen, stieß, irgendwo da draußen, in Gestalt einer repressiven Gesellschaft oder eines autoritären Vaters. Die Hölle, das waren die anderen. Mit der Zeit aber bröckelten und fielen diese äußeren Mauern. Die Mauern, auf die wir seither zunehmend stoßen, liegen *in uns*. Das Problem, das es zu bekämpfen gilt, hat sich von außen nach innen verlagert, von den anderen zum eigenen Ich, von der Gesellschaft zum eigenen Gehirn oder Selbst. Heutzutage geht man kaum noch auf die Straße, um »die Zustände« anzuprangern, stattdessen geht man *in sich*, prangert sich selbst an, geht zu einem Therapeuten, greift zu einem Ratgeber oder gleich zu einem Antidepressivum: um die Biochemie im Oberstübchen, dort also, wo das zentrale Problem liegt, auf Trab oder in Balance zu bringen.

So gesehen ist mit der gestiegenen Freiheit der Druck auf die Psyche nicht geringer, sondern paradoxerweise *größer* geworden. Einerseits sind unsere Ansprüche angesichts der vielen Optionen, die uns die gegenwärtige Welt bietet, hoch. Andererseits fällt jeder Fehlgriff unweigerlich auf uns zurück: Versauen wir unser Leben *trotz* der ganzen Möglichkeiten, die wir im Gegensatz zu unseren Eltern oder Großeltern haben, sind wir nicht nur unzufrieden. Wir fühlen uns auch noch schuldig.

Verlieren ist nicht das Gleiche wie versagen

> In dem Moment, in dem du Verantwortung für deine Träume übernehmen kannst und dafür haftest, ob du sie verwirklichst oder nicht, wird das Leben ein ganzes Stück härter.
>
> *Steve Jobs*[23]

Wie groß dieser Druck der Freiheit tatsächlich werden kann – und dass es sich dabei nicht um die gutgepolsterten Luxusprobleme einer allzu verwöhnten Jugend handelt –, legt eine Analyse australischer Epidemiologen nahe. In einem Versuch, die psychische Belastung junger Menschen auf ein objektives Maß zu bringen, griffen die Forscher gleich zum drastischsten Indikator, der sich dafür finden lässt, einem Indikator, der zweifellos Ausdruck extremer psychischer Not ist: die Selbstmordrate.

Eine epidemiologische Studie kann nicht ergründen, was einen einzelnen Menschen letztlich zu einer solchen Verzweiflung treibt, dass er keinen anderen Ausweg mehr sieht, als sich selbst umzubringen. Sie kann bestenfalls gewisse Umstände, zum Beispiel bestimmte gesellschaftliche Faktoren, ausfindig machen, die die Neigung zum Selbstmord begünstigen.

Mit diesem Ziel vor Augen verglichen die australischen Wissenschaftler die Suizidrate von Jungen[24] zwischen 15 und 24 in Industriestaaten wie Deutschland, Japan und den USA. Gleichzeitig warfen sie einen Blick auf gesellschaftliche Verdachtskandidaten, von denen man vermuten kann, dass sie zur seelischen Not junger Menschen beitragen, etwa die jugendliche Arbeitslosenquote oder die Scheidungsrate des jeweiligen Landes.

Zu guter Letzt zogen die Forscher die Ergebnisse internationaler Umfragen hinzu, die die jungen Menschen unter anderem danach abgeklopft hatten, welche Rolle Religion in ihrem Leben spiele, ob man seinen Mitmenschen grundsätzlich vertrauen könne – und schließlich auch, ob sie das Gefühl hätten, dass man frei über sein Leben entscheiden könne und Kontrolle über sein Schicksal habe. Je nach Land empfinden Jugendliche da durchaus unterschiedlich: Unter den jungen Finnen beispielsweise ist das Gefühl der Freiheit und Kontrolle deutlich stärker ausgeprägt als bei jungen Japanern, Franzosen oder Portugiesen (die Deutschen liegen im Mittelfeld zwischen den Extremen).

Ergebnis der Analyse: Je stärker das Gefühl von Freiheit und Kontrolle unter den Jugendlichen eines Landes vorherrscht, desto mehr Jugendliche in diesem Land treibt es in den Selbstmord. Von allen untersuchten Verdachtskandidaten – Arbeitslosenquote, Scheidungsrate etc. – gehörte der des allgemeinen Freiheitsgefühls sogar zu jenen, die den stärksten Zusammenhang mit der Selbstmordrate aufwiesen. (Das heißt nicht, dass ein persönliches Gefühl der Freiheit und der Kontrolle über das Leben uns in Selbstmordgefahr bringen würde. Im Gegenteil, depressive Menschen haben ja eher das Gefühl, sie hätten *keine* Kontrolle über ihr Schicksal. Jene verzweifelten Jugendlichen, die sich umbrachten, waren da vermutlich nicht anders. Wahrscheinlich war es allerdings so, dass ihre Hilflosigkeit für sie umso schwieriger zu ertragen war, je mehr sie sich von Freunden, Klassenkameraden, Gleichaltrigen umringt sahen, die genau umgekehrt empfanden, also eben nicht hilflos, sondern in völliger Kontrolle ihrer Lage.)[25]

Unglücklich zu sein, nicht mit dem Leben zurechtzukommen oder zu »scheitern« ist, so könnte man diesen Befund deuten, umso schmerzhafter, je stärker uns die Gesellschaft den Ein-

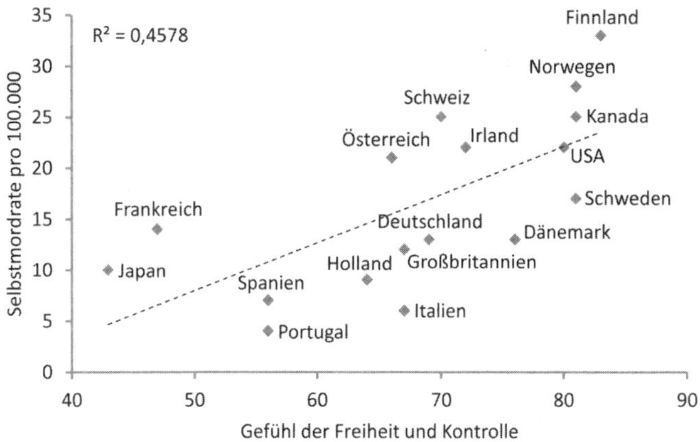

Die Grafik zeigt nationale Selbstmordraten von Jungen im Alter zwischen 15 und 24 Jahren. Wie die gestrichelte Trendlinie veranschaulicht, ist die Selbstmordrate eines Landes tendenziell umso höher, je mehr Jugendliche dieses Landes davon überzeugt sind (Prozentsatz), dass man frei über sein Leben entscheiden kann und Kontrolle über sein Schicksal hat.[26]

druck vermittelt, dass sie uns den Weg zu einem erfolgreichen, glücklichen Leben nicht versperrt, sondern ausdrücklich ermöglicht. Überspitzt gesagt: Wer in einer Diktatur scheitert, ist vielleicht eine tragische Figur, mitunter auch ein Held. Wer in einem freien Land verliert, einem Land, in dem einem – tatsächlich oder vermeintlich – alle Türen offenstehen, der hat nicht einfach nur verloren, er hat, so die selten ausgesprochene und dennoch unmissverständliche Botschaft an die Adresse des Verlierers, versagt.

Warum wir uns so schwer festlegen können

> Sieh, darum ist es so schwer, sich selbst zu wählen, weil in dieser Wahl die absolute Isolation mit der tiefsten Kontinuität identisch ist, weil durch sie jede Möglichkeit, etwas anderes zu werden, vielmehr sich in etwas anderes umzudichten, unbedingt ausgeschlossen wird.
>
> *Søren Kierkegaard, Entweder – Oder*

Doch selbst wenn in dieser spekulativen Deutung der australischen Studie ein Funke Wahrheit stecken sollte, bleibt der Suizid natürlich eine extreme Ausnahme. Weitaus weniger extrem, dafür umso verbreiteter ist dagegen eine andere Reaktion auf steigende Freiheit und steigende Optionen, eine, die sich bereits beim Marmeladenversuch offenbarte: die Unfähigkeit, sich überhaupt noch entscheiden – sprich: festlegen – zu können.

Gesetzt den Fall, Sie gehen, wie meine Freundin vor ein paar Monaten, in den nächsten Apple-Store und kaufen sich, ohne lange nachzudenken, das neue iPhone. Erst zu Hause kommen Sie zur Vernunft und sehen ein, dass Sie in Ihrem Kaufrausch einen großen Fehler gemacht haben: Sie haben das alte Modell gekauft, dessen Display über nur 480 x 320 Pixel verfügt, während doch gerade das neue Modell auf den Markt gekommen ist, mit 960 x 640 Pixeln sowie zahlreichen weiteren unverzichtbaren Goodies, etwa der In-Plane-Switching-Technik, die auch bei einem Extrem-Blickwinkel von 178 Grad (Gerät ist fast umgedreht) noch für ein gestochen scharfes Bild sorgt. Was tun? Kein Problem! Sie gehen einfach zurück in den Laden und tauschen das steinzeitliche Ding um. Jetzt haben Sie die Vorzüge (den »Gewinn«), die Ihnen durch Ihre Entscheidung zuvor entgangen waren.

Die Möglichkeit eines Umtauschs senkt unsere (gefühlten) Alternativkosten, da wir, sobald sich uns eine bessere Option bietet, jederzeit unsere Entscheidung revidieren und den entgangenen Gewinn einstreichen können.
Aber das Leben ist bekanntlich kein Apple-Store. Viele unserer Entscheidungen lassen sich irritierenderweise nicht ganz so leicht rückgängig machen wie ein iPhone-Kauf oder allmorgendlich wechseln wie eine Frühstücksmarmelade. Nehmen wir die Entscheidung für eine bestimmte Berufsausbildung, für ein Studium oder einen Lebensgefährten. Für jedes Festlegen in diesen Bereichen zahlen wir einen hohen Preis: Sobald wir einen Berufsweg einschlagen, schlagen wir damit unweigerlich viele andere interessante Berufe aus, ein Umsatteln ist meist aufwendig und also seinerseits mit hohen Kosten verbunden.
An dieser Stelle nähern wir uns, wie ich glaube, allmählich wieder dem anfänglichen Frauenrätsel. Hat ein Mensch mit großem Interessenspektrum und vielen Talenten es leichter oder schwerer als jemand, der höchstens eine oder zwei Sachen gut kann und somit mehr oder weniger für diese eine Sache »bestimmt« – also letztlich *weniger frei* – ist?
Mir kommt es oft so vor, dass gerade Frauen über ein breiter angelegtes Interessen- und Talentespektrum verfügen als Männer. Zu meinen engsten Freunden zählt ein Ehepaar aus Amsterdam, beide sind Forscher, und beide sind auf diesem Gebiet recht erfolgreich. Während er sich jedoch nur und ausschließlich für Experimente, Datenanalyse und Theorien interessiert (alles andere ist, mit Ausnahme von erlesenen Single-Malt-Whiskys, bestenfalls zweitrangig), hat sie sich darüber hinaus schon häufiger überlegt, ob sie nicht doch eine Karriere als Fotografin anstreben sollte. Kürzlich – ihr Mann ging in der

Zwischenzeit weiterhin stur täglich ins Labor – besuchte sie für drei Monate eine Freundin in Barcelona, um dort zusammen mit ihr ein Pastageschäft zu eröffnen. Wer einmal ihre Fotos gesehen und ihre Pasta geschmeckt hat, dem ist klar, dass meine Bekannte für beides tatsächlich auch Talent hat. Wer weiß, vielleicht schlummern ähnliche Begabungen in ihrem Mann, doch wenn es so sein sollte, hat er jedenfalls nie großes Interesse daran gezeigt, diese zur Entfaltung zu bringen.

So schön und beeindruckend die Vielseitigkeit meiner Bekannten ist, sie bedeutet für sie nicht nur ein Mehr, ein Plus, ein Gratis-Extra: Es gibt Momente, Tage, Wochen, da zweifelt sie an ihrer Berufswahl, träumt von jenen anderen Karrieren, für die sie ebenfalls eine starke Neigung in sich spürt, eine Neigung, der sie aber nicht ganz nachgeben kann, weil das hieße, ihren Job als Wissenschaftlerin an den Nagel zu hängen. Während das Festlegen auf den Beruf des Forschers für ihren Mann etwas war, *was sich gar nicht wie eine Entscheidung anfühlte*, bedeutete und bedeutet dieses Festlegen für sie zugleich einen enormen Verzicht.[27]

Auf ähnliche Weise müssen wir alle verzichten, wenn wir es wagen, uns auf einen Lebenspartner festzulegen. Wo die Auswahl groß ist (allein Elitepartner.de zählt nach eigenen Angaben über zwei Millionen Mitglieder[28]), sind auch die Alternativkosten groß. Nicht, dass jeder Einzelne dieser Liebessuchenden für uns in Frage käme, nein, auf die allermeisten verzichten wir liebend gern, wir sind ja anspruchsvoll. Aber von einer Million kann auch der Bruchteil noch eine ganze Menge sein, und in dem Maße, in dem die Welt zusammenwächst, wächst auch die Zahl der Menschen, mit denen wir in Kontakt kommen und die sich eventuell als Partner eignen. In jedem Fall stehen wir heute vor der Herausforderung, aus einer nie dagewesenen Zahl von Kandidaten jenen einen Menschen zu finden, mit dem wir am glücklichsten werden. Legen wir uns fest, verzichten wir auf eine Menge anderer Möglichkeiten, von denen wir nie wissen werden, wie glücklich sie uns gemacht hätten – schließlich können wir nicht alle Kandidaten einzeln prüfen, um uns dann, 488 Jahre später, für den hoffentlich Besten zu entscheiden. Wie also gehen wir vor?

Es gibt im Grunde nur einen Weg, die Alternativkosten in diesem Fall im Zaum zu halten, und der besteht darin, ein *endgültiges* Festlegen zu vermeiden oder möglichst lange hinauszuzögern, um sich nicht der Chance eines Umtauschs zu berauben, falls sich doch noch eine bessere Alternative auftut.

Es mag vielleicht nicht sonderlich romantisch klingen, aber ich kann mich des Eindrucks nicht erwehren, dass viele von uns längst von diesem allgemeinen Unverbindlichkeitsvirus infiziert sind. Das Nicht-festlegen-Können scheint sogar fast so etwas wie *die* Verhaltenstendenz unserer Zeit zu sein. Ein Blick auf die Ehestatistik unterstreicht das einmal mehr.

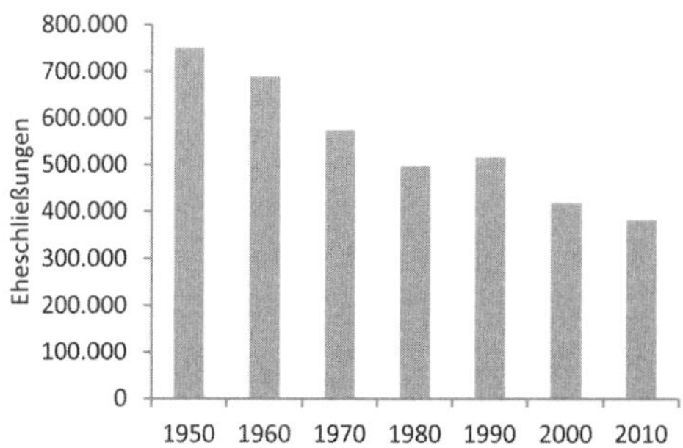

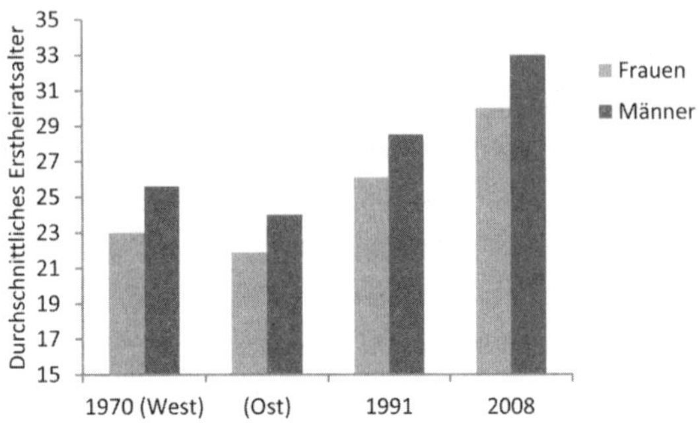

Egal, welche Einzelstatistik man sich in dieser Hinsicht auch ansieht, es ist, als würde unser Liebesleben mehr und mehr von einer – wer weiß, vielleicht gar nicht so bewussten – Notwehr gegen allzu viele Möglichkeiten geprägt werden. Es fällt uns ja nicht nur immer schwerer, uns endgültig füreinander, also für eine Ehe, zu entscheiden. Auch die Endgültigkeit der Ehe selbst haben wir relativiert. »Bis dass der Tod euch scheidet« nimmt kaum noch jemand wörtlich, die Redewendung klingt ironisch, zumindest anachronistisch, wie aus einer längst vergangenen Zeit.

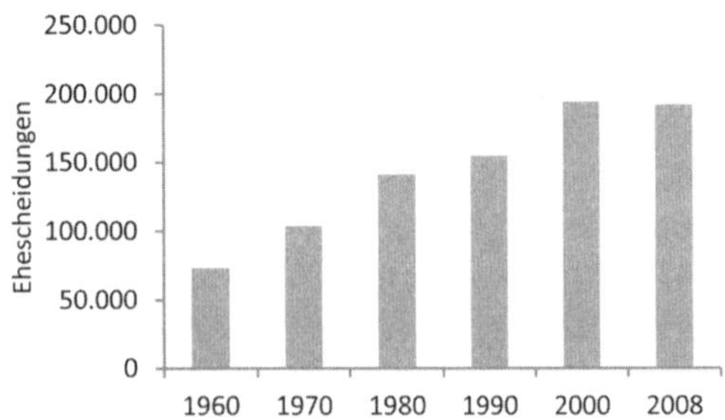

Indem wir aber die Ehe von etwas Unwiderruflichem in etwas Widerrufliches verwandelt haben, ist uns im Liebesleben – und wahrscheinlich überhaupt – nur noch eine Sache geblieben, die wir nach wie vor nicht, unter keinen Umständen, rückgängig machen können, und das ist die Entscheidung für ein Kind.

Ein Kind zu bekommen bedeutet bekanntlich, auf viele andere Vergnügen (Ausschlafen, stundenlanges Nichtstun und Rumlümmeln, Sportwagen ohne Kindersitz) verzichten zu müssen. Je mehr Möglichkeiten einem die Welt bietet, desto größer fällt dieser kinderbedingte Verzicht aus. In einer Welt »unbegrenzter« Möglichkeiten stehen somit für jene, die ein Kind wollen, einmal mehr hohe Alternativkosten an. Unter diesem Gesichtspunkt wundert es vielleicht nicht, sondern es erscheint vielmehr als eine zwangslogische Folge, dass wir auch diese Entscheidung immer länger hinauszögern (oder es ganz bleibenlassen, oder wir zögern so lange, bis es irgendwann zu spät ist).

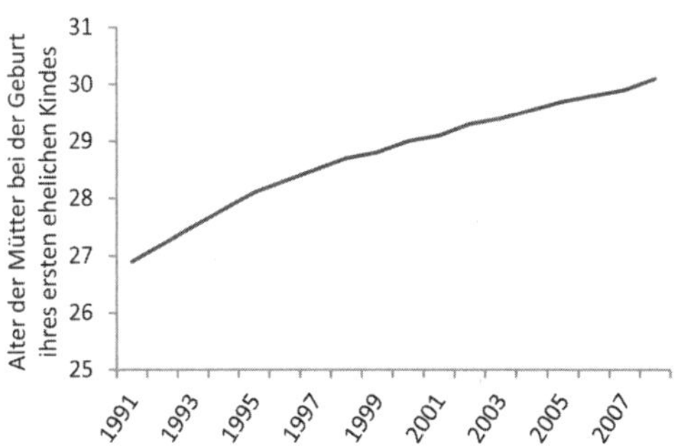

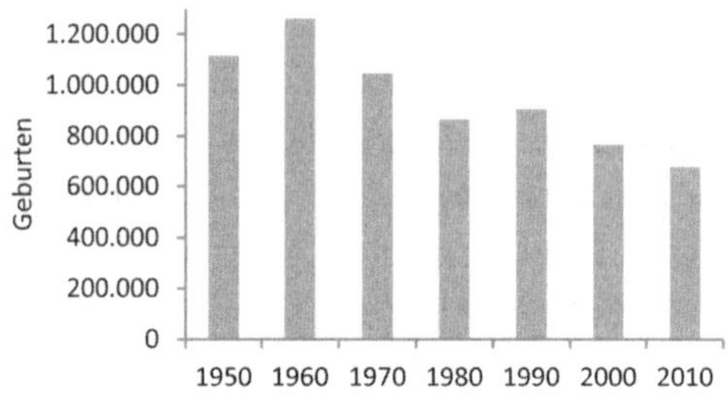

All diese Statistiken[29] stellen natürlich an sich keine große Neuigkeit dar. Trotzdem lohnt sich die kurze Rekapitulation vielleicht, weil sich, wie mir scheint, erst vor diesem Hintergrund die rätselhafte Situation der Frauen etwas besser verstehen lässt.

Abgesehen davon nämlich, dass Frauen eventuell vielseitiger als Männer sind und somit eine Welt zahlreicher Optionen bei jedem Festlegen auf eine Option für sie einen größeren Verzicht bedeutet (Männer müssen auch verzichten, da sie aber etwas beschränkter zu sein pflegen, fällt für sie der gefühlte Verzicht geringer aus), kommt noch ein weiterer, entscheidender Umstand hinzu.

Die Bemerkung meiner Bekannten Tanja damals am Grillabend mag undiplomatisch gewesen sein, sie war aber nicht falsch: Gerade im Hinblick auf jene Wahl, die sich nicht revidieren lässt, jene ja nicht ganz unwichtige Entscheidung für oder gegen ein Kind, gibt es tatsächlich eine fundamentale Asymmetrie zwischen Männern und Frauen. Während Männer in dieser Frage der zeitgemäßen Neigung des Nichtfestlegens folgen und eine Entscheidung auf die lange Bank schieben können, um so der heutigen Welt mit ihren zahlreichen Optionen möglichst gerecht zu werden und nichts zu verpassen, können

Frauen das nicht. Einerseits fordert die freie Multioptionsgesellschaft uns dazu auf, unsere Freiheit und zahlreichen Möglichkeiten zu nutzen, uns also um Gottes willen nicht allzu früh auf eine Sache festzulegen. Andererseits fordert die biologische Uhr der Frau exakt das Gegenteil: sich nämlich sehr wohl festzulegen und eine Entscheidung zu treffen, die spätestens nach der zwölften Schwangerschaftswoche unumkehrbar ist.

Könnte es sein, dass sich die belastenden Seiten der Freiheit bei keinem von uns so unerbittlich zuspitzen wie bei der heutigen Frau von, sagen wir, Mitte 30, während der Rush-Hour des Lebens? Etwas pathetisch formuliert: Obwohl die Welt es uns zunehmend schwermacht, uns auf einen bestimmten Lebensweg festzulegen, der andere Wege ausschließt, muss man als Frau bereits in einem Alter von Mitte 30 bis zu einem gewissen Grad dieses unmögliche Kunststück vollbringen. Du musst dir als Frau irgendwann um dieses kritische Alter herum einigermaßen darüber im Klaren sein, wie dein weiteres Leben aussehen soll, musst wissen oder erahnen, mit welcher heutigen Entscheidung du in fünf, zehn oder 50 Jahren am glücklichsten sein wirst. Die Möglichkeit, sich in dieser Sache eine längere Bedenkzeit auszuhandeln – eine, die der Tragweite der Entscheidung angemessen wäre –, ist ebenso ausgeschlossen wie die eines nachträglichen Umtauschs. Mutter Natur pflegt leider einen sehr unilateralen Verhandlungsstil.

Und weil man ja auch nicht mit irgendwem ein Kind bekommen will, schon gar nicht bei dem sich stetig erweiternden Angebot, erhöht sich der Druck schon lange, bevor sich das Zeitfenster fürs Kinderkriegen mit Ende 30 langsam zu schließen beginnt. Das Problem stellt sich einer Frau eigentlich nur dann nicht, wenn sie sich absolut sicher ist, dass weder sie noch die Frau, die sie in Zukunft sein wird, Kinder will.

Last, but not least kommt etwas hinzu, was in der Öffentlichkeit ja auch regelmäßig thematisiert wird und sich leider trotzdem nicht großartig zu ändern scheint: dass der Mann in unserer Gesellschaft – zumal in Deutschland, wo eine arbeitende Mutter bekanntlich schnell zu einer Rabenmutter abgestempelt wird – meist nach wie vor alles haben kann, Kind *und* Karriere, während es für sie oft immer noch heißt: Kind *oder* Karriere. Konzentriert man sich als Frau ganz auf die Karriere, fehlt einem unter Umständen irgendwann die Familie. Hat man umgekehrt nur die Familie, kommt man sich irgendwann blöd vor angesichts der besten Freundin mit internationaler Top-Karriere bzw. im Vergleich zum eigenen Mann. Das mag zumindest teilweise erklären, warum der Unglückstrend auch Frauen, die jener notorischen Doppelbelastung von Kind und Karriere nicht ausgesetzt sind, erwischt hat: So manche von ihnen *hätte* vielleicht liebend gern beides, wenn sie nur wüsste, wie sie es anstellen sollte. Ihr Verzicht, sei es auf die Karriere oder das Kind, ist kein Ausdruck echter Freiheit, sondern spiegelt eher die Sorge um ebenjene Doppelbelastung, die ihr in Aussicht gestellt wird und die sie zu vermeiden versucht.

2. Wir Perfektionisten

Der Kein-Umtausch-Effekt

Ein typischer Hollywood-Plot: Mann trifft Frau, Mann findet Frau Zicke, Frau findet Mann unausstehlich. Zicke und Rohling steigen in klappriges, einmotoriges Flugzeug, Flugzeug kommt in Sturm, Blitz und Donner, plötzlich steigt Rauch auf aus Flugzeug. Motorstottern, Motorausfall, nächtliche Bruchlandung auf einsamer Tropeninsel. Schnitt.

Frühmorgendliches Erwachen am Strand, erstaunte Gesichter. Verärgerung, Schuldzuweisungen, lautstarke Diskussionen. Aber gut, ab sofort ist man aufeinander angewiesen, es gibt ja, von den Piraten abgesehen, die einem hin und wieder mit Macheten nach dem Leben trachten, niemand sonst hier auf dieser abgelegenen Insel im Südpazifik (ist das überhaupt der Südpazifik?).

Dann das Wunder: Mann und Frau kommen sich näher. Frau entdeckt: Mann nicht nur Widerling, kann Feuer machen, Fisch fangen, Fisch grillen. Mann stellt, zuerst verblüfft, später beeindruckt, fest: Frau nicht nur Zicke, sondern kann anpacken!

Es folgt: gemeinsamer Sieg über die Piraten, man wird – was weniger schön ist, als man gedacht hat – gerettet, trennt sich, merkt aber im letzten Moment noch, wie sehr man sich zu lieben gelernt hat, und kehrt (rennend) zueinander zurück. Musik, Umarmung, Kuss, Ende, Abspann.

Warum lieben wir diese Filmplots, auch wenn sie ein einziges Klischee sind und wir ihren Verlauf mit hundertprozentiger Zuverlässigkeit vorhersagen können? Es ist, als würden uns Geschichten wie diese etwas mitteilen, was wir insgeheim zwar längst wissen, im Alltag aber leicht vergessen: Du bist zu voreingenommen, du verurteilst deine Mitmenschen allzu schnell, du hältst sie für unausstehlich, obwohl du sie gar nicht richtig kennst, du hältst sie für Geschöpfe, mit denen du nie im Leben auskommen könntest, doch wenn du ihm oder ihr nur eine Chance geben würdest, würdest du vielleicht zu deiner eigenen Überraschung entdecken, dass auch er mit dem komischen Schnurrbart oder sie mit dem affektierten Lachen über einen liebenswerten Kern verfügt.
Auch auf die Gefahr hin, die Hollywood-Romantik an dieser Stelle gänzlich zu entzaubern: Wenn man so will, geben uns Geschichten dieses Strickmusters auch eine Lektion in Sachen ausufernder Alternativkosten und Schattenseiten des allgemeinen Sich-nicht-Festlegens. Auf der einsamen Insel sind schließlich mit einem Schlag die vielen Möglichkeiten, an die wir uns in unserer Wohlstandsgesellschaft gewöhnt haben, verschwunden: Jetzt gibt es nur noch ihn, nur noch sie. Man kann nicht davonlaufen, es gibt keine Umtauschmöglichkeit, man kann sich nicht denken: Mein Gott, so viele Menschen, so viele Möglichkeiten, muss ich mich da wirklich mit *dieser* Person abgeben?
Auf diese Weise stellt die abgelegene Tropeninsel einen diametralen Gegensatz zu unserer Multioptionswelt dar, in der wir bei der kleinsten Unstimmigkeit geneigt sind, das, was wir haben, in Frage zu stellen, um uns schleunigst auf die Suche nach einer attraktiveren Alternative – in diesem Fall: einem neuen Partner – zu machen. Und warum auch nicht? Ist ja nur

eine Sache der Wahrscheinlichkeit, dass es diesen Menschen, der (noch etwas) besser zu uns passt, irgendwo da draußen gibt. Wir müssen nur ein bisschen suchen. Also, weiter geht's!

Auf einer winzigen, unbevölkerten Insel können wir nicht weiterziehen. Plötzlich werden wir dazu gezwungen, eine andere Strategie zu verfolgen, um unsere Lage zu verbessern. Wir müssen auf eine Vorgehensweise zurückgreifen, die wir aus dem Auge zu verlieren scheinen, sobald sie nicht mehr gefordert wird: Statt abzuwandern und die äußere Welt auszutauschen, bleibt uns auf der alternativlosen Insel nichts anderes übrig, als uns an unsere innere Welt ranzumachen und unsere *Einstellung* auszutauschen.

Zu diesem Kein-Ausstieg- oder Kein-Umtausch-Effekt gibt es nicht nur Hollywood-Filme und kitschige Groschenromane, sondern auch handfeste Belege aus der experimentellen Forschung. Beispiel: In einer Untersuchung bot der Psychologe Daniel Gilbert von der Harvard-Universität im amerikanischen Cambridge seinen Studenten einen Fotografie-Kurs an. Zunächst sollte man eine Reihe von Fotos machen. Die beiden Lieblingsbilder eines jeden Teilnehmers wurden dann im Rahmen des Kurses entwickelt. Anschließend bot der Kursleiter den Teilnehmern an, sich eins der beiden Bilder auszusuchen. Dieses Bild durfte man behalten und mit nach Hause nehmen, das andere wurde »zu den Akten« genommen.

Es gab zwei Kursvarianten. In Kurs 1 konnten die Studenten, sobald sie sich für ihr Lieblingsbild entschieden hatten, ihre Entscheidung nicht mehr rückgängig machen, da der – mit britischem Akzent sprechende – Kursleiter das andere Bild sofort in einen Umschlag steckte, um es ins Archiv zu schicken, das sich dummerweise in Großbritannien befand. In Kurs 2 steckte der Kursleiter das abgewählte Bild zwar auch gleich in einen Umschlag, sagte den Teilnehmern allerdings: »Passt auf, ich werde das hier erst in fünf Tagen losschicken, solltet ihr in den nächsten Tagen eure Meinung ändern, könnt ihr die Bilder jederzeit problemlos umtauschen.«

Fragt man Leute, welche der beiden Kursvarianten ihnen lieber ist, dann bevorzugt eine überwältigende Mehrheit Kursvariante 2: Wir lieben eben die Möglichkeit, unsere Entscheidung revidieren zu können, wir lieben die Möglichkeit eines Umtauschs.

Die Studenten wurden per Zufall einem der beiden Kurse zugeteilt. Wenige Tage später fragte man sie, wie ihnen die Fotografie, die sie gewählt hatten, gefiel – und da offenbarte sich ein aufschlussreicher Unterschied: Die Studenten aus Kurs 1, die keine Umtauschmöglichkeit hatten, mochten ihr Bild lieber als die Leute aus Kurs 2, die ihre Entscheidung noch überdenken konnten. Es war, als reichte bereits die Möglichkeit eines Umtauschs aus, um das (vorläufig) gewählte Bild in Frage zu stellen und abzuwerten, während jene, die an ihrem Bild festhalten mussten, sich anscheinend auch mit ihm angefreundet hatten.

Besonders bemerkenswert ist, dass sich dieser Effekt sogar eine Woche später noch zeigte, als man alle Fotografien angeblich ins Archiv geschickt hatte und also keiner mehr sein Foto umtauschen konnte: Die Leute aus Kurs 1 mochten ihr Bild immer noch lieber, während die anfängliche Umtauschmöglichkeit bei den Studenten von Kurs 2 zu einer dauerhaften Abwertung des Bildes geführt hatte.[1]

In einem Kommentar zu diesem Befund zieht der Forscher Gilbert folgendes Fazit: »Wenn die gemachte Erfahrung nicht dem entspricht, was wir wollen, besteht unsere erste Reaktion darin, einfach hinauszugehen und eine andere Erfahrung zu machen, und aus diesem Grund bringen wir Mietautos zurück, die uns nicht gefallen, verlassen schlechte Hotels und geben uns nicht weiter mit Leuten ab, die sich öffentlich in der Nase popeln. Nur wenn wir *die Erfahrung nicht verändern* können, suchen wir nach Wegen, *unsere Sicht der Erfahrung zu verändern* [...]. Wir machen erst dann das Beste aus unserem Schicksal, wenn es unausweichlich ist und wir ihm nicht entkommen können.«[2]

Inmitten einer Welt unbegrenzter Optionen würden wir am liebsten immer und überall alles offenlassen. Nicht zuletzt in Sachen Beziehungen soll heute so viel wie möglich so lange wie möglich unverbindlich bleiben, und wenn wir uns doch festlegen in Form einer Ehe, ist auch das längst kein *unwiderrufliches* Festlegen mehr. Die Freiheit (nicht umsonst haben wir sie uns erkämpft) hat natürlich den Vorteil, dass wir nicht, im Gegensatz zu früheren Generationen, bis an unser Lebensende in einer miserablen Beziehung gefangen bleiben und der Gesellschaft eine Farce vorspielen müssen.
Zugleich jedoch hat unser enormes Ausmaß an Freiheit zu einer allgemeinen Verunsicherung in Liebesdingen geführt. Wer traut sich schon, sich ganz einer Beziehung hinzugeben, die jederzeit ohne Angabe von Gründen aufgelöst werden kann? Unter solchen Bedingungen werden wir einen Teufel tun und alles geben, was wir haben. Statt uns vollkommen zu öffnen und hinzugeben, werden wir uns zurückhalten, nicht allzu viel investieren, keine allzu großen Zugeständnisse machen, keine allzu schmerzhaften Opfer bringen, obwohl uns vielleicht gerade das, dieser Sprung ins Ungewisse, der Sprung in die Verbindlichkeit, unserem Partner näherbringen würde.
Und nicht nur das, nein, erst wenn wir diesen Sprung wagen

würden, würde auch jene erstaunliche Fähigkeit unserer Psyche aktiviert, das Glas nicht mehr als halb leer, sondern als halb voll zu betrachten. Erst sobald das Glas zu *unserem* Glas geworden ist und wir es nicht mehr gegen ein eventuell volleres austauschen können, startet unsere Psyche ihr inneres Beschönigungsprogramm. Da sich dieser Vorgang eher unbewusst abspielt, unterschätzen wir ihn, wir rechnen nicht mit ihm und geben ihm folglich keine Chance, sich zu entfalten. So tun wir alles dafür, uns stets ein Hintertürchen offenzuhalten, obwohl wir am Ende womöglich gerade dann mit unseren Entscheidungen glücklich würden, würden wir ihnen nicht immer maximalen Spielraum zum Rückgängigmachen gewähren.

Perfektionismus, der erfolgreich und unglücklich macht

Erfolg ist, wenn man bekommt, was man will.
Glück ist, wenn man will, was man bekommt.
Sprichwort

Stellen wir uns einen Falter vor, nachts fliegt er los, um im Schutz der Dunkelheit nach einem Paarungspartner oder etwas Nektar zu suchen, damit er nicht ganz so allein oder ganz so hungrig ist. Um durch den schwarzen Raum zu navigieren, orientiert sich unser Nachtfalter an der stärksten Lichtquelle, die es da draußen gibt, in der Natur üblicherweise der Mond. Wenn er zum Beispiel eine längere Strecke geradeaus fliegen will, braucht er bloß eine einfache Regel zu befolgen: Guck direkt nach vorne und registriere, woher das Licht des Mondes kommt. Dann flatter los und stell sicher, dass die Lichtstrahlen stets in einem konstanten Winkel auf deine Augen treffen.

Ändert sich der Winkel, muss sich deine Flugrichtung geändert haben, also nimmst du eine Korrektur vor, um wieder auf Kurs zu kommen.

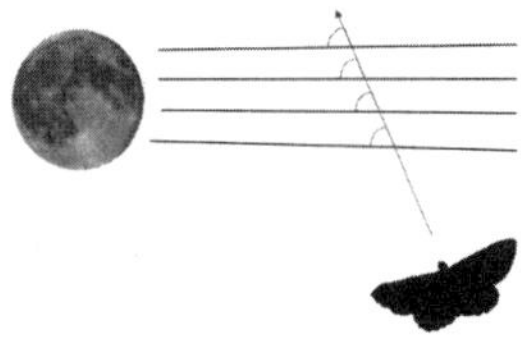

Jahrtausendelang funktionierte diese Navigationsstrategie unseres Nachtfalters problemlos, bis der Mensch auf den Plan trat und anfing, die Erde zu beleuchten, und die Nacht zum Tage machte. Eine Laterne oder Camping-Halogenlampe ist nicht nur viel heller als der Mond, sondern auch so nah an unserem Nachtfalter dran, dass ihre Strahlen nicht, wie die Lichtstrahlen des im Schnitt gut 380 000 Kilometer entfernten Mondes, parallel verlaufen, sondern konzentrisch um die Quelle wie die Speichen eines Rads um die Achse.
Setzt unser Nachtfalter weiterhin auf seine gute alte Navigationsstrategie, wird er von den zahlreichen künstlichen Lichtern, die den Himmel verschmutzen, in die Irre geführt. Versucht er bei seinem Flug einen spitzen Winkel zu einer der irdischen Lichtquellen einzuhalten, muss er, um aus seiner Sicht weiterhin geradeaus zu fliegen, immer wieder seinen Kurs korrigieren, die Folge: Er gerät in eine Spirale, die ihn näher und näher an die Lichtquelle führt, bis er schließlich darin untergeht.[3]

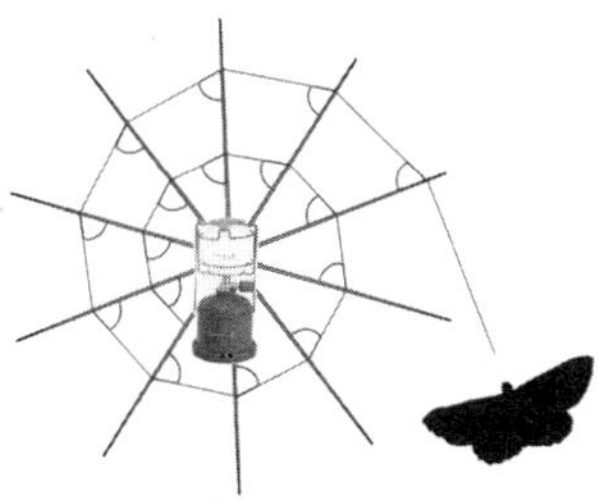

Stellen wir uns nun ein Wesen vor, das auf der Suche nach einem Paarungspartner oder etwas Essbarem die Neigung hat, sich nicht mit dem erstbesten Angebot, das ihm über dem Weg läuft, zufriedenzugeben. Stattdessen ist unser Wesen anspruchsvoll, wartet ab, sucht, probiert aus, verwirft Angebote und sucht weiter, bis es sich einen Überblick über das Gesamtangebot verschafft hat, dann erst legt es sich fest und entscheidet sich für das, was ihm am besten gefällt.
Ebenso wie unser Nachtfalter verfolgt dieses Wesen eine prima Strategie – solange seine Umwelt ihm eine begrenzte Zahl von Möglichkeiten bietet, solange es keine Supermärkte mit Hunderten von Konfitüren und kein Internet mit Millionen von Singles gibt, alle auf der Suche nach dem besten Partner.
Bei zehn Angeboten tut unser Wesen ganz gut daran, erst mal alle zu prüfen, bevor es seine Wahl trifft. Bei 100 Angeboten wird die Sache schon reichlich anstrengend, wäre aber wohl, eine hohe Kopfschmerztoleranz vorausgesetzt, noch machbar. Was jedoch würde passieren, wenn unser Wesen nicht mehr mit zehn oder 100, sondern mit Tausenden von Angeboten konfrontiert würde? Müsste es da nicht verzweifeln, müsste es nicht in Depressionen versinken oder wahnsinnig werden angesichts der Aussichtslosigkeit, in diesem Meer aus Möglichkeiten die beste Option zu finden? (Und wie könnte es in dieser Situation je sicher sein, auch wirklich die beste Option gefunden zu haben? Es wäre auf ewig verunsichert …)
In unserer Gesellschaft wird unser Wesen somit vor ein Dilemma gestellt: Entweder es hält an seiner guten alten Strategie fest und versucht unbeirrt weiter, alle Möglichkeiten zu checken, bevor es sich entscheidet, auf die Gefahr hin, ja im Grunde mit der Garantie, seinem eigenen Anspruch nie gerecht werden zu können.

Oder es ändert seine Strategie. Gibt seinen Perfektionismus auf. Sieht ein, welch hohen Preis es dafür zahlt, stets das Beste anzustreben, und versucht sich fortan mit dem zufriedenzugeben, was womöglich nicht objektiv das Allerbeste, aber doch *gut genug* ist.

Zu welcher dieser beiden Strategien *Sie* neigen, davon haben Sie bestimmt schon eine gewisse Ahnung, aber wenn Sie sich nicht ganz sicher sein sollten, können Sie es mit einem kleinen, simplen Selbsttest herausfinden. Lesen Sie einfach die folgenden 13 Statements durch und stufen Sie sich selbst bei jeder Aussage auf einer Punkteskala von 1 (»bin ich überhaupt nicht mit einverstanden«) bis 7 (»stimme völlig zu«) ein:

1) Immer, wenn ich vor einer Wahl stehe, versuche ich mir vorzustellen, was es noch für Möglichkeiten gibt, auch solche, die im Moment gar nicht zur Verfügung stehen.
2) Egal, wie zufrieden ich mit meinem Beruf bin, es ist immer gut, nach besseren Möglichkeiten Ausschau zu halten.
3) Wenn ich beim Autofahren Radio höre, probiere ich oft andere Sender aus, um herauszufinden, ob dort etwas Besseres läuft, auch wenn ich mit dem, was ich gerade höre, relativ zufrieden bin.
4) Beim Fernsehen wechsle ich oft die Sender und zappe durch die Programme, auch wenn ich eigentlich versuche, eine bestimmte Sendung zu gucken.
5) Partnersuche ist für mich wie Kleiderkauf: Ich denke, dass ich viele Kandidaten ausprobieren muss, bevor ich jemanden finde, der perfekt zu mir passt.
6) Geschenke für Freunde zu kaufen fällt mir oft schwer.
7) DVDs ausleihen ist echt hart, ich gebe mir immer Mühe, die beste herauszupicken.
8) Beim Einkaufen fällt es mir nicht gerade leicht, Kleidungsstücke zu finden, die ich wirklich mag.
9) Ich bin ein Fan von Ranglisten, wie etwa: die besten Filme, die besten Sänger, die besten Sportler, die besten Romane usw.
10) Schreiben fällt mir schwer, selbst wenn es sich nur um einen Brief

an einen Freund handelt, weil man nie die richtigen Worte findet. Oft mache ich sogar bei einfachen Sachen mehrere Entwürfe.

11) Was ich auch tue, ich setze mir stets die höchsten Maßstäbe.
12) Ich gebe mich nie mit dem Zweitbesten zufrieden.
13) Häufig male ich mir Lebensweisen aus, die sich stark von meinem wirklichen Leben unterscheiden.

Fertig? Zahlen addieren, durch 13 teilen, schon haben Sie Ihren persönlichen Perfektionismuswert. Der Forscher, der den Fragebogen entwickelt hat, der US-Psychologe Barry Schwartz, spricht lieber von »Maximierungswert«. Tausende von Testpersonen haben seinen Fragebogen bereits ausgefüllt, dabei hat sich herausgestellt: Bei etwa einem Drittel der Leute liegt der Wert in einem mittleren Bereich zwischen 3,25 und 4,75. Ein Drittel gehört mit einem Wert von über 4,75 zu den »Maximierern«, während wiederum ein Drittel mit einem Wert von unter 3,25 zu den »Genügsamen« (»Satisficers«) zählt. Jeweils rund zehn Prozent von uns sind entweder Extrem-Maximierer (über 5,5 Punkte) oder, im Gegensatz dazu, sehr genügsam (unter 2,5).[4]

Maximierer und Genügsame unterscheiden sich, wie man sich denken kann, in ein paar zentralen Charaktereigenschaften. Eine entscheidende Eigenschaft des Maximierers besteht darin, dass er sich immer nur mit dem Besten zufriedengibt, dem besten Job, dem besten Partner, dem besten Full-HD-Flachbildfernseher (auf den er nun schon seit Jahren wartet, da das allerbeste Modell erst noch gemacht werden muss: Es liegt chronisch in der Zukunft). Morgens wird er nur vom besten Kaffee wach, zubereitet mit der besten Espressomaschine, vielleicht einer ECM Technika IV Profi mit mikroprozessorgesteuerter Kesselbefüllung und Hochleistungsvibrationspumpe. Abends sucht der Maximierer zur optimalen Entspannung den besten Film aus, und danach legt er sich schlafen in Erwartung optimaler Träume. Hier einige weitere typische Unterschiede zwischen Maximierern und Genügsamen:[5]

Maximierer	Genügsame
• Haben eine Alles-oder-nichts-Einstellung: Wenn ich das Beste nicht kriegen kann, krieg ich lieber gar nichts (was dem Hinausschieben von Entscheidungen ausgesprochen förderlich ist) • Studieren akribisch seitenlange Konsumententests, vergleichen und probieren vor ihrer Wahl zahlreiche Angebote, womit sie noch den geduldigsten Verkäufer zur Verzweiflung und/oder Weißglut treiben • Suchen so lange, bis sie nach völliger Erschöpfung aller Beteiligten schließlich das Beste gefunden haben • Werden nach ihrer Entscheidung und trotz der ganzen Mühe von wiederkehrenden Zweifeln geplagt, da es da draußen ja immer noch etwas Besseres geben könnte (alle Möglichkeiten kann man nie prüfen) • Können auf Grund ihrer gründlichen Suche objektiv durchaus erfolgreich sein, neigen aber trotzdem zur Unzufriedenheit	• Sind Realisten, die verinnerlicht haben, dass man im Leben nicht immer das Beste bekommen kann, dass sich aber auch mit etwas, das einfach nur sehr gut ist, ganz gut leben lässt • Sind nicht etwa Ignoranten, berücksichtigen aber, dass ausuferndes Suchen und Sich-Informieren bis zur Erschöpfung ihrerseits mit hohen Kosten verbunden sind, die oft nicht in einem vernünftigen Verhältnis zum Gewinn stehen • Suchen so lange, bis sie etwas gefunden haben, das ihren Maßstäben entspricht • Nachträgliche Zweifel sind nicht so ein großes Problem, wenn die eigenen Kriterien erfüllt sind • Stehen im Vergleich zu den Maximierern womöglich nicht immer objektiv, subjektiv jedoch für gewöhnlich besser da

In einem sommerlichen Versuch haben sich Forscher in Vancouver, Kanada, kürzlich vor zwei verschiedene Eissalons gestellt, ausgerüstet mit einer Menge Maximierer-Fragebögen. Der eine Eissalon befand sich in einem belebten, zentral gelegenen Stadtteil, bot aber nur rund 20 Eissorten. Der andere Salon lag in einer abgelegenen Industriegegend, zu der man eigens mit dem Auto hinfahren musste, dafür konnte man dort zwischen 200 Eissorten wählen – ein kleines Paradies also für jeden Eis-Maximierer. Möchte man meinen.
Doch das Gegenteil war der Fall. Die Forscher fingen Dutzende von eisschleckenden Leuten vor beiden Salons ab und baten sie, den Maximierer-Fragebogen auszufüllen. Außerdem fragten sie sie, wie zufrieden sie mit ihrem Eis waren (Skala von 1 bis 7). Es stellte sich heraus, dass der abgelegene Eissalon, wie nicht anders zu erwarten, verhältnismäßig viele Maximierer angelockt hatte, offensichtlich getrieben vom Drang, auch ja die perfekte Kugel abzubekommen. Ironischerweise aber waren gerade sie weniger zufrieden mit ihrem Eis als jene Maximierer, die sich (aus welchen Gründen auch immer) mit dem einfachen Salon begnügt hatten. Bei den Genügsamen hingegen zeigte sich kaum ein Unterschied: Sie waren in jedem Fall recht zufrieden mit ihrem Eis, egal wie groß die Sortenauswahl war.

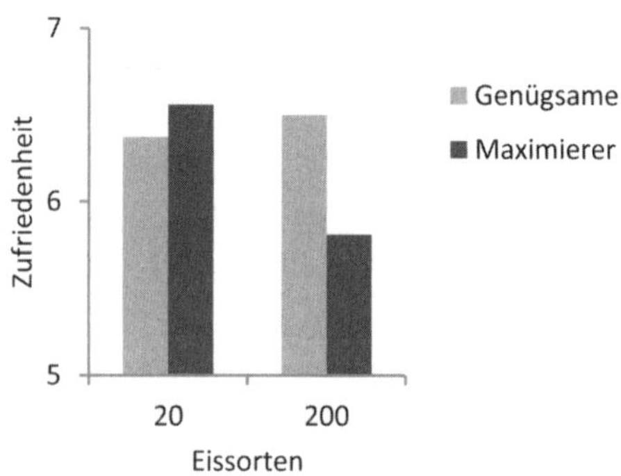

So wie die moderne Welt für unseren Nachtfalter, so scheint eine große Auswahl besonders für die Maximierer unter uns mitunter zu einem Verhängnis zu werden: Wer zum Perfektionismus neigt, der kann einem Riesenangebot schwer widerstehen, verspricht ein solches Angebot doch ein Maximum an Genuss, auch wenn am Ende oftmals der Frust angesichts des Angebot-Overkills überwiegt und es den Maximierern besserginge, würden sie ihrem Maximierungstrieb nicht immer so hemmungslos nachgeben.[6]

In einer anderen Untersuchung verfolgte man die Jobsuche von über 500 Studenten an elf verschiedenen Universitäten. Alle Studenten hatten den Maximierer-Fragebogen ausgefüllt, alle standen kurz davor, ihr Studium zu beenden und eine Berufslaufbahn einzuschlagen.

Wie nicht weiter überraschend, hatten es sich die Maximierer unter den Studenten in den Kopf gesetzt, sich für eine ordentliche Anzahl von Stellen zu bewerben. Das ging so weit, dass mancher von ihnen beabsichtigte, sage und schreibe 1000 Bewerbungen loszuschicken, während sich umgekehrt mancher Genügsame mit nicht mehr als einer einzigen Bewerbung begnügte.

Ein paar Monate gingen ins Land, als man die Studenten noch einmal kontaktierte, um sich nach dem Stand der Dinge zu erkundigen. Es zeigte sich, dass die Maximierer inzwischen ziemlich gut dastanden: Ihr Einstiegsgehalt lag im Schnitt sogar 20 Prozent über dem der Genügsamen. Und doch schien sich dieser objektive Erfolg nicht in ihrem subjektiven Wohlbefinden niederzuschlagen. So waren die Maximierer, wie weitere Tests ergaben, nicht nur während der ganzen Jobsuche pessimistischer, gestresster, besorgter, erschöpfter, ängstlicher und depressiver gewesen als die Genügsamen. Nein, erstaunlicherweise waren sie letztlich auch *weniger zufrieden* mit dem Resultat ihrer ausführlichen Suche als die genügsameren Zeitgenossen.[7]

Viele Möglichkeiten und der Druck, sie zu nutzen

Obwohl gerade diese letzte Studie auf den ambivalenten Schluss hinausläuft, dass Maximierer zwar mehr Strapazen und Frust in Kauf nehmen, dafür aber auch, sozusagen als Belohnung für ihre Mühe, objektiv mehr erreichen als die Genügsamen, bin ich mir nicht sicher, ob das immer und unbedingt der Fall sein muss. Wer lange sucht, dessen Chancen, etwas Gutes zu finden, steigen natürlich, einerseits. Unter Umständen bekommt man ja wirklich die bessere Eiskugel oder den besseren Job ab. Andererseits gibt es dafür erstens keine Garantie, zweitens gelten in gewissen Lebensbereichen Gesetze oder Spielregeln, die es mit sich bringen, dass die Maximierer-Strategie auch nach hinten losgehen kann. Ich denke da zum Beispiel an unser Liebesleben.

Nehmen wir – bevor wir uns dem Liebesleben zuwenden – noch mal eine Espressomaschine, eine einfache, genügsame Espressomaschine. Soweit ich das beurteilen kann, ist es einer Espressomaschine relativ egal, wie ausführlich wir sie mit anderen Exemplaren vergleichen, wie lange wir zweifeln und zögern, bis wir uns endlich für sie entscheiden. Die typische Espressomaschine ist geduldig, es macht ihr auch nichts aus, ob wir unsere Entscheidung für sie im Nachhinein bedauern und heimlich nach neuen, eventuell besseren Modellen Ausschau halten. Auch viele Arbeitgeber sind in der Hinsicht

wahrscheinlich nicht so zimperlich, sondern wissen den Ehrgeiz ihres Arbeitnehmers vielleicht sogar zu schätzen.
Aber wie ist das mit Liebespartnern?
Dazu fällt mir die Geschichte einer guten Freundin von mir ein, ich werde sie Evelyn nennen. Früher haben meine Freundin und ich öfters zusammen mit Evelyn und ihrem Freund Mark bis tief in die Nacht Poker gespielt, inzwischen tun wir das nicht mehr, weil Evelyn und Mark sich getrennt haben.
Der Grund dafür war wohl, dass die beiden, wie man sagt, zu unterschiedliche Vorstellungen vom Leben hatten. Mark ist ein bodenständiger Typ, häuslich, verlässlich, während Evelyn stets auf der Suche nach »mehr« war und ist. Mark und Evelyn kamen in recht jungem Alter (Anfang 20) zusammen, und seitdem ich sie kannte, hatte ich bei Mark immer den Eindruck, dass er mit der Beziehung ganz zufrieden war und sie auch bei einem Streit nicht in Frage stellte.
Das war bei Evelyn anders. Oft vermittelte sie das Gefühl, unzufrieden zu sein – damit, dass sie durch die frühe Beziehung mit Mark auf viele Erfahrungen hatte verzichten müssen, unzufrieden vielleicht auch, weil sie insgeheim das Gefühl hatte, dass sie eigentlich etwas Besseres verdient hätte als »nur ihn«.
Hungrig nach Anerkennung, unternahm Evelyn immer wieder den Versuch, etwas Besonderes zu leisten, zum Beispiel, indem sie versuchte, als Model zu Ruhm zu gelangen. Als sich da kein Durchbruch abzeichnete, sie dafür aber immerhin eine Stelle als Mode-Journalistin bei einem Frauenmagazin bekam, versuchte sie sich nebenbei als Gelegenheitsschauspielerin und Sängerin.
Mark zeigte sich nach außen hin voller Bewunderung für seine schillernde Freundin, und größtenteils bewunderte er sie auch wirklich. Mit der Zeit jedoch wurde es für ihn zunehmend

zum Problem, dass Evelyn so sehr und so ausschließlich auf sich selbst fixiert war, etwas, worin sie sich, je weniger ihr in ihren Augen gelang, umso mehr verbiss.
Eines Tages (beide waren inzwischen Anfang 30) schlug Mark Evelyn den Kauf einer gemeinsamen Wohnung vor, was sie ziemlich deutlich ablehnte, und das war wohl für Mark der Tropfen, der das Fass zum Überlaufen brachte. Enttäuscht, gekränkt zog er sich zurück, die Beziehung zerbrach. Das war vor knapp zwei Jahren. Mittlerweile hat Mark schon seit einiger Zeit eine neue Freundin, und ich könnte mir gut vorstellen, dass er sie bald heiraten wird.
Und Evelyn? Ihr Leben ist immer noch eine große Suche und ein großes Chaos. Nach ein paar stressigen Affären wäre sie am liebsten zu Mark zurückgekehrt. Sie schrieb ihm Mails und Briefe, klingelte nachts an seiner Tür, flehte ihn an, ihr noch eine Chance zu geben, aber Mark konnte nicht mehr. Er hatte Evelyns Unverbindlichkeit satt, und er wollte das Gefühl nicht mehr ertragen, ihr trotz all seiner Anstrengungen nie wirklich genügen zu können.
Ich weiß natürlich nicht, wie die Sache ausgehen wird. Ich gönne Evelyn den großen Wurf, nach dem sie sich so sehr sehnt (und, wo ich schon dabei bin, ein toller Mann wäre auch nicht schlecht). Aber so wie es jetzt aussieht, ist ihre Suche und ihr Streben nicht nur frustrierend, nein, sie steht damit auch keinen Deut besser da als der genügsamere Mark, wenn, dann ist es eher umgekehrt.
Studien suggerieren, dass Maximierer es subjektiv schwerer haben als die Genügsameren unter uns. Da wäre es eine schöne ausgleichende Gerechtigkeit, würden sie wenigstens *objektiv* besser dastehen. Oft mag das der Fall sein, aber es ist bestimmt nicht immer so, und gerade in jenen Lebensbereichen, in

denen es nicht in erster Linie auf so etwas wie Leistung ankommt, trifft womöglich sogar häufiger das Gegenteil zu und der Perfektionierungsdrang der Maximierer führt dazu, dass sie *sowohl subjektiv als auch objektiv* schlechter dastehen.
Darüber hinaus zeigt Evelyns Ringen, dass es sich mit der Freiheit und den vielen Optionen, die uns das heutige Leben bietet, nicht ganz so simpel verhält, wie man meinen könnte, insbesondere nicht für Maximierer. Man könnte meinen, Freiheit mache uns einfach nur frei und sonst nichts, Fall erledigt. Viele Möglichkeiten, könnte man meinen, stellten einfach nur ein Angebot dar, das man nutzen könne oder – auch in Ordnung – eben nicht.
Aber so einfach ist es nicht. Die Freiheit hat, wie sich herausstellt, ihre ganz eigenen Krallen. Viele Möglichkeiten befreien uns nicht nur, sie erzeugen zugleich einen eigentümlichen Druck: Sie fordern uns dazu auf, sie zu nutzen. Wer es nicht tut, wer sich allzu früh (wann auch immer das genau ist) auf einen Lebensweg oder -partner festlegt und damit zahlreiche Alternativen in den Wind schlägt, zahlt jenen Preis namens Alternativkosten. Wer sich, umgekehrt, auf eine ewige Suche begibt, sich nie festlegen kann und immer weiter sucht, läuft Gefahr, am Ende leer auszugehen und alleine dazustehen.

Befreiende Bindungen

Ich glaube, es dürfte inzwischen deutlich geworden sein, dass es uns Maximierern und Perfektionisten im Großen und Ganzen etwas besserginge, würde es uns gelingen, eine Nuance genügsamer zu werden. Weniger klar, dafür mindestens ebenso wichtig ist die Frage, wie wir es denn bitte schön anstellen sollen, zu dieser wundersamen Genügsamkeit zu gelangen. Drei der üblichen Tipps dazu lauten wie folgt:

- Finden Sie heraus, was Ihnen wirklich am Herzen liegt. Auf diese Weise haben Sie mit ausufernden Optionen kein Problem mehr, da Sie die unzähligen Optionen ja von vornherein *in Ihrem Kopf bzw. in Ihrem Herzen* reduziert haben. Beispiel: Wenn ich genau weiß, welches Buch ich haben will, ist Amazon ein Segen, weil ich es dort höchstwahrscheinlich bekommen werde. Dass Amazon noch viereinhalb Millionen weitere Bücher anbietet, kann mir unter diesen Umständen egal sein.

- Nehmen Sie sich beim Einkauf vor, nie mehr als zwei Geschäfte zu betreten. So ersparen Sie sich Stress und finden endlich die Zeit, sich die letzten Folgen von *Dr. House* anzusehen.

- Treffen Sie endgültige Entscheidungen und stellen Sie nach Ihrer Wahl etwaiges Grübeln ab. Bedenken Sie, dass so gut wie jede Alternative ihr Für und Wider hat, nachträgliches Bedauern oder Reue hätte also auch bei einer anderen Entscheidung an Ihnen genagt.

Prima. Das Problem mit diesen Tipps ist nicht, dass sie falsch sind, das sind sie wahrscheinlich nicht. Das Problem liegt eher in ihrer Umsetzbarkeit oder besser gesagt Nicht-Umsetzbarkeit. Zu Punkt eins: Ja, es wäre sicherlich super, wenn ich immer wüsste, was ich will, aber gerade das ist ja das Problem, dass mir eben dies angesichts der vielen Möglichkeiten und Angebote oft so schwerfällt.

Zu Punkt zwei: Klingt vernünftig, ich werd's meiner Freundin beim nächsten Schuhkauf als Denkanregung mitgeben. Ob es sie begeistern wird? Unwahrscheinlich. (Sehr unwahrscheinlich.) Wird sie meinen Rat befolgen? Ich denke, nicht.
Und zu guter Letzt Punkt drei: Ich würde mein Grübeln gern abstellen, wirklich, ich würde auch gern etwas mehr im Hier und Jetzt leben und nicht ständig von irgendeiner Sorge geplagt werden. Leider bin ich kein buddhistischer Mönch mit vollständiger Kontrolle über meine Gedanken- und Gefühlswelt. Die Zweifel und das Bedauern und die Reue überfallen mich, ich find's nicht schön, ich kann aber auch nichts dafür, ich kann mich den vielen Möglichkeiten ja nicht entziehen, selbst nicht, wenn ich auf den Mond ziehe, weil mir, alleine auf dem Mond sitzend und auf die blauleuchtende Erde guckend, ja immer bewusst wäre, dass meine Wahl für ein Leben auf dem Mond auch nur eine von vielen möglichen Lebensformen ist und nicht unbedingt die schönste.
Es sind also vor allem Schwierigkeiten der praktischen Umsetzung, auf die wir stoßen, wenn wir versuchen, auf direkte Weise mit der Herausforderung der allzu vielen Optionen fertig zu werden. Vermutlich ist die Sache einfach zu komplex und groß, als dass wir ihr mit ein paar simplen Rezepten beikommen könnten.
Vielleicht ist es in diesem Fall aussichtsreicher, das Problem nicht ganz so geradewegs anzugehen, sondern sich ihm eine Spur indirekter, gewissermaßen über die Hintertreppe, zu nähern, um es zumindest ansatzweise in den Griff zu bekommen.
Mein Maximiererwert zum Beispiel liegt, wie sich herausgestellt hat, bei 4,8 – es sei denn, meine Freundin ist in der Nähe, dann sinkt mein Wert auf 3,9. Das erklärt sich ganz einfach:

Wenn ich spätabends allein zu Hause bin, versuche ich oft durch intelligentes Zappen zwei TV-Sendungen gleichzeitig zu sehen, um meine Alternativkosten zu senken (Aussage Nr. 4 im Maximiererfragebogen). In Anwesenheit meiner Freundin würde ich das nie wagen, das Zappen würde sie binnen kürzester Zeit in den Wahnsinn treiben. Die Folge: Der Fernsehabend verläuft, wenn meine Freundin da ist, auch für mich meist befriedigender, da mir das Zappen letztlich selber auf die Nerven geht (oder wir machen etwas ganz anderes). Ähnlich verhält es sich beim Radiohören im Auto (Statement Nr. 3). Und was den Klamottenkauf betrifft (Nr. 8): Müsste ich diese Herausforderung ganz allein meistern, es käme bei mir unweigerlich zu Schweißausbrüchen und subklinischen Panikattacken, also kommt meine Freundin oder meine Schwester mit und sagt mir: Das steht dir gut, nimm das, eindeutiger Kaufbefehl!

Okay, Sic haben verstanden, worauf ich hinauswill. Ich will sagen, dass Beziehungen uns tendenziell genügsamer machen, und das gilt für jede intime Beziehung, für eine Partnerschaft, eine Freundschaft, eine Ehe, Familie, Kinder.

Zugleich schränken alle diese Beziehungen unsere Freiheit ein. Wer verheiratet ist und Kinder hat, kann bekanntlich nicht wie sein Single-Kollege nachts um die Häuser ziehen und tun und lassen, was er will. Meist können wir damit leben, wir nehmen die Einschränkungen in Kauf, weil wir genau wissen, dass ein beziehungsloses Leben auch einsam und öde wäre und wir insgesamt mit unseren Beziehungen immer noch glücklicher sind als ohne sie. Wir akzeptieren die Freiheitseinschränkung als Preis dafür, das Leben nicht ganz allein ertragen zu müssen.

Aber was wäre, wenn wir uns damit irren? Was, wenn uns

unseren engen Beziehungen und Bindungen nicht nur guttun, *obwohl*, sondern vielleicht auch *weil* sie uns einschränken, weil sie uns davor bewahren, in den ausufernden Möglichkeiten da draußen unterzugehen?[8]
Nehmen wir das Verliebtsein als Extremfall. Wer sich bis über beide Ohren verknallt hat, dessen Freiheit ist – obwohl sich das für den Betroffenen nicht so anfühlen mag – besonders stark eingeschränkt: Man *muss* einfach in der Gegenwart des Geliebten sein, ansonsten fühlt man sich unruhig und schlecht oder besser gesagt hundsmiserabel und zu Tode betrübt. Ignoriert unser Liebster uns ein paar Sekunden, haben wir keine Wahl und versinken in tiefste Depressionen. Wer verliebt ist, ist total abhängig vom Verhalten einer anderen Person und somit alles andere als frei. Und doch, wenn alles gutgeht, wenn wir zusammen mit unserem Schatz sind, dann geschieht etwas Magisches: Jegliche Alternativkosten sinken gegen null, alles andere verliert an Bedeutung, es gibt jetzt keinen anderen Ort mehr, an dem wir lieber sein möchten, es gibt nichts mehr, was wir noch bräuchten, damit unser Glück vollkommen wäre.
Verliebtheit mag ein Extrem sein, aber es ist keine einzigartige Ausnahme. Eine durchaus vergleichbare Wirkung können Kinder haben, die einem alles bedeuten und in deren Gegenwart alles andere relativiert wird und an Gewicht verliert. Letztlich gilt das Phänomen in abgeschwächter Weise für alle Beziehungen, an denen uns etwas liegt: Alle diese Bindungen schränken uns mehr oder weniger ein und tragen doch zu unserem Seelenfrieden bei, und das vielleicht eben auch, weil sie unserem Leben einen Halt, eine Struktur geben, weil sie uns in einer Welt allzu vieler Möglichkeiten dabei helfen zu bestimmen, was wirklich wichtig ist und was nicht.[9]
So kann auch ein einfacher Freundeskreis zu »bindenden«

Ritualen führen, beispielsweise dem Ritual, sich freitags abends zum Grillen zu verabreden, was den angenehmen Nebeneffekt hat, dass man sich nicht mehr jeden Freitag aufs Neue den Kopf darüber zerbrechen muss, welcher der vielen Verlockungen, die einem die nervöse, rastlose Stadt bietet, man diesmal nachgehen soll. Durch diese Brille betrachtet haben zwischenmenschliche Bindungen gerade *durch* die Beschränkungen, die sie mit sich bringen, etwas Befreiendes: Sie erleichtern unsere Entscheidungen, indem sie die zahlreichen Optionen für uns einkreisen und auf eine überschaubare Auswahl reduzieren, mit der wir umgehen können.

Kurz gesagt: Intime Bindungen sind – meist – nicht einfach nur schön, sondern können nebenbei auch ein wirksames Mittel sein, um mit der Multioptionsgesellschaft fertig zu werden. Angesichts dessen dürfte man also eigentlich erwarten, dass wir gerade in der heutigen Zeit alles dafür tun, diese engen Beziehungen auch zu knüpfen und zu pflegen.

Wie wir aber wissen und wie ja auch schon der Blick auf die Ehe- und Geburtenstatistik gezeigt hat, ist eher das Gegenteil der Fall. Festen Bindungen gehen wir zunehmend aus dem Weg. Stattdessen versuchen wir unsere Unabhängigkeit und unsere Möglichkeiten zu maximieren, wo wir können, nicht zuletzt auch, indem wir uns in unsere Karrieren stürzen und Geld scheffeln. Geld nämlich, jenes universelle Tauschmittel, erhöht einmal mehr unseren Spielraum.

Dabei könnte es zu einem Teufelskreis kommen, der sich selbst verstärkt und uns mehr und mehr zu isolierten Einzelgängern mutieren lässt, weil Geld wiederum den Effekt hat, uns von unseren Mitmenschen zu distanzieren: Geld lockert Bindungen auf und macht uns tendenziell einsam – wie wir im nächsten Buchteil sehen werden.

Zweiter Teil

Das Wohlstandsparadox

1. Unzufriedenheit im Überfluss

China: Boom der Wirtschaft, Rezession des Glücks

Die empirisch-wissenschaftliche Ergründung des Glücks erstreckt sich nicht nur in zunehmendem Maße über die Zeit, über die Jahrzehnte und Generationen hinweg, sondern auch über den Raum: Mittlerweile haben Glücksforscher ihre Fühler über nahezu den gesamten Globus ausgestreckt. Vertieft man sich in die ausufernden Befunde ihrer Bemühungen, lässt sich bald feststellen, dass es neben dem Freiheitsparadox noch ein weiteres modernes Paradox gibt – das Wohlstandsparadox –, das große Teile der Welt betrifft, auch wenn es Orte gibt, wo es sich deutlicher zeigt als in anderen.

Sehr deutlich zeigt es sich zum Beispiel in China.

Eine bestimmte Institution hat sich bei der erdumspannenden Ermittlung des Glücks besonders verdient gemacht: das weltweite Meinungsforschungsinstitut Gallup. Die Mitarbeiter von Gallup haben in den letzten Jahren Zigtausende von Menschen in mehr als 150 Ländern – von Aserbaidschan bis Zypern – nach ihrer seelischen Befindlichkeit befragt und damit stichprobenmäßig die Gefühlslage von über 98 Prozent der Weltbevölkerung ergründet.[1] Gallup ist so fast zu einer Art von globalem Glücksbarometer geworden.

Vor einiger Zeit, im Jahr 1994, schwärmte ein Gallup-Team erstmals in großem Maßstab in der Volksrepublik China aus, um die Glücksentwicklung der Chinesen während ihres phänomenalen wirtschaftlichen Aufschwungs zu verfolgen. Die Reise führte von ländlichen Gegenden, wie die Innere Mongolei, zu Großstädten wie Guangzhou; von Heilongjiang, der Provinz im äußersten Nordosten an der Grenze zu Sibirien, hin zur Tropeninsel Hainan am Südende; von Tibet bis zum überwiegend muslimischen Xinjiang im äußersten Westen an der Grenze Afghanistans. Die Operation dauerte eine ganze Dekade. Als 2004 schließlich das letzte Interview stattfand, hatten die Gallup-Mitarbeiter mehr als 15 000 Chinesen aus sämtlichen Provinzen des Landes mit ihren Fragebögen traktiert.

China hatte sich in der Zwischenzeit stark verändert. Unter anderem war es reicher geworden. Viel reicher. Brandneue Hochgeschwindigkeitszüge, Autobahnen, Brücken überzogen das Land. Millionen von Menschen hatten ihr Leben auf dem Land aufgegeben und suchten in den aufblühenden Metropolen ihr Glück. Extravagante Wolkenkratzer, Fabriken und die weltweit größten Einkaufszentren[2] waren aus dem Boden gestampft worden, Aktienkurse waren explodiert, und man hatte jede Menge S-Klasse-Limousinen und Louis-Vuitton-Taschen importiert (allein Shanghai und Peking verfügen gegenwärtig über je drei Louis-Vuitton-Filialen[3]).

Das Realeinkommen der Chinesen war während des zehnjährigen Interview-Zeitraums um ganze 250 Prozent gestiegen. Als das Gallup-Team mit seinen Befragungen anfing, stand in nur 40 Prozent der chinesischen Haushalte ein Farbfernseher, 2004 war diese Zahl auf 82 Prozent geklettert. 1994 gab es in nur jedem zehnten Haushalt ein Festnetztelefon, 2004 war das in 63 Prozent der Haushalte der Fall, und in fast jedem zweiten gab es nun auch mindestens ein Handy.[4] In einem Tempo, das in der Geschichte der Industrialisierung seinesgleichen sucht, hatte China sich von armen Verhältnissen zu einer Republik von beachtlichem Wohlstand hochgerappelt, auch wenn der Abstand zum benachbarten Japan sowie den reichen Ländern der westlichen Welt, vor allem in den Dörfern auf dem Land, nach wie vor enorm ist.

An dieser Stelle könnte man einen Moment innehalten und nach dem Sinn eines solchen Forschungsprojekts fragen. Handelt es sich dabei nicht um reine Zeitverschwendung? Hätte man sich das nicht sparen können? Es spricht ja wohl für sich, dass der gestiegene Wohlstand der Chinesen auch positiv auf ihr Wohlbefinden abgefärbt hat. Wozu sonst das unbedingte Streben nach Wirtschaftswachstum? Was soll die ganze Schufterei, was sollen die Farbfernseher und Handys, wenn sie nicht letztlich das Leben versüßen, und sei es auch nur ein bisschen?

Sie ahnen es schon. Als die Forscher anfingen, die Daten zu analysieren, stießen sie, ähnlich wie die beiden US-Ökonomen beim Vergleich der männlichen und weiblichen Glücksentwicklung seit den 1970er Jahren, ihrerseits auf eine Überraschung: Nicht nur, dass das goldene Jahrzehnt die Stimmung der Chinesen nicht im Geringsten aufgehellt hatte, nein, ihre Laune hatte sogar nachgelassen. In einer Zeit, in der sich ihr Einkommen mehr als verdoppelte und sie sich massenhaft Konsumgüter zulegten, waren immer weniger der befragten Chinesen mit ihrem Leben zufrieden, und immer mehr fühlten sich unzufrieden.[5]

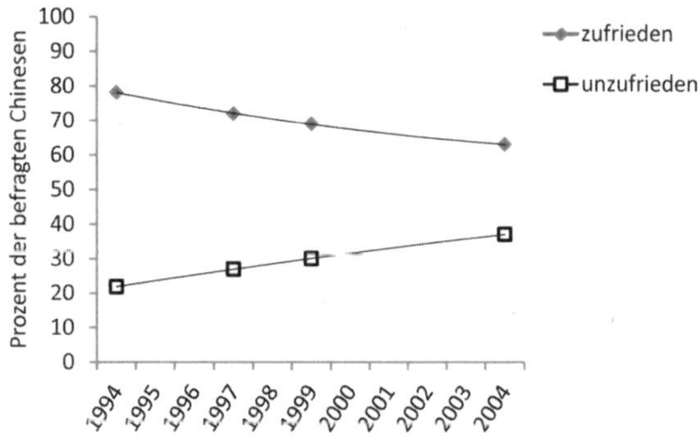

Nun ist Chinas rasanter Aufstieg auch damit einhergegangen, dass sich die Schere zwischen Arm und Reich in einem Ausmaß geöffnet hat, das, gelinde gesagt, extrem ist. Auf der einen Seite leben in China, nach den USA, die meisten Milliardäre der Welt. In keinem Land steigt die Zahl der Milliardäre so stark wie dort: 2010 zählte China (ohne Hongkong) noch 64 Milliardäre, in den USA waren es 403. Ein Jahr später, 2011, waren in den USA nur 10 Milliardäre hinzugekommen, in China dagegen 51, insgesamt leben dort somit nach letztem Stand 115 Milliardäre.[6] Auf der anderen Seite gibt es weiterhin Abermillionen von chinesischen Bauern, die ihr Dasein in heruntergekommenen Bruchbuden fristen und umgerechnet mit nicht mehr als einem Euro am Tag auskommen müssen.[7]

Dass diese himmelweiten Unterschiede nicht gerade zu allgemein guter Stimmung beitragen, versteht sich wohl von selbst.

Darüber hinaus aber zeigt sich am Beispiel Chinas auf radikale Weise der für diesen zweiten Buchabschnitt zentrale Punkt: dass Wirtschaftswachstum offenbar nicht automatisch wachsendes Wohlbefinden nach sich zieht. Im ersten Moment könnte man natürlich versucht sein, die Chinesen, denen es womöglich auf Grund ihrer ganz eigenen Kultur schwerfällt, den neuen, am westlichen Lebensstil orientierten Wohlstand zu genießen, als fernöstliche Kuriosität einzustufen. Das allerdings wäre etwas voreilig, da sich das Phänomen, mit dem wir es hier zu tun haben, durchaus nicht auf China begrenzt, sondern sich, wenn auch weniger radikal, praktisch überall auf dem Globus beobachten lässt.

Erst kürzlich hat ein Wissenschaftlerteam unter Leitung des amerikanischen Ökonomen Richard Easterlin von der University of Southern California in einer Studie im angesehenen US-Forschermagazin *PNAS* die Lebenszufriedenheit in 37 Ländern rund um die Welt über einen durchschnittlichen Zeitraum von gut zwei Jahrzehnten analysiert. Das ernüchternde Fazit: Hohe Wachstumsraten eines Landes gehen in den allermeisten Fällen nicht, wie erhofft, mit einem korrespondierenden Zufriedenheitszuwachs in der Bevölkerung einher (siehe Grafik auf nachfolgender Seite).[8]

Der Ökonom Easterlin untersucht bereits seit den 1970er Jahren den Zusammenhang zwischen Geld und Glück und ist dabei schon recht früh auf einige seltsame Widersprüche gestoßen. Sowohl wohlhabende Menschen als auch wohlhabende Nationen, beobachtete der Wissenschaftler, dürfen in der Regel mit mehr Lebenszufriedenheit rechnen als ihre mittellosen

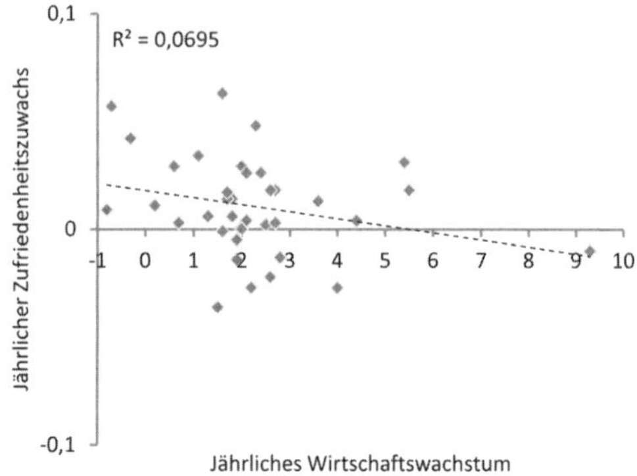

Die Grafik zeigt das Verhältnis zwischen dem jährlichen Wirtschaftswachstum eines Landes (prozentuale Veränderung des Bruttoinlandsprodukts gegenüber dem Vorjahr) und dem Zufriedenheitszuwachs in der Bevölkerung (absolute Veränderung gegenüber dem Vorjahr auf einer Skala von 1 bis 10). Jeder Punkt stellt eines von insgesamt 37 Ländern dar. Der Punkt ganz rechts – jährliche Wirtschaftswachstumsraten von gut neun Prozent bei gleichzeitigem Zufriedenheitsschwund – repräsentiert China. Sowohl mit als auch ohne diesen Ausreißer zeigt sich kein systematischer Zusammenhang zwischen den beiden Variablen.[9]

Gegenstücke. Zugleich aber scheint das Glück einer Nation über die Zeit kaum mit wachsendem Wohlstand zuzunehmen, eine Sache, die man seither auch als »Easterlin-Paradox« bezeichnet. Das Easterlin-Paradox gilt (als seien diese Länder allmählich mit Geld gesättigt) gerade für viele der reichsten Länder der Welt, wie etwa die USA, Großbritannien und Japan – und es gilt auch, ja es gilt in besonderem Maße für Deutschland.[10]

Wir Deutsche werden körperlich fitter und psychisch labiler

It's like the more money we come across,
the more problems we see.
The Notorious B. I. G.

Deutschland ist ja mit der Zeit nicht nur eine immer freiere, sondern bekanntlich auch eine immer wohlhabendere Gesellschaft geworden – was sich einerseits am Bruttoinlandsprodukt ablesen lässt, andererseits sieht man es auch ganz unmittelbar an unserer Kaufkraft im Alltag. Ein repräsentativer Warenkorb, für den man 1950 noch eine ganze Stunde arbeiten musste, war im Jahr 1970 in 18 Minuten verdient, 2009 sogar in nur 11 Minuten (um nicht rumzueiern, hier ein konkretes Beispiel: 1950 reichte eine Stunde an der Werkbank gerade mal für fünf Frühstückseier, 1970 erhielt man für eine Stunde Arbeit bereits 30 Eier, inzwischen sind es über 70).[11] Mit anderen Worten: Immer mehr Deutsche können sich immer mehr leisten. Unsere Lebenszufriedenheit ist damit verblüffenderweise nicht gestiegen, weder im Westen seit den 1970er Jahren noch im Osten, nachdem die Mauer gefallen ist.

Betrachtet man auf der nachfolgenden Seite die beiden deprimierend flachen Glückslinien in der Grafik, könnte man fast den Eindruck bekommen, die Lebensfreude eines Landes sei schlicht eine mehr oder weniger kulturell festgelegte Sache: Es gibt halt Nationen oder Völker, könnte man meinen, die sich einen unverbesserlichen Optimismus zu eigen gemacht haben, während andere, darunter vielleicht auch wir Deutsche, notorische Nörgler sind, und egal, wie gut es uns wirtschaftlich geht, wir werden immer notorische Nörgler bleiben.

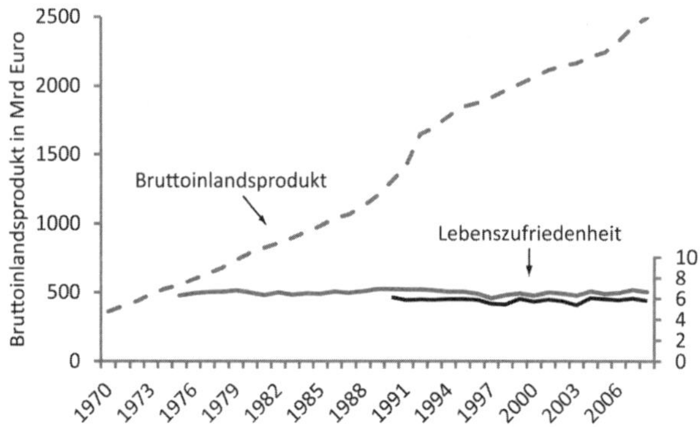

Während das Bruttoinlandsprodukt – ab 1992 Gesamtdeutschland, daher der kleine Hüpfer – gestiegen und die Mauer gefallen ist, scheint das unserem Glück nicht auf die Sprünge geholfen zu haben. Die obere, hellere Linie zeigt die Lebenszufriedenheit in den alten, die untere, dunklere Linie die Lebenszufriedenheit in den neuen Bundesländern (auf einer Skala von 0 bis 10).[12]

Vermutlich ist diese Deutung gar nicht mal so falsch, die ganze Erklärung kann sie allerdings nicht sein, da es eine ganze Reihe von Ländern gibt, in denen die Stimmung sehr wohl steigt (um nur einige Beispiele zu nennen: Puerto Rico, Mexiko und Italien gehören dazu), während sie in anderen sinkt, wie schon das Beispiel China zeigt.[13]

Was uns Deutsche betrifft, so scheinen wir ebenfalls eher zu dieser letzten Kategorie zu gehören: Obwohl die Glückslinie in der obigen Grafik flach aussieht, ergibt eine genaue, statistische Trendanalyse, dass die Zufriedenheit in Deutschland in den vergangenen Jahrzehnten nicht einfach nur gleich geblieben, sondern tatsächlich leicht gesunken ist. Zu diesem Schluss kommen inzwischen mehrere Forschergruppen, und zwar auf Grund unabhängiger Erhebungen.[14] Wenn man etwas näher an die Daten heranzoomt, wird der negative Trend optisch sichtbar:[15]

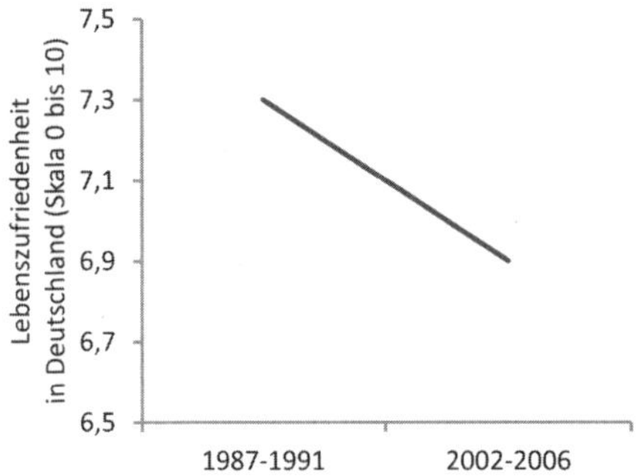

Der Unglückstrend zeigt sich auch daran, dass die Zahl der Deutschen, die sich als »sehr zufrieden« einschätzt, seit der Wiedervereinigung deutlich geringer geworden ist, während jene, die »nicht zufrieden« sind, zahlreicher werden.[16]

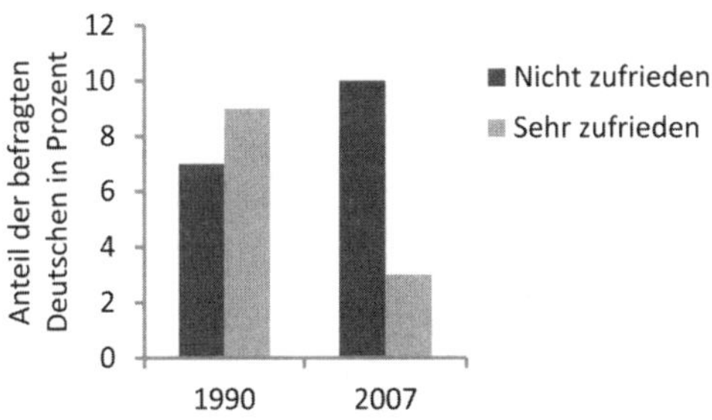

Und dieses ohnehin schon wenig aufbauende Bild trübt sich einmal mehr, wenn man die Sache etwas breiter fasst und sich unsere psychische Gemütslage insgesamt ansieht. Während nämlich unsere Lebenszufriedenheit als solche nachgelassen hat, scheinen psychische Erkrankungen, wie Angststörungen, Depressionen und Burn-out, auf dem Vormarsch zu sein.

Dabei lässt sich sogar eine gewisse Systematik beobachten: Tendenziell nehmen mit dem Wohlstand eines Landes die psychischen Leiden nicht, wie man vielleicht erwarten würde, ab, nein, so mancher Studie zufolge, in der man dieser Frage nachgegangen ist, steigen sie vielmehr (und zwar auch in Studien, in denen man die Krankheitsfälle mittels gleicher Kriterien erfasst hat).

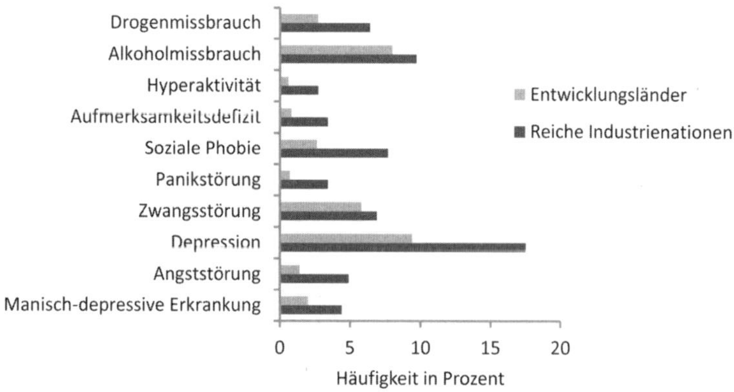

Insgesamt untersuchten die WHO-Forscher die Häufigkeit von 18 psychischen Störungen in 14 Ländern, hier eine Auswahl der Ergebnisse (bei der Häufigkeit handelt es sich in diesem Fall um den Anteil der Personen, die in ihrem Leben mindestens einmal von der Störung betroffen waren). Die sieben reichen Industrienationen sind: Belgien, Deutschland, Frankreich, Holland, Italien, Spanien, USA. Die sieben »Entwicklungsländer« (eine Klassifizierung der Weltbank): Brasilien, China, Indien, Kolumbien, Libanon, Mexiko, Rumänien.[17]

In einer der letzten Untersuchungen der Weltgesundheitsorganisation WHO dazu zeigt sich das auf besonders drastische Weise. Nachdem die WHO-Forscher unter Verwendung standardisierter Diagnosemethoden die Häufigkeit psychischer Erkrankungen in sieben »Entwicklungsländern« und sieben der reichsten Länder der Welt ermittelt hatten, offenbarte sich beim Vergleich der Daten, dass die Menschen in den reichen Nationen durch die Bank häufiger unter psychischen Störungen litten als jene in den weniger wohlhabenden Ländern.

Fasst man die verschiedenen psychischen Störungen zusammen und beschränkt sich beim Vergleich ihrer Verbreitung auf die reichen Nationen, zeigt sich abermals, dass ein Leben in den allerreichsten Staaten dieser Welt nicht automatisch heißt, dass man dort gegen psychische Probleme gefeit ist – wenn überhaupt, trifft eher das Gegenteil zu.[18]

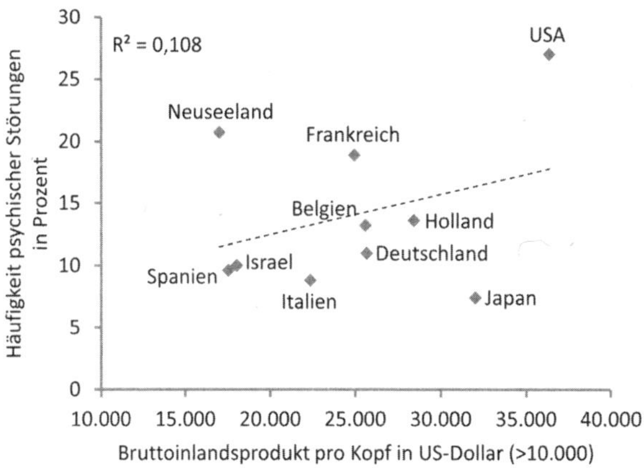

Die USA hat als eines der wirtschaftsstärksten Länder der Welt zugleich die mit Abstand größten Psycho-Probleme.[19] Bei uns in Deutschland ist die Lage nicht ganz so dramatisch. Wie die obige Grafik zeigt, die ebenfalls auf einheitlichen Untersuchungen der WHO beruht, schneiden wir im Vergleich zu den USA und unseren europäischen Nachbarn in der Hinsicht selbst recht gut ab.[20]

Man muss sich immer vor Augen halten, dass steigende Zahlen auch eine steigende Sensibilisierung und damit Diagnoseneigung reflektieren können[21], dennoch sprechen auch bei uns in Deutschland die Befunde dafür, dass wir inmitten eines stetig wachsenden Wohlstands mit wachsenden psychischen Problemen zu kämpfen haben, eine Sache, die unter anderem den Krankenkassen Kopfzerbrechen bereitet. Laut dem Wissenschaftlichen Institut der AOK beispielsweise haben die Fehlzeiten und Fälle von Arbeitsunfähigkeit auf Grund psychischer Erkrankungen in den letzten Jahren massiv zugenommen.

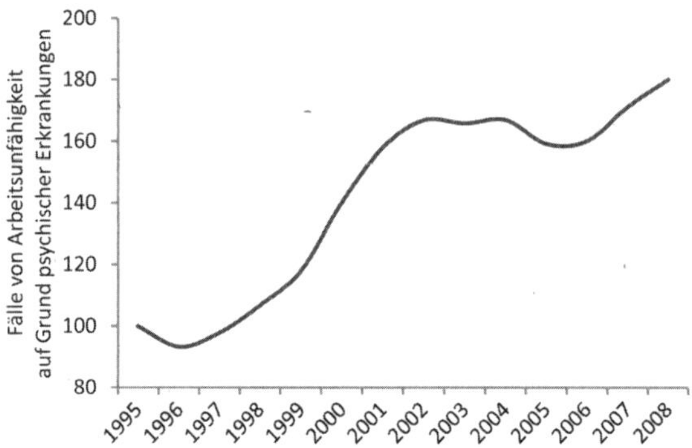

Die Grafik zeigt die Fälle von Arbeitsunfähigkeit auf Grund psychischer Erkrankungen von AOK-Versicherten. Bei der Darstellung wurden die Fälle des Jahres 1995 auf 100 Prozent gesetzt.[22]

Wenn sich jemand bei uns vor 20 oder 30 Jahren frühzeitig in den Ruhestand verabschiedete, lag das so gut wie immer daran, dass er oder sie *körperlich* nicht mehr konnte. Es lag an einem schmerzenden Rücken oder an Herz-Kreislauf-Problemen. Das hat sich in den vergangenen Jahren gewandelt: Immer mehr Berufstätige müssen ihren Beruf vorzeitig auf Grund psychischer statt körperlicher Krankheiten aufgeben. Der Anteil jener, die auf Grund eines seelischen Infarkts nicht mehr arbeiten können, ist in Deutschland rasant gestiegen, während körperliche Beschwerden als Ursache für eine Frühverrentung sowohl relativ als auch absolut rückläufig sind. Es ist, als würden wir physisch immer fitter und psychisch immer kränker.[23]

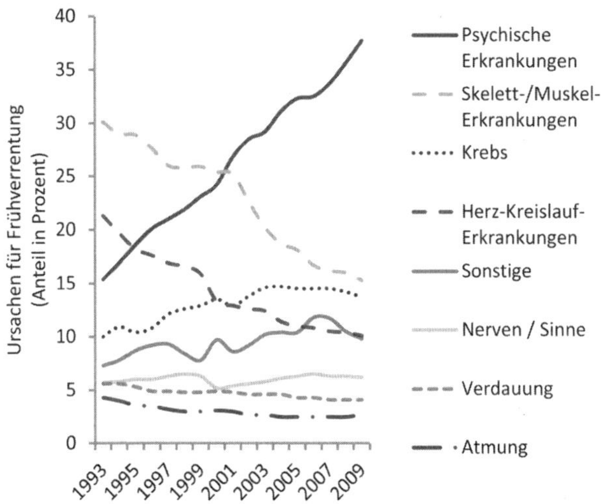

Fasst man diese Einzelbefunde zusammen, muss man sagen: Obwohl sich viele von uns nicht zuletzt von einem gewissen materiellen Standard ein angenehmes Leben erhoffen, scheint zunehmender Reichtum zumindest auf nationaler Ebene nicht zwangsläufig mit einer Zunahme der allgemeinen Zufriedenheit und seelischen Ausgeglichenheit einherzugehen, und mit-

unter könnte die Sache sogar nach hinten losgehen, wie es offenbar in Deutschland der Fall ist.
Liegt darin nicht eine bittere Ironie? Wieso arbeiten wir so hart für unseren Wohlstand, weshalb geht bei uns ein panischer Aufschrei durchs Land, sobald das Bruttoinlandsprodukt einmal nicht um 1,9 % gewachsen ist, wenn es so ist, dass ein steigendes Bruttoinlandsprodukt unserem Wohlbefinden nicht allzu sehr zu nützen scheint? Und warum nützt uns der Wohlstand so wenig, wieso macht er uns nicht viel glücklicher, als er es den empirischen Befunden zufolge tut? Sind wir einfach nur undankbar, oder steckt mehr dahinter?

Die Nachtseite des Reichtums

Um es gleich vorwegzunehmen: Ich weiß die Tatsache, dass es uns materiell gutgeht, durchaus zu schätzen, sehr sogar. Ich mag meine zentralbeheizte 2-Zimmer-Wohnung im Zentrum der Stadt, ich mag Amazon und die Galeria Kaufhof, und wahrscheinlich mag ich auch das ziemlich coole iPhone meiner Freundin. Jedenfalls soll es in diesem Kapitel nicht darum gehen, unseren Wohlstand in Bausch und Bogen zu verdammen, ebenso wenig wie es im vorhergehenden Buchteil darum ging, unsere Freiheit und unsere Wahlmöglichkeiten zu verteufeln.
Viel sinnvoller und lohnender erscheint es mir stattdessen, das Modell der entgegengesetzten Kräfte aus dem ersten Kapitel hier noch einmal aufzugreifen. Ausgangspunkt der Überlegungen wäre dann, dass Wohlstand, so schön er ist, nicht nur seine Sonnenseiten hat, sondern auch mit so mancher Schattenseite einhergehen kann, mit Schattenseiten, die vielleicht

nicht ganz so offensichtlich sind wie die schönen Seiten. Ja, gerade weil wir die Schattenseiten unterschätzen, gehen wir im Alltag von einem allzu simplen, linear-positiven Verhältnis zwischen Wohlstand und Glück aus. Für all jene unter uns, die bevorzugt in Bildern denken, hier wieder eine grafische Version dieser Annahme:

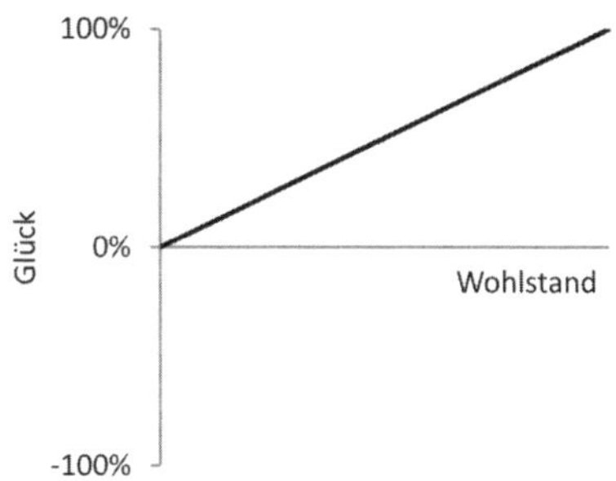

Je mehr Wohlstand, desto mehr Glück, so lautet, platt gesagt, die generelle Arbeitshypothese, die wir in unserer freien Marktwirtschaft verinnerlicht haben und die uns dazu veranlasst, dem Wirtschaftswachstum eine so hohe Priorität beizumessen. Wirft man aber einen Blick auf die Realität, die Realität der meisten Industrienationen der letzten 30 Jahre etwa, stellt sich das Verhältnis zwischen Wirtschaftswachstum und Lebenszufriedenheit anders dar, nämlich eher so:

Während der Wohlstand in den ohnehin schon reichen Nationen der westlichen Welt immer weiter gestiegen ist, tritt das Glück der Menschen in diesen Ländern weitgehend auf der Stelle. Wie lässt sich diese triste Null-Linie verstehen, wenn man davon ausgeht, dass ein gewisser Wohlstand durchaus zu einem guten Leben beitragen kann?
Eine vorläufige, abstrakte Antwort würde sich uns bieten, würden wir der Hypothese folgen, dass auch die glücksbringenden Kräfte des Reichtums mit Gegenkräften einhergehen, die in die andere Richtung der Gefühlsachse weisen. Die Gegenkräfte könnten unter Umständen so stark werden, dass sie das Gefühlsplus, das uns wachsender Wohlstand beschert, wieder zunichtemachen würden.

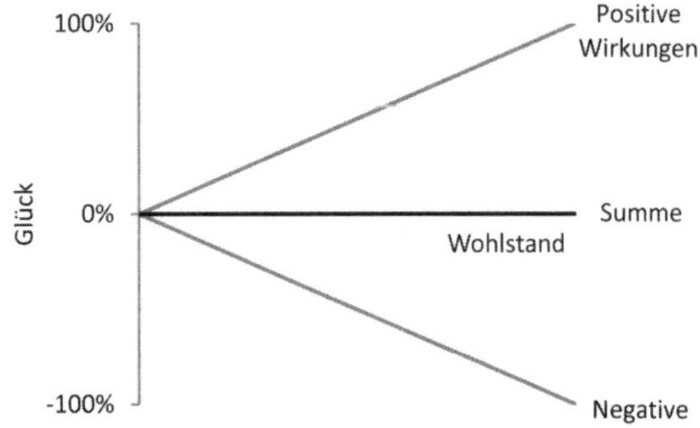

Alternativ könnte man auch das etwas differenziertere Modell aus Kapitel eins heranziehen in der Annahme, dass Wohlstand ebenfalls irgendwann sättigt. Auf Grund der negativen Nebenwirkungen könnte ein immer weiter steigender Wohlstand die allgemeine Lebenszufriedenheit dann sogar, wie bei uns in Deutschland, schrumpfen lassen.

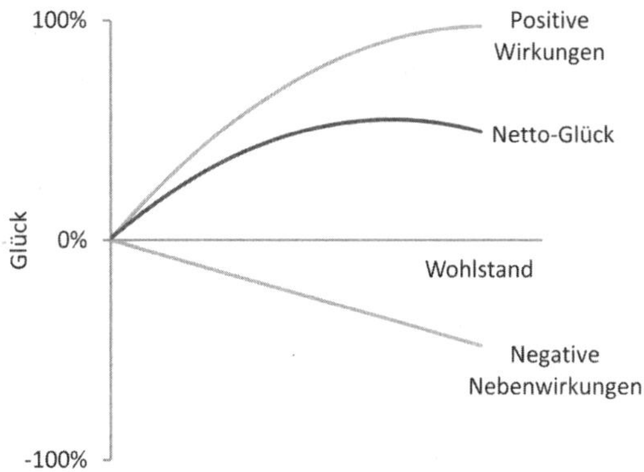

Ähnlich wie mit der Freiheit und den allzu vielen Wahlmöglichkeiten wäre es denkbar, dass wir – gerade in Deutschland und anderen reichen Industrienationen – an einem Punkt angelangt sind, an dem *noch mehr* Wirtschaftswachstum und *noch mehr* Geld nicht automatisch zu noch mehr Zufriedenheit führen. In der Hoffnung auf mehr Glück versuchen wir zwar in bester Absicht, unser Vermögen zu vermehren, ohne jedoch zu bemerken, dass wir damit auch jene Schattenkräfte stärken, die unsere Stimmung verderben.

Was natürlich auch in diesem Fall wieder die Frage aufwirft, worin jene dunklen Kräfte bestehen sollten, die uns ins Unglück und/oder in die seelische Krise treiben: Wie sehen sie aus, die vermeintlichen Nachtseiten des Wohlstands?

Eine häufig geäußerte Vermutung dazu lautet, dass Wohlstand auf Kosten intimer Beziehungen geht. Geld und Reichtum, so die Hypothese, führen tendenziell zur Auflösung alter, traditioneller Gemeinschaften, enger Familienbande und verlässlicher Freundschaften – und damit zu Einsamkeit und Isolation. Demnach hätten wir in unserer Wohlstandsgesellschaft fast alles im Überfluss, nur eins nicht: zwischenmenschliche Nähe.

Mehrere Beobachter haben diese Vermutung bereits in der einen oder anderen Form geäußert, darunter auch der amerikanische Politikwissenschaftler Robert Lane, ehemaliger Professor an der Yale University. Lane zieht dabei einen Vergleich mit dem Körper. Einmal angenommen, lautet Lanes Analogie, wir würden heutzutage häufiger krank werden als früher (und was die Psyche betrifft, scheint das ja zu stimmen), dann könnte das einerseits an den Krankheitserregern liegen. Es könnte schlicht so sein, dass die Bakterien und Viren, mit denen wir es zu tun haben, aggressiver geworden sind.
Es gibt aber noch eine zweite Möglichkeit. Es könnte auch sein, dass nicht die Erreger, sondern dass *wir* uns verändert haben. Der Grund der vermehrten Krankheitsfälle könnte darin liegen, dass wir uns einseitiger ernähren, dass wir schlechter schlafen oder gestresster und weniger ausgeruht sind. Nicht die Viren sind aggressiver, sondern *wir sind anfälliger geworden*, weil uns zunehmend etwas fehlt (Vitamine, Schlaf, Erholung, Ruhe, was auch immer).
Dieses Modell des Mangels oder der Fehlernährung überträgt Robert Lane auf die Psyche, und zwar ist er davon überzeugt, dass es in unserer heutigen Gesellschaft »eine Art Hungersnot gibt hinsichtlich warmer zwischenmenschlicher Beziehungen, einfach erreichbarer Nachbarn […] und eines solidarischen Familienlebens«, wie er in seinem Buch *The Loss of Happiness in Market Democracies* ausführt.[24] Selbst wenn das Leben an sich nicht härter geworden sein mag im Vergleich zu früher, ja selbst wenn es in vieler Hinsicht weitaus besser, komfortabler und privilegierter ist als das vergangener Zeiten, könnte es dennoch so sein, dass uns Rückschläge härter treffen, weil unser psychisches Immunsystem auf Grund der mangelnden zwischenmenschlichen Nähe geschwächt ist.

Ich glaube, Robert Lane hat recht. Wie mir scheint, sind wir bis zu einem gewissen Grad tatsächlich psychisch unter- oder fehlernährt, und vielen von uns fehlt es nicht zuletzt an einer speziellen Form von Vitamin B: an Beziehungen, die uns ein Gefühl der Geborgenheit geben, an Menschen, die uns nahe- und in Zeiten der Not ohne Wenn und Aber beistehen. Woher aber rührt dieser sonderbare zwischenmenschliche Mangel in unserer Wohlstandsgesellschaft? Wieso sollten reiche Menschen einsamer sein?

Eine einfache Erklärung geht so: Wer viel Geld hat, arbeitet in der Regel auch viel und hat damit schlicht weniger Zeit für Freunde und Familie. Ehrgeizige Karrieremenschen müssen dem Job hinterherziehen und ihren Freundeskreis immer wieder verlassen. Grundsätzlich gesprochen: Wer gut verdient, für den fallen die Alternativkosten jeglicher Beziehungspflege besonders hoch aus. Gerade einem Großverdiener geht ja in der Zeit, die er mit Freunden oder Familie verbringt, verhältnismäßig viel Geld durch die Lappen. Da für den Vielverdiener Freundschaften und Familien, in die er seine kostbare Zeit investieren muss, am teuersten sind, sollte er auch am wenigsten davon haben.

Das klingt nicht unplausibel, und die Erklärung trifft zum Teil auch zu, aber eben nur zum Teil. Studien zeigen zum Beispiel, dass Workaholics zwar in der Tat etwas weniger Zeit für Freunde haben, der einschneidende Effekt scheint aber in der Praxis nicht allzu groß auszufallen.[25] Was vielleicht auch daran liegt, dass man ja gerade über die Arbeit oft neue Menschen kennenlernt, umgekehrt leiden Arbeitslose nicht selten unter krasser sozialer Isolation.

Auch wenn mangelnde Zeit also eine gewisse Rolle spielt, liegt darin wahrscheinlich nicht das gravierendste Problem. Der

Kern scheint mir stattdessen woanders zu liegen, und zwar *im Wohlstand selbst.* Wohlstand und Geld entfalten, wie uns sowohl der Vergleich mit einer »Anti-Wohlstandskultur« als auch neue psychologische Experimente auf den folgenden Seiten zeigen werden, eine *trennende Wirkung*: Sie vergrößern die Distanz zu unseren Mitmenschen, sie haben die »Kraft«, zwischenmenschliche Beziehungen – von Freund- über Nachbarschaften bis hin zu Familien – zu schwächen und teils auch ganz aufzulösen.

2. Weniger Geld, mehr Geborgenheit: Die Amischen

Versicherungen essen Freundschaften auf

Einen ersten Hinweis darauf, wie materieller Reichtum zwischenmenschliche Nähe verringert, bekommt man, wenn man sich Kulturen ansieht, die erst gar keinen materiellen Reichtum anstreben, die also eine andere Glücksphilosophie verinnerlicht haben als wir. Tatsächlich gibt es ja nach wie vor Gesellschaften, deren oberstes Ziel nicht in der Maximierung von Wirtschaftswachstum besteht, ja, die Profitsucht und Geldgier sogar entschieden ablehnen.

Ein Beispiel für eine solche Kontrast-Gesellschaft stellen die Amischen dar, eine radikal-protestantische Glaubensgemeinschaft, die in diversen Staaten der USA lebt. Ursprünglich stammen die Amischen von einer Gruppe von Täufern[1] aus der Schweiz des 16. Jahrhunderts. Als Täufer brutal verfolgt, eingesperrt, gefoltert und verbrannt, flohen die Vorfahren der Amischen unter anderem nach Deutschland, in die Pfalz und ins Elsass. Später, beginnend im 18. Jahrhundert, wanderten sie nach Amerika aus.[2]

Dort, im Herzen des Kapitalismus, widerstanden die Amischen über die Jahrhunderte hartnäckig der Modernisierung und behielten ihren altertümlichen, bäuerlichen und hochgradig religiösen Lebensstil weitgehend bei. Bis heute weisen die allermeisten Amischen technische Fortschritte wie Elektrizität oder so etwas wie eine Zentralheizung von sich, sie haben keine Fernseher, keine Mikrowellen, keine PCs und keine Handys (auch wenn sich nicht jeder daran hält, schon gar nicht jeder Jugendliche). Sie fahren Pferdekutsche statt Porsche, tragen schlichte, selbstgefertigte Kleidung statt Jack Wolfskin und legen großen Wert auf die Bibel, auf Gemeinschaftsaktivitäten und die Familie.

Welcher Lebensstil führt zum Glück? Links unsere moderne Antwort, rechts die der Amischen, hier auf einer Straße im amerikanischen Pennsylvania, wo viele Amische leben.[3]

Besonders aufschlussreich in unserem Zusammenhang ist, dass die Amischen auch auf Versicherungen, wie wir sie kennen, verzichten. Brennt zum Beispiel eine Scheune ab, kommt keine Debeka, die einem nach dem Ausfüllen einiger lästiger Formulare finanziell unter die Arme greift, um anschließend wieder aus unserem Leben zu verschwinden. Stattdessen setzen sich die Amischen zusammen, und jede Familie der Gemeinschaft spendet einen bestimmten Betrag, sagen wir 50 Dollar, um den Neuaufbau für den Pechvogel zu finanzieren. Zusammen baut man die Scheune dann wieder auf.[4]
Gerät ein Amischer mit seiner Kutsche in einen Verkehrsunfall,

kommt ebenfalls die Gemeinschaft für eventuelle Kosten auf. Oder, um ein anderes, konkretes Bespiel zu nennen: In einem Fall wurde die Tochter eines Amischen als Baby von einem Arzt falsch behandelt. Da weder der Vater noch die Tochter krankenversichert war, musste wie üblich die Gemeinschaft die Nachbehandlung finanzieren, Kostenpunkt: 17 000 Dollar.[5]

Diese Lebensweise wäre natürlich nichts für uns moderne Stadtneurotiker. Eher umgekehrt haben wir uns daran gewöhnt, uns gegen alles Mögliche und Unmögliche versichern zu lassen (ein kurzer Blick auf die Rückseite meiner Kreditkartenabrechnung offenbart, dass es bei uns selbst solche Kuriositäten wie eine Handy-Missbrauchsschutz-, eine Flugverspätungs- und Bargeldschutzversicherung gibt).

Dieser Versicherungseifer ebenso wie die vielen weiteren Angebote unserer Dienstleistungsgesellschaft sorgen dafür, dass wir, anders als die Amischen, im Bedarfs- oder Notfall gar nicht auf unsere Familie, Freunde und Nachbarn angewiesen sind: Ist der Kühlschrank kaputt, rufen wir den Kundendienst oder einen Techniker an, den wir nie zuvor gesehen haben und hoffentlich auch so bald nicht wieder sehen. Wird bei uns eingebrochen, kommt zuerst die Polizei, danach nehmen wir Kontakt mit der Hausratversicherung auf. Sind wir verletzt, gehen wir ins Krankenhaus. Haben wir eine Krise oder Depression, können wir einen Termin mit einem Psychiater machen (auch wenn gut und gerne ein paar Wochen ins Land gehen können, bis wir ihn zu Gesicht bekommen). Werden wir arbeitslos oder krank oder zu alt zum Arbeiten, springt uns nach dem üblichen Kleinkrieg mit den Behörden irgendwann eine Sozialversicherung zur Seite.

Klar ruft auch ein Amischer im Notfall die Polizei oder begibt sich ins Krankhaus, der Unterschied zu uns aber ist, dass dies bei ihm Ausnahmen sind (und bezahlt wird der Aufwand, wenn bezahlt werden muss, eben nicht vom Einzelnen, sondern von der Gruppe, und zwar keiner anonymen Gruppe, wie bei einer typischen Krankenkasse). Im Großen und Ganzen ist die Auslagerung von Hilfe und Unterstützung an professionelle Kräfte bei den Amischen viel geringer als bei uns, teils, weil es diese Kräfte schlicht nicht gibt: Wer als Amischer arbeitslos wird, um den kümmert sich keine Arbeitsagentur, sondern die Familie, die Freunde, die Gemeinschaft. Muss etwas am Dach des Hauses repariert werden, kommt ein Nachbar. Großeltern leben bei den Amischen nicht in weit entfernten Altersheimen, sie leben in der Nähe ihrer Kinder und Enkelkinder, oft auf ein und demselben Hof.[6]

Unsere Möglichkeit, in so gut wie jeder Lebenssituation auf professionelle Unterstützung zurückgreifen zu können, hat unsere Freiheit, Unabhängigkeit und Mobilität einmal mehr erhöht – wenn man die Leute, auf deren Hilfe man angewiesen ist, nicht kennen muss, um diese Hilfe zu bekommen, kann man gehen, wohin man will. Sobald man genügend Geld hat, ist man im Prinzip überhaupt nicht mehr auf persönliche Beziehungen, etwa einen Freundeskreis, angewiesen. Zugleich fördert die Professionalisierung des Soziallebens das Bruttoinlandsprodukt: Jeder Termin mit einem Psychotherapeuten schlägt konjunkturell zu Buche, während ein Abend unter guten Freunden in dieser Hinsicht weitgehend wertlos ist.

Unsere Service-Gesellschaft ist praktisch, überwiegend sogar, wie wir alle wissen, ein wahrer Segen. Umso erwähnenswerter ist es deshalb, dass sie neben all ihren unbestreitbaren Vorteilen auch den einen oder anderen nicht ganz so wünschenswerten Nebeneffekt mit sich bringt. Autos und öffentliche Verkehrsmittel haben ebenfalls unbestreitbare Vorteile, laden uns aber zugleich dazu ein, weniger zu Fuß zu tun. Gerade darin besteht ja der Vorteil des Autos, nur führt es auch dazu, dass man sich ab jetzt, dem körperlichen Wohl zuliebe, *bewusst* um regelmäßige Bewegung kümmern muss.

Auf ähnliche Weise lädt eine Dienstleistungsgesellschaft dazu ein, statt von seinen komplizierten Freunden mehr und mehr von den unverbindlichen Diensten der Profis Gebrauch zu machen – und damit verändert sich fast automatisch auch der Stellenwert unserer Freunde (bzw. Nachbarn und Familien). Ab jetzt muss man sich, dem psychischen Wohl zuliebe, *bewusst* um seine persönlichen Beziehungen kümmern, und wie mit dem lästigen körperlichen Training gelingt uns das nicht immer gleich gut.

Überlegen Sie in diesem Zusammenhang doch mal einen Moment, wie viele wirklich gute Freunde Sie haben. Woher, wenn Sie eine solche Überlegung anstellen, wissen Sie überhaupt, wer von Ihren vielen Bekannten ein wahrer Freund ist? Ich habe einmal im Rahmen einer Reportage mit jungen Frauen und Männern gesprochen, die ihren Lebensgefährten auf Grund eines Unfalls oder einer tödlichen Krankheit frühzeitig verloren hatten. Als sei das noch nicht schlimm genug, erzählten einige von ihnen von einer weiteren bitteren Erfahrung, die sie hatten machen müssen: dass sich nämlich so mancher guter alter »Freund« und so manche gute alte »Freundin« jetzt, da sie ganz alleine dastanden (nicht selten mit kleinen Kindern), plötzlich kaum noch gemeldet hatte, während sich allerdings auf der anderen, positiven Seite mitunter auch einige wenige Leute, von denen sie es nicht immer erwarteten, als überraschend hilfreich herausgestellt hatten.

Im Umkehrschluss bedeutet das für uns, im Vergleich zu früheren Zeiten oder, was auf das Gleiche hinausläuft, im

Vergleich zu den Amischen: Je weniger wir in hilfsbedürftigen Situationen auf unsere Freunde zurückgreifen, desto weniger Gelegenheiten bieten wir den wahren Freunden unter ihnen auch, uns ihre Freundschaft unter Beweis zu stellen. Je umfassender wir in unserer Dienstleistungsgesellschaft von den angebotenen Diensten Gebrauch machen, desto mehr schrumpfen wir den Spielraum für die kleinen und großen Freundschaftsbeweise unserer Bekannten auf ein aussageschwaches Minimum zusammen.[7]

Prozesse, die in einem Mangel an Beweisen enden, hinterlassen stets einen unangenehmen Beigeschmack – sie verunsichern, stimmen misstrauisch. Ähnlich könnte es auch unsereins ergehen bei einem chronischen Mangel an Freundschaftsbeweisen: Wer in meinem Bekanntenkreis, fragen wir uns irgendwann bewusst oder unbewusst, ist denn nun eigentlich ein *wahrer* Freund? Wer von meinen unzähligen Bekannten und Facebook-Freunden wäre im Ernstfall wirklich für mich da? Wäre überhaupt jemand für mich da?[8]

Etwas drastisch formuliert, könnte man sagen, dass eine Rund-um-Dienstleistungsgesellschaft den idealen Nährboden für die Kultivierung von Duty-Free-Freundschaften darstellt, da man in einer solchen Gesellschaft so gut wie alle strapazierende Tätigkeiten des Alltags auslagern kann und damit bis zu einem gewissen Grad vielleicht sogar *sollte*: Wer kann es einem Freund zumuten, eine rückenzerstörende Waschmaschine in die neue Dachgeschosswohnung zu tragen, wenn es dafür eigens Umzugsleute gibt, die man für diesen Knochenjob nur zu bezahlen braucht? Wer kann seinen vielbeschäftigten Freunden mit seinen wiederkehrenden Depressionen auf die Nerven gehen, wenn dafür, gegen ein bescheidenes Honorar, eigens ausgebildete Fachleute mit Doktorgrad bereitstehen?

Inwiefern kann man von einem Freund oder Verwandten erwarten, im Alter versorgt und gepflegt zu werden, wenn es dafür Pflegeheime gibt, die diese belastende Aufgabe auf sich nehmen?

Die Folge all dieser Auslagerungen von der Intim- in die Geldwelt ist, dass unsere Beziehungen mehr und mehr auf den Spaßfaktor reduziert werden, wogegen ja nichts einzuwenden wäre, wäre es nicht so, dass sie damit zugleich etwas womöglich Entscheidendes verlieren würden: Je größer die Entlastung einer Freundschaft, desto systematischer wird sie auch um das gebracht, was für viele von uns zum Kern einer echten Freundschaft gehört und zu dem eben ganz zentral die Gewissheit gehört, dass, wenn alle Stricke reißen, wenn unsere Welt zusammenbricht, es da draußen immer noch diesen einen Menschen gibt, der sogar in unserer dunkelsten Stunde noch zu uns hält (klar, nicht jede Freundschaft muss derart gestrickt sein, aber wahrscheinlich hilft es unserem Seelenfrieden doch, wenn wir wenigstens ein paar Menschen unsere Freunde nennen können, die uns dieses Gefühl der Sicherheit und Geborgenheit vermitteln).

Das schleichende Misstrauen auf Grund der fehlenden, kritischen »Freundschaftstests« in unserer Service-Gesellschaft wiederum könnte bei dem einen oder anderen von uns dazu führen, dass er oder sie zunehmend auf Distanz zum Bekanntenkreis geht und sich skeptisch oder zynisch zurückzieht (»wenn's drauf ankommt, ist sowieso keiner für mich da!«). Ein sich selbst bestätigender Teufelskreis der Isolation und Einsamkeit nimmt seinen Lauf, in den ein Amischer so bald nicht geraten würde.

Im Gegenteil, bei den Amischen scheint mir stattdessen vielmehr jener Kein-Umtausch-Effekt auf der einsamen Insel aus dem ersten Buchteil zur Entfaltung kommen: Gerade weil die Amischen mit Leib und Leben auf die persönlichen Beziehungen zu ihren Mitmenschen angewiesen sind (eine Alternative ist nicht in Sicht), gehört es für sie zu ihrem unmittelbaren Interesse, sich immer wieder um diese unersetzbaren Beziehungen zu kümmern.

Das amische Frauenparadox

Trotzdem würde es mir Bauchschmerzen bereiten, mich hier zum Fan des amischen Lebensstils zu bekennen (ihr Lebensstil soll ja auch kein Vorbild sein, sondern uns eher als Vergrößerungsglas dienen, das uns hilft zu erkennen, was bei uns verlorengegangen sein könnte). Nicht nur mir, den allermeisten von uns wäre das Leben der Amischen wohl viel zu reglementiert, zu beschränkt, um nicht zu sagen schlichtweg erstickend. Bei den Amischen gibt es ja wirklich für alles und jede Situation minutiöse Regeln, deren Sinn sogar vielen Amischen abgeht: Warum ist ein Bart nicht nur gestattet, sondern Pflicht, ein Schnurrbart dagegen verpönt? Wieso ist es so wichtig, welche exakte Gestalt die Hosenträger haben (Gürtel sind verboten) und ob die Räder der Kutsche nun mit Gummi überzogen werden dürfen oder nicht?
Anderes Beispiel: Die Kinder der Amischen gehen genau acht Jahre zur Schule, aber auch keinen Tag länger. Dafür werden sie von früh an in die Arbeit auf den Bauernhöfen ihrer Eltern miteinbezogen. Wer unter Amischen von der eventuell nicht ganz so überzeugenden Ansicht abweicht, dass die Erde vor 6000 Jahren von Gott erschaffen wurde, gilt als Spinner. Die Amischen sind im Allgemeinen gute Techniker, von Bildung

im engeren Sinne jedoch halten sie nichts, sie verachten sie sogar. So urteilte schon Benjamin Franklin nicht gerade schmeichelhaft (vor allem nicht für jemand wie mich, der in der Pfalz geboren wurde), bei den Amischen handle es sich um »Pfälzer Bauernlümmel«.[9]

Besonders amische Frauen haben es – aus unserer Sicht – nicht leicht. Wie so manche Errungenschaft der modernen Welt ist auch der Feminismus an den Amischen spurlos vorbeigezogen. Bei den Amischen ist nach wie vor der Mann das Oberhaupt, er hat das Sagen, egal, ob in der Öffentlichkeit oder in den eigenen vier Wänden. Das heißt auch: Sobald eine Frau verheiratet ist, wird sie automatisch zur Hausfrau. Weil die Amischen großen Wert auf die Familie und wenig Wert auf Verhütungsmittel legen, haben sie meist zahlreiche Kinder, im Schnitt sieben, aber zehn Kinder und mehr sind auch keine Seltenheit. Keine Elektrizität bedeutet keine Wasch- oder Spülmaschine, und so steht täglich jede Menge Handarbeit an.

Dennoch scheinen sich die amischen Frauen, soweit sich das von außen beurteilen lässt, mit ihrer untergeordneten Rolle größtenteils abgefunden zu haben. »Es gibt im Amischland Frauen, die reiten können wie ein Hunne und turnen wie Jane Fonda, die besser aussehen als eine Filmdiva und mehr leisten als ein Schwerstarbeiter«, resümiert der Journalist Bernd Längin, der lange Zeit unter Amischen gelebt hat, und »die sich trotzdem nach den Spielregeln der Frommen zu häuslichen und gebärenden Wesen entkernen lassen und ihre Rolle anstandslos akzeptieren.«[10] Das klingt ganz schön trist, und man würde denken, dass die amischen Frauen angesichts ihrer nicht eben privilegierten Lage eigentlich unter chronischer Unzufriedenheit, um nicht zu sagen schweren Depressionen leiden müssten.

Allem Anschein nach aber ist das nicht der Fall – weder die Reporter, die die Amischen beobachtet haben, berichten systematisch davon (dazu Längin: »Die Amischen scheinen mir glücklicher zu sein als der durchschnittliche Weltmensch, auf jeden Fall sind sie sorgenfreier [...]«[11]). Noch taucht davon etwas in den Erhebungen diverser Sozialwissenschaftler auf, die die Amischen seit Jahren ausdrücklich nach ihrer Gemütslage befragen. Die vorhandenen Studien legen vielmehr den Schluss nahe, dass die Amischen mit ihrer Lebensweise insgesamt mindestens so glücklich sind wie der Durchschnittsamerikaner.[12]

Bei einem erst kürzlich durchgeführten Vergleich zwischen einigen, willkürlich gewählten amischen und nichtamischen (amerikanischen) Frauen zeigte sich, dass es beiden Gruppen hinsichtlich ihrer körperlichen Gesundheit ähnlich gutging. Was jedoch die seelische Ausgeglichenheit sowie die Neigung zu psychischen Erkrankungen betrifft, schienen die amischen Frauen relativ zu ihren modernen Artgenossinnen geradezu besser abzuschneiden, und zwar nicht zu knapp.[13]

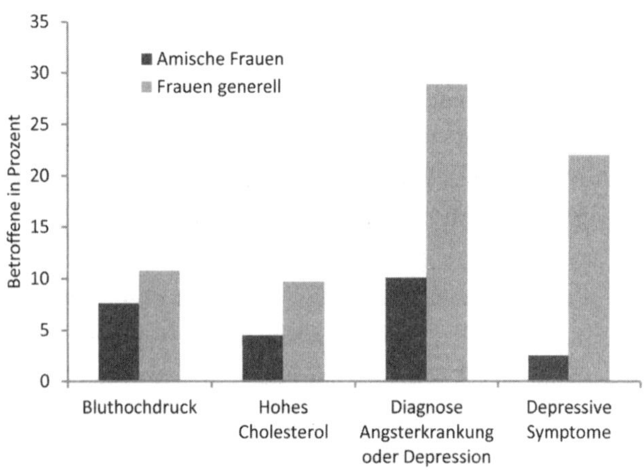

Als die Forscher die Frauen explizit danach fragten, ob sie sich in den letzten vier Wochen gelegentlich oder oft niedergeschlagen beziehungsweise depressiv gefühlt hätten, konnten das die nichtamischen Frauen fast doppelt so häufig bejahen wie die amischen Frauen (25,3 vs. 14,1 Prozent). Außerdem fühlten sich die amischen Frauen weniger überlastet und weniger von Sorgen geplagt als die nichtamischen Frauen.[14]

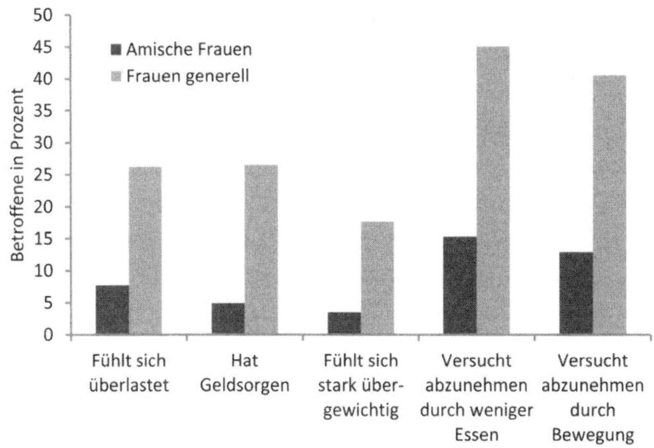

Ein Zyniker könnte an dieser Stelle einwenden: Womöglich sind ja die Amischen – und damit auch die amischen Frauen – dermaßen beschränkt, dass sie nicht einmal merken, wie schlecht es ihnen in Wirklichkeit geht. Meines Erachtens wäre das nicht nur zynisch, sondern auch falsch. Richtig ist wohl eher, dass die Amischen mit einem anderen Anspruch an das Leben herangehen als unsereins. In vieler Hinsicht sind sie genügsamer als wir. Sie wachsen mit einem Wertesystem auf, bei dem nicht Selbstverwirklichung und Ego-Trips an erster Stelle stehen, sondern ein Sichfügen in der Gemeinschaft.

Damit haben sie auch andere Vorstellungen davon, was man im Leben erreichen muss, damit es als ein gelungenes Leben gelten kann: Es geht nicht darum, das eigene, individuelle Ich zur maximalen Entfaltung zu bringen, sondern etwas Größerem als dem eigenen Ich – der Familie, der Gemeinschaft, »Gott« – zu dienen. Das raubt dem Einzelnen die Chance, sich aus der Masse hervorzutun und zu glänzen, nimmt ihm aber zugleich auch den Druck, genau dies tun zu müssen, mit dem Risiko, sich dabei auch immer wieder selbst zu überfordern.
Übrigens werden die Amischen als Täufer nachgerade vor die Wahl gestellt, sich für die Gesellschaft, in der sie leben wollen, aus freien Stücken zu entscheiden. Natürlich hört sich das einfacher an, als es ist, prinzipiell aber kann ein Amischer seiner Gemeinschaft den Rücken kehren. Trotzdem tun die allermeisten das nicht, sie entscheiden sich vielmehr bewusst für ein Leben als Amische, was – zusammen mit ihrer stolzen Geburtenrate, versteht sich – der Grund dafür ist, dass die amische Gemeinschaft rasant wächst. Bestand die Gruppe Anfang des 20. Jahrhunderts noch aus überschaubaren 5000 Mitgliedern, ist sie mittlerweile zu einer Gemeinschaft von 250 000 Leuten angewachsen (allein in den letzten zwanzig Jahren hat sich ihre Population verdoppelt).[15]
Wie lässt sich das verstehen? Warum verzichten die Amischen, auch und sogar die jungen, freiwillig auf unsere Welt mit ihren vielen Vorteilen und Verlockungen? Was ist es, das ihre Welt voller Entbehrungen und Einschränkungen immer noch so attraktiv erscheinen lässt, dass sich eine überwältigende Mehrheit der Amischen Generation für Generation aufs Neue für sie entscheidet, und das bis auf den heutigen Tag?
Mir scheint, dass die Antwort noch am ehesten in der eng zusammengeschweißten Sozialstruktur der Amischen zu fin-

den ist. In gewisser Weise ähnelt ihr Leben dem Leben in einer erzkonservativen Großfamilie: Einerseits kann einem die Familie mit ihrem ständigen Dreinreden und Beschneiden der persönlichen Freiheit gehörig auf die Nerven gehen, andererseits aber kann man auch jederzeit auf sie zurückfallen. Ein Amischer steht, im negativen wie im positiven Sinne, nie alleine da.

Letztlich dienen auch die endlosen Verbote und Regeln der Amischen, so willkürlich und sonderbar sie uns vorkommen mögen, diesem Zusammenhalt: Zentralheizungen könnten dazu führen, dass sich jeder in sein eigenes beheiztes Zimmer zurückzieht. Eine Mikrowelle lädt dazu ein, sich seine eigene Fertigmahlzeit aufzuwärmen, wann man Lust und Laune dazu hat, statt dass sich alle zu einer festen Zeit zum gemeinschaftlichen Abendessen treffen. Also sind Zentralheizungen und Mikrowellen verboten. Sicher, die Verbreitung von Mikrowellen würde den persönlichen Komfort erhöhen und die Konjunktur ankurbeln – oberste Priorität aber haben in dieser Gesellschaft weder der persönliche Komfort noch die Konjunktur, sondern der soziale Zusammenhalt.

Auch das Versicherungsverbot ergibt unter diesem Gesichtspunkt des Zusammenhalts einen Sinn. »1981«, schreibt der Journalist Längin in seinem Buch *Die Amischen*, »erkannte der Supreme Court [der Oberste Gerichtshof der USA] an, dass amische Geschäftsleute für ihre amischen Angestellten keine Sozialversicherung bezahlen müssen wie jeder andere Betrieb, da in ihrer Gesellschaft der eine den anderen liebe und nach ihm schaue, was eine Versicherung überflüssig mache.« Wer von einer Großfamilie umgeben ist, die einen im Notfall unterstützt, ist nicht auf Versicherungen angewiesen. Der familiäre und gemeinschaftliche Zusammenhalt ist die amische Form der Versicherung, wobei die Kausalität auch oder gerade in die umgekehrte Richtung verlaufen könnte: Vielleicht verzichten die Amischen auf Versicherungen, nicht weil, sondern *damit* jeder nach dem anderen sieht und sich um seine Mitmenschen kümmert. Wer in der Not nicht auf eine Versicherung zurückgreifen kann, dem bleibt nicht viel anderes übrig, als seine Beziehungen zu pflegen, da im Extremfall sein Leben von dieser Pflege statt von den regelmäßigen Beiträgen an die Barmer Ersatzkasse abhängt.

So gesehen deutet die Tatsache, dass eine Mehrheit der Amischen das amische Leben wählt, weniger auf ihre Beschränktheit, als vielmehr darauf, wie zentral das Bedürfnis des Menschen nach Geborgenheit und Nähe ist, danach, in einer größeren Sozialstruktur eingebettet zu sein, statt in so gut wie jeder Situation auf sich selbst zurückgeworfen zu werden – der Preis unserer enormen Unabhängigkeit. Vermutlich entscheiden sich die Amischen nur selten für unsere Welt, weil sie dort zwar alle Freiheiten hätten und an jeder Ecke Fernseher und Mikrowellen finden würden, nicht jedoch die Geborgenheit ihrer Heimat.

Einerseits ist das natürlich trivial: Unsere Welt ist nicht ihre Welt. Die Amischen, die ihre Gemeinschaft zugunsten unserer verlassen würden, würden so gut wie alles, was sie kennen, hinter sich lassen, um sich dafür in eine Gesellschaft begeben, von der sie bislang überwiegend schief angeguckt wurden.

Ich denke aber nicht, dass dies schon der ganze Grund für das Bekenntnis der Amischen zu ihrer Lebensweise ist, und es erklärt ja auch nicht ihren Widerstand gegen den Einzug unserer Freiheit und unseres Wohlstands in ihre Welt. Ich denke, dass die Amischen auch deshalb weniger Nähe und Geborgenheit in unserer Welt finden würden, weil es davon tatsächlich weniger in unserer Welt gibt, weil es sich bei der Nähe und Geborgenheit um zwei Qualitäten handelt, die tendenziell zu den Opfern unserer modernen Gesellschaft mit ihrer grenzenlosen Freiheit und ihrem enormen Wohlstand gehören. *Deshalb* wehren sich die Amischen gegen unseren Wohlstand: weil sie genau wissen, dass von ihm zugleich eine den Zusammenhalt zersetzende Kraft ausgeht.[16]

Diese Überlegung könnte man auch schärfer, polemischer ausdrücken, und es gibt viele, die sie schärfer und polemischer ausgedrückt haben. Jener Künstler[17] etwa, auf dessen Installation ich neulich auf dem Weg zum Supermarkt (dem mit den 250 Marmeladensorten) stieß, und zwar an der Ecke Friedrichstraße / Spree, ironischerweise direkt über einem Restaurant namens Grill Royal, wo man den ersten Hunger des Abends mit Hummersuppe stillen kann und wo man für die anschließenden, drei Wochen luftgereiften Donald-Russell-Steaks gerne bis zu 60 Euro ausgeben darf.

3. Wie Geld die Psyche verändert

Geld distanziert

Capitalism kills love – das würde wohl jeder fromme Amische sofort unterschreiben können. Che Guevara wäre bestimmt auch begeistert gewesen. Aber mal unter uns: Handelt es sich dabei nicht um den reinsten Agitprop? Ist das nicht naive Sozialromantik oder auch einfach nur ein abgedroschenes Klischee?

Wahrscheinlich wäre ich nicht noch einmal zum Grill Royal zurückgekehrt, diesmal mit meiner Kamera bewaffnet, hätte mich die Neon-Leuchtschrift nicht an etwas erinnert, auf das ich einige Zeit zuvor in dem amerikanischen Forschermagazin *Science* gestoßen war. Falls Sie nicht weiter mit der Lektüre von *Science* vertraut sein sollten (was ich Ihnen nicht wirklich verübeln könnte): Es handelt sich dabei um ein ziemlich trockenes, aber sehr angesehenes Fachblatt, das sich jedenfalls nicht auf die Fahnen geschrieben hat, die Theorien eines gewissen Karl Heinrich Marx empirisch zu untermauern.

Umso bemerkenswerter, dass in dem Journal einige experimentelle Studien erschienen sind, deren Befunde in gewisser Weise auf einen ähnlichen Schluss hinauslaufen wie der kämpferische Slogan über dem Luxusrestaurant. Die Befunde belegen vielleicht nicht direkt, dass der Kapitalismus die Liebe tötet, demonstrieren aber, dass der Gegensatz »Geld oder Liebe« mehr ist als ein bloßes Klischee oder eine alberne TV-Show. Geld, so zeigen die ebenso simplen wie faszinierenden

Versuche, verhält sich zu zwischenmenschlicher Nähe wie Wasser zu Feuer.

In einem dieser Versuche setzten die Wissenschaftler Testpersonen an einen Schreibtisch mit Computer und baten die Leute, einen Stapel Fragebögen auszufüllen. Die Fragebögen waren nur ein Vorwand. Eigentlich ging es den Forschern um etwas ganz anderes. Schon bald nämlich erschien auf dem Bildschirm des Computers ein Screensaver. In einer Variante des Versuchs bestand der Screensaver aus bunten Fischen, in einer anderen flackerten Geldscheine über den Monitor.

Nach dieser kleinen Aufwärmphase kam es zum eigentlichen Test. Die Forscher erlösten die Versuchskaninchen von ihrem Fragebogen und sagten ihnen: »Pass auf, du lernst jetzt einen anderen Teilnehmer des Versuchs kennen. Nimm dir doch kurz den Stuhl da in der Ecke und stell ihn zu deinem Stuhl, die andere Person kommt gleich.«

Sobald die Leute den Stuhl herangerückt hatten, wurde der Versuch abgebrochen. Die Wissenschaftler hatten ihr Ziel erreicht. Es war ihnen bei der ganzen Aktion lediglich um die Frage gegangen, ob die Personen, die sie soeben auf unauffällige Weise mit Geld konfrontiert hatten, anders reagieren würden als jene, die zuvor virtuellen Fischen ausgesetzt worden waren.

Und tatsächlich war das der Fall. Obwohl der einzige Unterschied zwischen den Probanden darin bestand, dass sie einen von zwei scheinbar harmlosen Screensavern gesehen hatten, verhielten sie sich je nach Screensaver messbar anders: So stellten die Geld-Leute die Stühle deutlich weiter auseinander als die Fisch-Leute, und zwar im Schnitt fast einen halben Meter.[1]

Das Ergebnis erinnert mich entfernt an jene Esstische reicher Leute, wo die Ehefrau am einen Ende sitzt und der Ehemann

ein paar Meter weiter am anderen Ende, während ab und zu ein Butler vorbeikommt, der diskret die Weingläser nachfüllt. Es ist, als ginge vom Geld eine eigentümliche, distanzierende Wirkung aus – ein Effekt, den jeder wahrscheinlich schon mal in der einen oder anderen Form im Alltag erlebt hat und der auch in der Psychologie schon seit längerem bekannt ist. Beispielsweise hat man bereits in den 1970er Jahren in Feldversuchen Schüler auf einem Schulhof fotografiert und bei der Analyse der Fotografien festgestellt, dass Kinder von Eltern, die zur vermögenden Oberschicht gehören, einen messbar größeren Abstand zueinander bewahren als Kinder aus der Mittelschicht.[2]

In einem anderen, neueren Versuch lockten Forscher Studenten in einen Laborraum, wo es angeblich darum ging, Strategien für Bewerbungsgespräche zu entwickeln. Jeweils zwei Studenten wurden an einen Tisch geführt, wo sie eine fünfminütige Konversation zum Kennenlernen führen sollten. Eine Videokamera zeichnete ihr Verhalten auf. Zuvor hatten die Forscher einige Informationen über die Studenten eingeholt, darunter auch das Einkommen ihrer Eltern.

Später zeigte man einer anderen Gruppe die Video-Aufnahmen mit der Bitte, den sozialen Status der Studenten im Video einzuschätzen. Obwohl sie nichts über die Studenten wussten, gelang es den unabhängigen Beobachtern auf Anhieb, jene Studenten aus den wohlhabenden Familien herauszufischen, und zwar nicht zuletzt auf Grund des distanzierten, ja geradezu unbeteiligten Verhaltens, das die Reicheren an den Tag legten: Statt Kontakt mit ihrem Gegenüber aufzunehmen, etwa durch einen Blick, ein Lächeln oder ein Kopfnicken, wandten sich die Studenten aus den gutbetuchten Elternhäusern eher von ihrem »Partner« ab, spielten mit Gegenständen, checkten ihr Handy, kritzelten etwas auf Papier oder zupften an der mit Abstand faszinierendsten Gestalt im Raum herum: sich selbst.[3]

Geld distanziert, offensichtlich aber bewirkt es mehr als einfach nur physische Distanz, wie auch ein weiteres der *Science*-Experimente zeigte. Darin spielten die Testpersonen eine Runde Monopoly mit einem der Forscher. Nach dem Spiel legte man den Leuten in einer Version des Versuchs 4000 Dollar Spielgeld hin, in einer anderen 200 Dollar, während es in einer dritten Version gar kein Spielgeld gab. Gleich darauf führte man die Testpersonen unter einem Vorwand nach draußen auf den Flur, wo eine Mitarbeiterin des Wissenschaftlerteams eine Handvoll Bleistifte fallen ließ.

Wieder schien das Geld die Menschen verändert zu haben: Je mehr Geld man den Testpersonen hingelegt hatte, desto weniger Stifte hoben sie auf.[4] Geld distanziert also nicht nur, es senkt auch die Hilfsbereitschaft – ein Ergebnis, das zu dem Befund einer weiteren, kürzlich veröffentlichten Studie passt, die offenbarte, dass reiche Menschen paradoxerweise *weniger* spenden als Menschen, die nicht ganz so viel auf der hohen Kante haben (was einige berühmte Ausnahmefiguren, wie Bill Gates, George Soros etc., umso besonderer erscheinen lässt).[5]

In einer dritten Variante der *Science*-Versuchsserie schließlich legte man den Leuten eine Liste von jeweils zwei Aktivitäten vor und fragte sie, welche der beiden Aktivitäten sie bevorzugen würden. Beispiel: Würdest du lieber mit einem Freund in ein Café gehen oder allein zu Hause dein Lieblingsbuch lesen? Was bevorzugst du – drei deiner Lieblings-DVDs, die du allein zu Hause gucken kannst, oder stattdessen zwei Tickets fürs Kino für dich und jemand deiner Wahl?

Es zeigte sich: Hatte man die Testpersonen vorher unauffällig an Geld erinnert, entschieden sie sich deutlich häufiger für eine Einzel- statt für eine Gruppenaktivität mit ihren Freunden oder ihrer Familie. Geld distanziert somit nicht nur von fremden Leuten, sondern auch von jenen Menschen, die uns am nächsten stehen, von unseren Freunden und Familienmitgliedern.

Man hat diesen Versuchstypus in insgesamt mehr als einem halben Dutzend Varianten durchgespielt[6], stets laufen die Ergebnisse auf ein ähnliches Fazit hinaus: Wer mit Geld konfrontiert und an Reichtum erinnert wird, verhält sich danach weniger sozial und mehr auf sich selbst bezogen. Geld-Leute sind weniger hilfreich, suchen aber auch umgekehrt weniger die Hilfe ihrer Mitmenschen. Stellt man sie vor die Wahl, eine

anspruchsvolle Aufgabe alleine oder mit einem Partner zu erledigen, wollen sich die Geld-Leute lieber auf eigene Faust durchschlagen. Man könnte sagen: Geld kapselt ab, macht autonom, ja Geld macht tendenziell asozial.
Und warum eigentlich auch nicht? Wer Geld hat, ist ja auch weniger auf die Gunst seiner Mitmenschen angewiesen. Wer reich ist, kann es sich erlauben, sich abzukapseln. Sobald man etwas von seiner sozialen Umwelt braucht, muss man seine Mitmenschen nicht umständlich darum bitten – man kann es sich, zumindest in unserer Gesellschaft, einfach kaufen. Das heißt auch, dass Wohlhabende sich von allen am wenigsten um ihre Beliebtheit bemühen müssen. Zugespitzt formuliert: Wer Geld hat, kann es sich leisten, ein bisschen asozial zu sein.

Geld macht immun gegenüber dem Schmerz einer Abweisung

Es gibt einige weitere Versuche, die man kürzlich im aufstrebenden China durchgeführt hat, die diese Überlegungen auf eindrucksvolle Weise bestätigen. Im ersten Versuch ließ man die chinesischen Testpersonen entweder 80 Geldscheine oder 80 Seiten Papier zählen. Danach gab's eine Runde Cyberball.
Cyberball ist ein Computerspiel, das eigens entwickelt wurde, um zu ergründen, wie sehr und unter welchen Bedingungen Menschen unter sozialer Ausgrenzung leiden. Das Spiel ist denkbar einfach: Auf dem Bildschirm erscheinen zwei Figuren, die sich einen Ball zuwerfen. Angeblich handelt es sich dabei um reale Personen, die online zugeschaltet sind (in

Wahrheit ist es ein Computerprogramm). Durch einen Arm ist man selbst ebenfalls auf dem Bildschirm repräsentiert. Der entscheidende Punkt ist, dass die beiden anderen Spieler einem eine Zeitlang den Ball zuwerfen – bis sie plötzlich damit aufhören und sich den Ball nur noch gegenseitig zuspielen.

Hört sich harmlos an, und doch berichten viele Leute nach einer Runde Cyberball, dass sie es ziemlich unangenehm fanden, von den anderen Spielern ohne jeden erkennbaren Grund ausgegrenzt zu werden.
Legt man Testpersonen in einen Hirnscanner und lässt sie in dem Gerät eine Runde Cyberball spielen, ist es sogar so, dass sich während der Ausgrenzung regelrechte Schmerzzentren des Gehirns aktivieren, Hirnregionen, die zum Beispiel auch dann Alarm schlagen würden, würde man uns ein paar Daumenschrauben anlegen. Diese Überlappung von physischem und sozial verursachtem Schmerz ist deshalb möglich, weil

die Schmerzverarbeitung im Gehirn auf verschiedene Hirnstrukturen verteilt ist: Während bestimmte Regionen registrieren, dass es der Daumen ist, der zerquetscht wird, geht die Aktivierung anderer Areale mit dem unerträglichen Gefühl des Schmerzes selbst einher. Zu letzteren Arealen gehört der Anteriore Cinguläre Cortex, kurz ACC. Patienten, bei denen auf Grund chronischer Schmerzen der ACC operativ entfernt wurde oder deren ACC aus anderen Gründen beschädigt oder unterentwickelt ist, berichten öfters, dass sie Schmerzen zwar noch spüren, dass sie aber sonderbarerweise nicht mehr unter ihnen leiden.[7] Beim Cyberball ist es genau dieser ACC, der im Moment der Ausgrenzung verhältnismäßig stark aufleuchtet.[8]

Es sei denn, man konfrontiert Testpersonen vor der Ausgrenzung mit Geld – wie sich zumindest im Verhaltensversuch (keine Kernspintomographie) mit den chinesischen Probanden zeigte. So reagierten die Papierzähler auf die Abweisung beim Cyberball ähnlich, wie man bereits in anderen Versuchen festgestellt hatte: Sie fühlten sich zurückgewiesen und geringgeschätzt. Überraschenderweise jedoch verschwand dieser Schmerz der Ablehnung nach Auskunft der Testpersonen nahezu völlig, wenn sie vorher Geldscheine statt Papier gezählt hatten. Es war, als hätte das Geldzählen sie immun gemacht gegenüber dem Leid, das eine soziale Abweisung normalerweise verursacht, ganz nach dem Motto: Wer Geld hat, den braucht seine Beliebtheit bzw. Unbeliebtheit nicht groß zu kümmern. (Die entscheidende Rolle spielt dabei tatsächlich, dass einem suggeriert wird, dass man das Geld *besitzt*: In einem Kontrollversuch drückte man den Leuten einen Kalender in die Hand, und die Testpersonen sollten angeben, wie viel Geld sie im letzten Monat ausgegeben hatten. Unter diesen

Bedingungen fühlt sich eine anschließende Abweisung bei Cyberball noch schmerzhafter an als sonst![9])

Umgekehrt scheint eine Abweisung unser Verlangen nach dem Schmerzmittel Geld geradezu anzustacheln. In einem letzten Experiment baten die Forscher die Testpersonen jeweils zu fünft in einen Raum, wo es darum ging, sich kurz kennenzulernen. Gleich im Anschluss wurde jeder in einen Einzelraum geführt, wo man auf einem Formular angeben sollte, mit welchem der vier anderen Teilnehmer man die nächste Aufgabe erledigen wolle. Der Versuchsleiter sammelte die Formulare ein, kam etwas später zurück und sagte dann entweder (nette Variante): »Na, das ist ja komisch, es passiert sonst nie, aber *jeder* will mit dir zusammenarbeiten.« Oder (fiese Variante): »Komisch, es passiert sonst nie, aber *keiner* will mit dir zusammenarbeiten.«

Welche der beiden Varianten eine Testperson zu hören bekam, hatte nichts mit dem zu tun, was die anderen Teilnehmer auf ihren Zetteln angegeben hatten – die Forscher hatten es bereits vorher festgelegt. Schließlich ging es ihnen nur darum, den einen das angenehme Gefühl des Gemochtwerdens zu geben, während die anderen eiskalt mit einer sozialen Zurückweisung konfrontiert wurden.

Nach dieser angenehmen oder üblen Vorbehandlung gab es drei Tests, die eruieren sollten, wie stark das Verlangen der Leute nach Geld war. Im ersten Test sollten die Probanden Münzen zeichnen. Im zweiten wurde ihnen eine Liste von schönen Dingen vorgelegt (Sonnenschein, Frühling, Schokolade, Strand etc.), und sie sollten angeben, auf welches dieser Dinge sie für eine Million für immer verzichten würden. Zu guter Letzt bat man alle um eine Spende für ein Waisenhaus.

Ergebnis: Jene Testpersonen, die gerade eine derbe Abweisung erfahren hatten, legten in sämtlichen Tests eine weitaus ausgeprägtere Geldgier an den Tag. Die Abgelehnten zeichneten größere Münzen, waren bereit, mehr schöne Dinge des Lebens für eine Million aufzugeben, und sie spendeten dem Waisenhaus weniger.[10]

Geld und Lob stillen den gleichen Hunger in uns

Ein Blick ins Gehirn gibt uns einen noch etwas genaueren Aufschluss über diesen frappierenden Zusammenhang zwischen Geld und sozialer Anerkennung: Wie sich herausstellt, stillen Geld und Anerkennung nämlich bis zu einem gewissen Grad den gleichen neuronalen Hunger in uns.

So ließ ein Forscherteam Testpersonen in einem Kernspintomographen eine Art Kartenspiel machen, bei dem man Geld gewinnen konnte. Wie man schon in früheren Experimenten entdeckt hatte, führte auch diesmal ein Geldgewinn prompt zu einer hohen Erregung in einer Hirnregion namens Striatum. Das Striatum liegt tief im Zentrum des Gehirns und gehört zum »Belohnungssystem« (die beiden in Kapitel 1 genannten Hirnkerne, der Nucleus accumbens und Nucleus caudatus, sind Teil des Striatums). Aktivität im Striatum geht mit Verlangen und Begehren einher. Wenn wir etwas unbedingt wollen, riskiert man nicht viel mit der Wette, dass unser Striatum gerade verrücktspielt. Darüber hinaus könnte es sein, dass Erregung im Striatum subjektiv mit guten oder sogar euphorischen Gefühlen übereinstimmt, obwohl man das nicht mit absoluter Sicherheit sagen kann. Jedenfalls bringt zum Beispiel auch eine Linie Kokain unser Striatum ordentlich auf Trab.[11]

Zurück zum Versuch: Am nächsten Tag schoben die Forscher die Testpersonen erneut in den Scanner. Diesmal jedoch bekamen die Leute kein Geld, sondern ein – wie üblich vorher willkürlich festgelegtes – Urteil über ihre Persönlichkeit zu hören. Die Wissenschaftler sagten den Leuten beispielsweise, dass man sie für ehrlich oder geduldig oder, weniger angenehm, für egoistisch hielt. Und auch diesmal sprang das Striatum an, allerdings nur, wenn das Urteil über die eigene Person positiv ausfiel. Ja, je positiver das Urteil, desto höher die Erregung im Striatum.

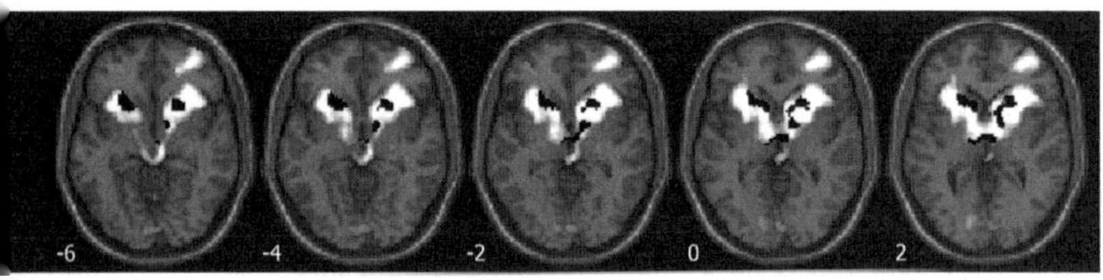

Die Bilder zeigen fünf Querschnitte durchs Gehirn, die Schnitte sind jeweils zwei Millimeter dünn. Der Blick ist von oben, als hätte man die Schädeldecke abgenommen. Am oberen Ende des Bildes befindet sich die Gesichtsseite, unten ist der Hinterkopf. Die Schnitte liegen ungefähr auf der Höhe/Ebene der Stirn, Schicht -6 befindet sich etwas tiefer unten, Schicht 2 weiter oben. Die weiße Region entspricht Erregung bei Geldgewinn, die schwarzen Zonen darin stellen Aktivität bei einem Lob dar. Wie man sieht, überlappen die Aktivitäten.[12]

Lob und Anerkennung scheinen somit im Gehirn etwas ganz Ähnliches zu bewirken wie ein Geldgewinn, sie stellen, wenigstens aus Sicht unseres Striatums, etwas geradezu gegenseitig Austauschbares dar. Anders ausgedrückt: Um zu einer vergleichbaren, befriedigenden Erregung im Striatum zu gelangen, stehen uns (um hier nicht zum Kokainkonsum zu animieren) mindestens zwei Strategien zur Verfügung: Wir können uns entweder so verhalten, dass wir von unseren Mitmenschen geschätzt werden – oder wir scheffeln Geld.[13]

Warum Geld mit Liebe konkurriert und Liebe doch nicht ersetzen kann

Stellen wir uns ein Computerspiel oder eine iPhone-App vor, es / sie simuliert die Welt irgendeines exotischen Planeten in einer fernen Galaxie. Sie sind ein niedliches kleines Wesen, dessen Ziel es ist, in der rauen Umwelt des Planeten zu überleben.

Am Anfang des Spiels sind Sie noch ganz winzig und süß – um durchzukommen, sind Sie voll und ganz darauf angewiesen, dass Ihre Eltern Sie füttern und beschützen. Werden Sie von Ihren Eltern ignoriert, ist das Spiel vorbei.

Aber nicht nur am Anfang, sondern während des ganzen Spiels sind Sie als Wesen dieses Planeten in hohem Maße auf Ihre Mitwesen angewiesen: Von deren Zuneigung hängt es ab, ob Sie Nahrung und eine sichere Unterkunft und in Notfällen Hilfe bekommen.

Unter diesen Umständen dürfte es vielleicht nicht allzu sehr überraschen, wenn Sie anfangen, alles dafür zu tun, um die Anerkennung Ihrer Eltern sowie der restlichen Mitwesen zu gewinnen. Ihren Mitwesen geht es genauso. Jedes Wesen auf diesem Planeten will zu einer Gruppe dazugehören, es will seinen Mitwesen etwas bedeuten. In jenen Gebieten auf dem Planeten, wo es keine Todesstrafe gibt, besteht denn auch die schlimmste Strafe, die man über ein Wesen verhängen kann, darin, es aus seiner Gemeinschaft auszuschließen und wegzusperren.

Sie haben ein gewisses Talent für das Spiel und erreichen Level 2, das mit einigen Änderungen einhergeht. Die wichtigste Änderung: Es gibt eine neue Erfindung, die sich über den Planeten ausgebreitet hat. Dabei handelt es sich um ein regelrechtes Wundermittel, das es Ihnen ermöglicht, der Sympathie-Abhängigkeit Ihrer Mitwesen zu entkommen. Wie das Wundermittel funktioniert?

Es hört sich fast zu schön an, um wahr zu sein: Man muss dieses magische Etwas lediglich auf den Tisch legen, schon bekommt man von seinen Mitwesen all das, was man zuvor nur unter der Voraussetzung der allgemeinen Anerkennung bekam, und man bekommt es auf der Stelle und ohne jeden Widerstand – Nahrung, eine sichere Unterkunft, Unterstützung in Notfällen, all das und noch viel mehr.

Abgesehen davon, dass Sie wahrscheinlich wie alle andern Wesen anfangen würden, nach dem Besitz dieses Wundermittels zu streben: Wie würde das Wundermittel das Spiel und das soziale Leben auf dem Planeten verändern?

Vielleicht so, wie Geld *uns* verändert hat. Geld hat es uns möglich gemacht, uns von der gegenseitigen Urabhängigkeit, die unser Schicksal als Säuge- und Gruppentiere ist, ein Stück weit zu befreien. Um in der Spielmetapher zu bleiben: Auf Level 1 mussten Sie sich noch ständig darum bemühen, die Zuneigung Ihrer Mitwesen zu erkämpfen, Sie mussten ein Netzwerk aus gegenseitiger Freundschaft aufbauen, um Ihr Überleben zu sichern, auch wenn die Pflege dieses Netzwerks viel Zeit und zuweilen einige Nerven kostete. Wenn zum Beispiel einer Ihrer Kumpels umziehen wollte, wurde Ihnen das Privileg zuteil, an einem Sonntagmorgen in aller Herrgottsfrühe aufstehen zu dürfen, um bleischwere Kisten zu schleppen. Manchmal kam es vor, dass ein Mitwesen Sie um Mitter-

nacht anrief, um sich bei Ihnen darüber auszuheulen, dass es von seiner Freundin vor die Tür gesetzt worden war. Und Sie mussten wohl oder übel zuhören.
Auf Level 2 können Sie sich solche Zumutungen sparen. Klar, Sie müssen das Wundermittel ergattern und es anhäufen, aber wenn Ihnen das gelingt, können Sie sich, was frühmorgendliches Kistenschleppen und spätnächtliche Trostgespräche betrifft, entspannen: Von nun an ist es nicht mehr überlebenswichtig, rund um die Uhr für Ihre Mitwesen da zu sein – mit Ihrem Wundermittel werden Sie sich auch so durchschlagen und Level 3 erreichen.
Ihre neue Unabhängigkeit hat darüber hinaus viele weitere Vorteile. Beispielsweise können Sie auf dem Planeten herumreisen und sich überall niederlassen, wo es Ihnen gefällt, da andere Wesen Sie nicht mehr anerkennen, ja nicht einmal mehr *kennen* müssen, damit Sie überleben. Es reicht vollkommen, wenn man Ihr Wundermittel anerkennt.
Natürlich ist das alles etwas vereinfacht dargestellt, natürlich bleiben wir auch mit Geld weiterhin vom Austausch mit anderen abhängig, sogar in sehr hohem Maße, nicht aber oder zumindest weniger von *bestimmten* anderen. In einer freien Marktwirtschaft gibt es so gut wie immer zahlreiche Anbieter einer gewissen Dienstleistung, und wenn uns einer nicht gefällt oder dumm kommt, wechseln wir einfach zur Konkurrenz, die sich nicht darum kümmert, ob wir ihr sympathisch sind, sondern ob wir sie bezahlen können.
Da Sympathie und Beliebtheit in der Welt des Geldes höchstens eine untergeordnete Rolle spielen, werden wir so auch unabhängiger gegenüber dem *Urteil*, das andere von uns haben. Was unser Nachbar von uns hält, ist nicht mehr so wichtig, wenn wir im Notfall gar nicht auf unseren Nachbarn

angewiesen sind und stattdessen auf Kräfte zurückgreifen können, die uns zwar behilflich sind, sich aber nicht im Geringsten für uns als Person interessieren, dafür umso mehr für unser Geld. (Wenn umgekehrt unser Nachbar in Not ist, soll er uns bitte schön nicht belästigen und sich die Lösung für sein Problem ebenfalls herbeikaufen.)

So lockern Geld und Wohlstand (einschließlich Sozialversicherungen) das Band einer Gemeinschaft nach und nach auf. Übrig bleiben am Ende lauter Einzelkämpfer, die von jenem abstrakten und endlos distanzierten Oberhaupt namens Staat zusammengehalten werden, einem Staat, den keiner persönlich kennt, den aber alle finanzieren, damit er die Probleme der zunehmend anonymen Gesellschaft regelt.[14]

Hier, in dieser Entwicklung, liegt, wie mir scheint, einer der Hauptgründe dafür, warum noch mehr Wohlstand in unserer Gesellschaft nicht unbedingt zu noch mehr Wohlbefinden führt und uns stattdessen sogar aufs Gemüt schlagen kann. Es gibt nämlich, auch wenn unser Striatum da eine andere Meinung haben mag, eine Grenze bezüglich der gegenseitigen Austauschbarkeit von Geld und sozialer Anerkennung. Alles bekommt man für Geld eben doch nicht, genauer: Das, was wir für Geld bekommen, mag zwar kurzfristig zu einer ähnlichen und vielleicht sogar einfacher zu habenden Befriedigung führen als das, was wir über Sympathie und Liebe erleben, nicht jedoch langfristig. Warum nicht? Zum einen, weil wir in der Geldwelt kaum etwas über uns als Mensch erfahren. Vor allem aber, weil die Anerkennung unserer Mitmenschen letztlich doch nicht einfach nur ein Mittel zum Zweck des Überlebens ist: Der Gegenstand der Aufmerksamkeit und Anerkennung unserer Mitmenschen zu sein ist für unser Wohlbefinden als soziale Wesen zu einem Selbstzweck geworden.

Nehmen wir als Beispiel den Unterschied zwischen einem Hotel und einer Übernachtung bei guten Freunden. Einem Hotel ist es bekanntermaßen vollkommen egal, ob wir ein herzensguter Mensch, ein Rassist oder ein Tierquäler sind, das Hotel wird jedem von uns unterschiedslos Bett und Zimmer inklusive Kontinentalfrühstück anbieten, solange wir dem Hotel nur die richtige Menge unseres Wundermittels hinlegen. Ja, das Hotel wird noch den unsympathischsten Hanswurst *lieber* aufnehmen als unsereins und ihm sogar die Juniorsuite mit Meerblick geben, wenn dieser Hanswurst im Gegensatz zu uns das Geld dafür hat. In der Welt des Geldes sieht man sozusagen wie mit Röntgenaugen durch uns als Person hindurch auf das Portemonnaie in unserer Tasche. Oder, wie Richard Gere es in *Pretty Woman* auf den Punkt gebracht hat: Läden sind nicht nett zu Menschen, Läden sind nett zu Kreditkarten.

Genau umgekehrt verhalten sich unsere Freunde. Wer wir sind, wie wir uns verhalten, was für einen Charakter wir haben – das sind die Fragen, die den Ausschlag darüber geben, ob unsere Freunde uns eine Unterkunft gewähren oder nicht. Da Geld die Beantwortung dieser Frage korrumpieren würde, ist Geld als Kompensation für Freundschaftsdienste mehr oder weniger tabu. Würden wir nach einer netten Übernachtung in unser Portemonnaie greifen und unseren Freunden 100 Euro oder unsere Kreditkarte in die Hand drücken, es wäre wohl die letzte nette Nacht, die wir bei ihnen verbracht haben. Wahre Freunde sind nicht nett zu Kreditkarten, sie sind nett zu (bestimmten) Menschen.

Man könnte sagen, dass sich die Welt, in der das Geld regiert, im Vergleich zur Freundes- oder Intimwelt durch eine im Wortsinne absolute Charakterlosigkeit auszeichnet: Es ist schließlich nicht unser Charakter, der in der Geldwelt zählt, sondern die Frage, wie vermögend wir sind. Das heißt auch, dass uns die Gefälligkeiten, die wir in der Geldwelt erfahren, letztlich nichts über uns – wer wir sind – mitteilen, außer der Tatsache, wie gut unser Geldbeutel gefüllt ist, was er ja aus den verschiedensten Gründen sein kann (weil wir hart für unser Vermögen gearbeitet oder es geerbt oder es gestohlen haben, weil wir Glück an der Börse gehabt oder den richtigen Partner geheiratet haben, weil wir zufällig in dem richtigen Land geboren wurden). Wir können uns noch so erfolgreich in der Geldwelt bewegen und durchschlagen: Wir bekommen trotzdem kaum ein Feedback über uns als Mensch.

Da sieht die Welt der Freundschaften schon anders aus. Wer jede Menge gute Freunde hat und von diesen immer wieder herzlich begrüßt und warm aufgenommen wird, kann daraus durchaus gewisse Rückschlüsse über sich ziehen.

Außerdem ist die Erfahrung, dass es da draußen Menschen gibt, die sich wirklich um uns kümmern, an sich eine entscheidende Ingredienz für unser Wohlbefinden. Daran ändert auch eine Geldgesellschaft nichts, die diese sich um uns kümmernden Menschen für unser nacktes Überleben weitgehend überflüssig gemacht hat. Die Evolution hat uns in einem langen Entwicklungsprozess eingeimpft, dass es überlebenswichtig ist, von seinen Mitmenschen gemocht zu werden. Das Verlangen nach Anerkennung, Sympathie und Zuneigung ist so (wie das Verlangen nach Sex) zu einem Teil unserer Natur geworden, der sich nicht einfach so mir nichts, dir nichts abschütteln lässt. Obwohl der ultimative, biologische Grund – Überleben und Vermehren – für uns weggefallen sein mag, ist damit noch nicht das Bedürfnis als solches weggefallen: Wir brauchen die Anerkennung unserer Mitmenschen nach wie vor, um uns gut zu fühlen, und wenn wir diese Anerkennung

nicht bekommen, leiden wir (so wie wir leiden, wenn wir keinen Sex abbekommen, selbst wenn wir gar kein Kind wollen und ein Verhütungsmittel nehmen).
Um aber von unseren Mitmenschen gemocht zu werden, müssen wir uns ab und zu für sie ins Zeug legen, was mitunter lästig ist, es kostet manchmal Mühe, ähnlich, wie es Mühe kostet, eine Runde joggen zu gehen. Geld ist ein Mittel, das uns diese Mühe erspart und uns in eine Sackgasse kurzfristiger Befriedigung lockt (in dieser Hinsicht ähnelt es tatsächlich einer Droge), langfristig jedoch ein gewisses Gefühl der Leere und Sinnlosigkeit hinterlässt, da unklar bleibt, ob es irgendjemand da draußen gibt, dem wir wirklich etwas bedeuten.
Um es zusammenzufassen: Reichtum macht uns weniger abhängig von anderen Menschen, im positiven Sinne heißt das, dass wir nicht nach ihrer Pfeife tanzen müssen, mit Geld können wir uns Leute vom Leib halten, die uns lästig sind und mit denen wir nichts zu tun haben wollen. Im negativen Sinne untergräbt Reichtum die Gelegenheit für Freundschaftsbeweise, was zu weniger Geborgenheit führt, und das hinterlässt uns teils unzufrieden, teils schlägt es uns – vor allem dann, wenn irgendetwas in unserem Leben schiefläuft – regelrecht auf die Psyche. Indem wir unsere Intimwelt zunehmend durch die Geldwelt ersetzbar machen, kommt uns mehr und mehr etwas abhanden, was für unser psychisches Wohlbefinden als Wesen, die ihrer Natur nach *wirklich* gemocht und geliebt werden wollen, entscheidend ist: authentische Zuwendung, was vielleicht nur eine andere Umschreibung für das ist, was wir Liebe nennen. Die Zuwendungen und simulierte Liebe, die wir aus der Geldwelt erfahren, werden, so komfortabel oder glamourös sie auch sein mögen, nie die Befriedung jener echten Liebe der Intimwelt erreichen, da wir in unserem Innern immer

wissen werden, dass die wie auch immer gearteten Gefälligkeiten letztlich doch nicht *uns* gelten, sondern lediglich und ausschließlich unserem Portemonnaie.

Um ausnahmsweise mal ein ganz plattes Beispiel zu bringen: Der Sex, die Liebkosungen und Aufmerksamkeit einer Prostituierten sagen uns in der Regel nicht allzu viel darüber, wie attraktiv, liebenswert oder nett wir sind. Eine zuverlässige Auskunft geben sie uns allerdings über unsere Zahlungsfähigkeit, über etwas also, worüber wir ohnehin schon Bescheid wussten.

Ein anderes, subtileres Beispiel mag das folgende verlockende Angebot darstellen, das ein bekanntes Kreditunternehmen ihren besonders gutbetuchten Kunden feilbietet, und das man fast mit echter Zuwendung, die uns gilt und nach der wir uns so sehnen, verwechseln könnte:

»Haben Sie jemanden, der Ihr Leben einfach einfacher macht? Jemanden, der Ihnen kurzfristig heißbegehrte Eintrittskarten besorgt? Jemanden, der sich 24 Stunden um Ihre privaten Wünsche kümmert und für Sie einen professionellen Sekretariats- oder Geschenkeservice organisiert? Jemanden, der Ihnen bei der Suche nach der angesagtesten Bar in einer Metropole Ihrer Wahl oder der Ihnen bei der Suche nach einem Babysitter oder Handwerker hilfreich zur Seite steht? Und das rund um die Uhr, 365 Tage im Jahr? Nein? Dann haben Sie auf die richtige Karte gesetzt. Ihre American Express Platinum Card öffnet Ihnen die Türen zum Platinum Card Lifestyle Service.«[15]

Herrlich! Egal, was für ein Mensch wir sind, egal, wie wir uns verhalten, wenn wir nur genügend Geld haben, steht uns jener widerstands- und kritiklose Freund namens American Express 24 Stunden am Tag zur Seite. Selbstverständlich nur bis zu jenem Tag, an dem uns das Geld ausgeht. Dann wird uns Mr. Express seine servile »Freundschaft« auf der Stelle entziehen, und wir müssen uns fortan wieder um jene komplizierten Freunde und Familienmitglieder aus Fleisch und Blut bemühen, die die irritierende Neigung haben, an uns herumzunörgeln, und sich nicht alles von uns gefallen lassen, von denen wir aber unter Umständen auch echte Anerkennung und Liebe, die *uns* gilt, bekommen.

4. Familie vs. Welt

Wie die zwei zentralen Glücksquellen zu Rivalen wurden

> Die Wahl zwischen der Familie und der weiten Welt da draußen stellt die hervorstechendste und hartnäckigste Herausforderung dar, vor die Wohlstand die fortgeschrittenen Industrieländer gestellt hat.
> *Avner Offer, Wirtschaftshistoriker, Universität Oxford*[1]

Unsere Großeltern und die Generationen vor ihnen hatten keine Wahl: Während die Frau sich um den Haushalt und das soziale Leben rund um die Ehe zu kümmern hatte, musste sich der Mann in der Geldwelt da draußen behaupten. Damit war man als Frau nicht nur von der Berufswelt abgeschnitten, sondern auch finanziell vom Ehemann abhängig, was die meisten Frauen wiederum wohl oder übel ein Leben lang in einer Ehe hielt.

Je freier und reicher wir wurden und je mehr wir uns von einer Industriegesellschaft, in der Arbeit nicht selten einem harten körperlichen Einsatz und/oder dumpfer Routine gleichkam, in eine Dienstleistungsgesellschaft entwickelten, desto mehr attraktive Jobs und Karrieremöglichkeiten eröffneten sich für Männer und zunehmend auch für Frauen. Die Arbeitsteilung löste sich auf, nun wurden alle, Mann und Frau, in wachsendem Maße vor die Wahl gestellt: Entweder man konnte sich zu einem gegebenen Zeitpunkt um eine Familie oder um eine

Karriere kümmern. Arbeit und Familie ergänzten sich nicht mehr wie früher durch eine simple Arbeitsteilung der Geschlechter, sondern wurden zur Konkurrenz.
Männer hielten dabei, flexibel und einfallsreich, wie sie sind, im Großen und Ganzen an dem fest, was sie immer getan hatten, und verfolgten weiterhin ihre Karrieren. Aber auch immer mehr Frauen trieb es aus dem Haus, in die Welt: ihre Ausbildungszeit verlängerte sich, ihre finanzielle Abhängigkeit verschwand, Beziehungen lockerten sich, Familiengründungen wurden nach hinten verschoben zugunsten der persönlichen Freiheit und Entfaltung.
Heute bastelt jeder von uns erst mal eine ganze Weile an seiner Karriere, der Schwerpunkt unserer Investitionen gilt, statt einem gemeinsamen Wir, in erster Linie dem eigenen Ich. Selbstwertgefühle beziehen wir aus der eigenen Leistung, und wenn wir uns schließlich ernsthaft mit einem Partner zusammentun, hat jeder von uns schon ein recht selbstbewusstes Ego, das auf ein anderes, recht selbstbewusstes Ego stößt.
Überflüssig zu sagen, dass diese Entwicklung viel Positives gebracht hat: Anders als noch in den 1950er Jahren begegnen sich Mann und Frau heute nicht als Träger einer vorgeschriebenen Rolle, sondern als freie, gleichberechtigte Persönlichkeiten – eigentlich schöne Voraussetzungen für die Liebe.
Aber die Medaille hat eine Kehrseite. Da kaum etwas so sehr zu unserem Wohlbefinden beiträgt wie eine stabile Beziehung / Ehe und Familie auf der einen und eine anregende Arbeit auf der anderen Seite – beides sind ja auch hervorragende Quellen jener Aufmerksamkeit und Anerkennung, nach der wir uns als soziale Wesen so sehr sehnen –, sind mit der Zeit für jeden von uns zwei konkurrierende Hauptrouten zum Glück entstanden.

Typisch modern ist es bekanntlich, wenn man sich primär für die Karriere als Glücksroute entscheidet. Die Vorstellung von einem gelungenen Leben lautet für Männer wie Frauen ja gleichermaßen: Kümmer dich erst mal um eine Ausbildung und einen Job, danach kannst du eventuell über eine Familie nachdenken. Mit dem Wohlstand hat sich unsere Glückssuche somit tendenziell von der kleinen, privaten Familien- in die »große«, öffentliche Karrierewelt verlagert. Diese Verlagerung könnte gut zu den folgenreichsten Veränderungen gehören, die die zweite Hälfte des 20. Jahrhunderts mit sich gebracht hat.

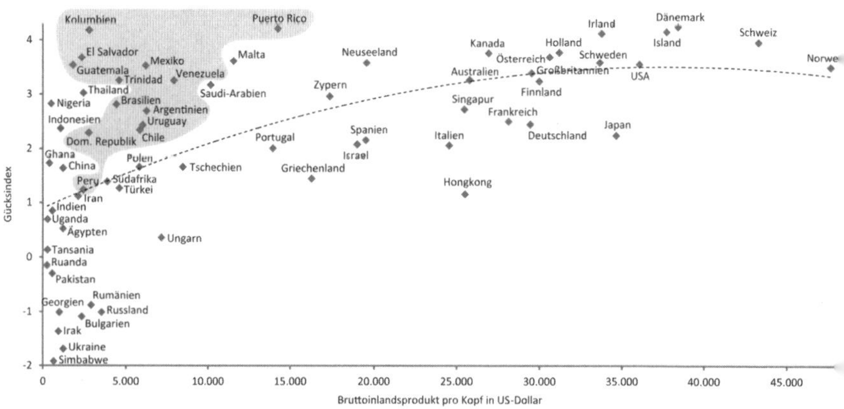

Wie man an der obigen Grafik sieht, ist unsere moderne Glücksphilosophie insgesamt so fehlgeleitet nicht: Gesellschaften, die reich sind und in denen sich die Menschen folglich besonders stark um ihre Karrieren kümmern, gehören immerhin zu den glücklichsten der Welt – zugleich sind es natürlich die demokratischsten und politisch stabilsten Gesellschaften, was womöglich eine ausschlaggebendere Rolle spielt als der schiere materielle Luxus.

Auffallend ist aber auch, dass es relativ arme Länder wie Kolumbien und Puerto Rico gibt, die in Sachen Wohlbefinden locker mit den reichsten Nationen, ja sogar mit dem globalen Spitzenreiter des Glücks – Dänemark – mithalten können. Bei allen Ländern, die sich oberhalb der gestrichelten Trendlinie befinden, könnte man sagen, dass es sich um Nationen handelt, in denen die Menschen glücklicher sind, als man auf Grund ihres Wohlstands erwarten würde. Außer Peru, das genau auf der Linie liegt, gilt dieses unerwartete Glücksplus bemerkenswerterweise für alle untersuchten lateinamerikanischen Staaten: Im Vergleich zu uns sind die Menschen dort zwar um ein Vielfaches ärmer – und doch sind sie recht glücklich, teilweise sogar erheblich glücklicher als wir. Deutschland dagegen gehört umgekehrt klar zu jenen Ländern, in denen die Leute *weniger* glücklich sind, als man von ihrem Reichtum her eigentlich erwarten dürfte, auch wenn die Lage bei uns nicht ganz so trist ist wie in Hongkong (einer Stadt, die sich durch noch einige weitere bemerkenswerte Superlative auszeichnet: Hongkong hat die zweitniedrigste Geburtenziffer der Welt, zugleich gibt es, wie Studien zeigen, kaum einen anderen Ort auf dem Globus, wo die Lebenszufriedenheit der Menschen so stark von ihrem Einkommen abhängig ist; in Hongkong gilt die Formel »Glück = Geld«).[2]

Wie lässt sich aus diesen Unterschieden ein Reim machen? Worin könnte der unerwartete Glücksfaktor der Latinos bestehen? Wieso fühlen sich die Menschen in El Salvador, Kolumbien, Puerto Rico und Guatemala viel besser als wir uns in Deutschland, obwohl wir im Vergleich zu ihnen geradezu alles haben, zumindest in materieller Hinsicht?

Keiner weiß es genau.[3] Manche meinen, die Sonne, der Salsa und eine gewisse Carpe-diem-Haltung spielten eine Rolle. Andere sehen die Ursache in der Religion, die in Lateinamerika einen anderen Stellenwert hat als bei uns. Demnach könne man entweder mit Hilfe des Glaubens seine Erwartungen dämpfen und die widrigen Umstände und das unvermeidliche Leiden des Lebens akzeptieren. Oder man setzt alles daran, diese widrigen Umstände aus dem Weg zu räumen und seine Träume in *diesem* Leben zu erfüllen, statt von einem hypothetischen nächsten Leben zu träumen.[4] Diese letzte – unsere – Strategie besteht darin, in möglichst kurzer Zeit möglichst viel von dem abzubekommen, was man will. Die religiöse Strategie gleicht eher dem Versuch, seine Wünsche zurückzustellen und stattdessen zu wollen, was man bekommt.

Obwohl an all diesen Erklärungsansätzen sicher etwas dran ist, gibt es vielleicht noch etwas, das den Lateinamerikanern zu ihrem Glücksplus verhilft, etwas ganz Naheliegendes, das mir zumindest wichtiger erscheint als Dauersonne und Salsa (aber ich bin halt auch kein großer Tänzer): Womöglich hängt das unerwartete Glück der Latinos auch damit zusammen, dass gerade sie starken Wert auf die Familie, wie überhaupt auf das soziale Leben, legen.

So könnte man die Glücksgrafik auch folgendermaßen lesen: Je mehr man sich in der Grafik nach rechts bewegt, desto reicher werden die Länder, desto mehr suchen die Menschen ihr Glück in der Geldwelt, was allerdings tendenziell mit einer größeren zwischenmenschlichen Distanz einhergeht, von der nicht zuletzt die Familie betroffen ist. So ließe sich eventuell nicht nur das ungewöhnliche Latino-Glück, sondern auch das verhältnismäßig bescheidene Glücksniveau einiger geldreicher, aber familienarmer Länder wie Deutschland erklären.

Klar, das ist alles reichlich spekulativ, teils auch widersprüchlich (Beispiel: Warum ist das Glücksniveau Italiens so niedrig?), was schon allein daran liegt, dass sich eine dermaßen komplexe Angelegenheit nicht auf einen Einzelfaktor zurückführen lässt. Dennoch scheint es den einen oder anderen Befund zu geben, der zumindest ein Stück weit für diese Spekulationen sprechen könnte.

Zum Beispiel ist es nicht etwa nur eine Klischee-Vorstellung, sondern es zeigt sich auch in empirischen Untersuchungen, dass die Lateinamerikaner der Familie eine erheblich größere Bedeutung zumessen als die Menschen in den wohlhabenden Staaten auf der rechten Seite der globalen Glücksgrafik, und gerade auch als wir Deutsche.[5] Zu diesem Schluss sind unter anderem erst kürzlich einmal mehr zwei Forscher der Harvard-Universität gekommen, als sie in einer Studie versucht haben, den Stellenwert der Familie in 80 verschiedenen Ländern zu bestimmen.

Die Wissenschaftler unter Leitung der italienischen Ökonomin Paola Giuliano hatten Enqueten ausgewertet, in denen Menschen rund um die Welt danach befragt worden waren, wie groß der Respekt sei, den sie für ihre Eltern hätten, und ob sie selbst als Eltern das eigene Wohlergehen ihren Kindern zuliebe zurückstellen würden oder eher nicht. Aus den Antworten leiteten die Forscher ein vielleicht nicht perfektes, aber vermutlich doch einigermaßen brauchbares Maß für den Familienstellenwert des jeweiligen Landes ab. Es zeigte sich: Sehr wichtig ist die Familie nicht nur in Lateinamerika, sondern auch in Afrika und Asien. Eine weitaus geringere Bedeutung dagegen hat die Familie in Nordeuropa, und in kaum einem Land ist ihr Stellenwert – im globalen Vergleich – so verschwindend gering wie in Deutschland.

Hier sieht man die 40 Länder mit schwachen bis mittelstarken Familienbanden, Deutschlands Familienschwäche scheint nur noch von der Litauens übertroffen zu werden:[6]

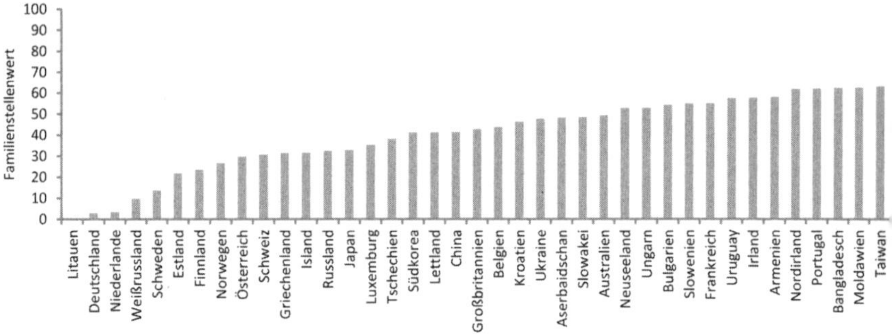

Unter den 40 Ländern mit den stärksten Familienbanden sind dagegen, außer Uruguay, alle untersuchten südamerikanischen Länder.

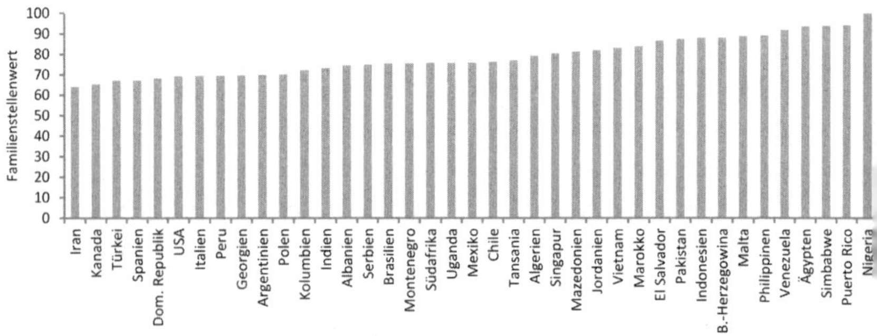

Interessant im Zusammenhang mit dem amischen Versicherungsverzicht ist dabei ein weiterer Befund der Harvard-Forscher: Menschen in Ländern mit starkem Familienstellenwert sind weniger bereit, für eine bessere Sozialversicherung höhere Steuern in Kauf zu nehmen, vermutlich weil hier im Notfall die Familie als Versicherung einspringt. Gleichzeitig scheint sich ein hoher Familienstellenwert positiv auf das allgemeine Wohlbefinden auszuwirken, zumindest sind die Menschen in jenen Ländern tendenziell etwas glücklicher, in denen die Familie eine zentrale Rolle spielt, auch wenn das nur eine grobe statistische Tendenz ist und es da viele Ausreißer gibt.[7]

Zusammenfassend kann man sagen: Geld macht uns unabhängiger von persönlich-intimen Beziehungen, steigender Reichtum einer Gesellschaft geht damit einher, dass jeder seinen eigenen Weg verfolgt, man ist jetzt mehr mit sich, seinen individuellen Wünschen und Plänen beschäftigt, was auf Kosten der sozialen Beziehungen und des Familienzusammenhalts geht. Die kleine Welt der Familie verliert an Bedeutung, stattdessen suchen wir die Anerkennung vermehrt in der Welt da draußen, in Form einer Karriere.

Die Relativierung der Familie in wohlhabenden Gesellschaften zeigt sich ja ebenfalls an der bekannten Tatsache, dass es in reichen Ländern schlichtweg immer weniger Familien gibt und dass die Familien, die es noch gibt, in der Regel klein sind. Wohlhabende Gesellschaften bieten mehr Optionen, sie werfen die Frage auf, was man wollen soll: Viel reisen? Ewiger Student bleiben? Eine spannende Karriere? Familie und Kind werden da lediglich zu *einer* Option von vielen, mit der Folge, dass die Geburtenzahl in allen reichen Industrieländern längst unter die »Ersatzrate« von gut zwei (2,1) Kindern pro Frau gesunken ist: Reiche Bevölkerungen sind, ohne Zuwanderung aus ärmeren Ländern, schrumpfende Bevölkerungen (einzige Ausnahme bislang noch: Israel).[8]

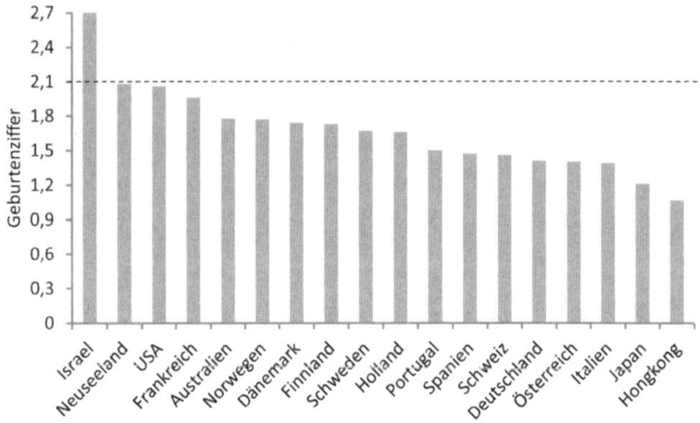

Und die Menschen in den wohlhabenderen Ländern entscheiden sich nicht nur zunehmend gegen eine Familiengründung, auch die (relativ) wenigen vorhandenen Familien laufen Gefahr, vom Wohlstand und den Möglichkeiten, die er dem Individuum bietet, getrennt zu werden. Drei-Generationen-Haushalte gehören bei uns in Deutschland praktisch der Vergangenheit an, einzelne Mitglieder einer Familie arbeiten und wohnen nicht selten alle woanders. Selbst die Kernfamilien (Frau, Mann, Kind) zerfallen umso häufiger frühzeitig, je reicher das Land ist, in dem sie leben. So gibt es, wie ich in nachfolgender Grafik anhand von WHO-Daten analysiert habe, unter den reichen Nationen einen klaren Zusammenhang zwischen dem Reichtum des Landes und dem Anteil der Kinder, die mit nur einem Elternteil statt mit beiden Eltern aufwachsen.[9]

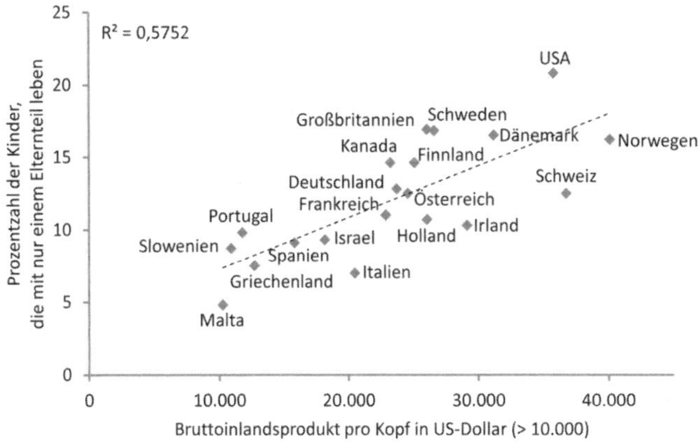

Für die Eltern – wenigstens für einen der beiden Teile – ist es natürlich die eigene freie Entscheidung, die Familie zu verlassen und fortan getrennte Wege zu gehen, auch wenn die Kinder noch jung sind. Kinder haben diese Wahl nicht, und insofern sich Kinder danach sehnen, dass ihre Eltern zusammenbleiben, schafft Wohlstand auch einen neuen, schmerzhaften Interessenkonflikt zwischen Eltern und ihren Kindern: Je reicher eine Gesellschaft wird, desto mehr attraktive Konkurrenzoptionen eröffnen sich für die Eltern, neben der einst gängigen »Option« (eher gesellschaftlichen Pflicht), als Familie zusammenzubleiben. Für Kinder stellt sich die Situation anders dar. Für sie ändert ein hoher Wohlstand in dieser Frage überhaupt nichts: Für ein Kind ist das Zusammenbleiben seiner Eltern stets die einzig ersehnte Option, völlig unabhängig davon, wie reich das Land ist, in dem es aufwächst.[10]

Objektiver Reichtum, gefühlte Armut

Ich habe einen guten Freund, Daniel, mit dem ich, wie so oft mit guten Freunden, immer mal wieder in die gleiche Diskussion gerate. Die Diskussion geht um Kinder und die Frage, ob wir – er, ich – uns Kinder überhaupt leisten können. Daniel rechnet mir dann gerne vor, wie teuer Kinder uns über die Jahre zu stehen kämen, Posten für Posten. Es dauert nicht lange, schon ist er bei über einhunderttausend Euro pro Kind, und da ist seine hypothetische Raupe Nimmersatt gerade mal 18 Jahre alt und muss mit dem Studium (»auch noch mal richtig Asche!«) erst anfangen.
Während Daniel vor sich hin rechnet, klingt alles immer recht logisch und einleuchtend und auch – das scheint ja der Sinn seiner Übung zu sein – ein bisschen einschüchternd. Erst wenn er wieder gegangen ist und ich mir die Diskussion, besser gesagt seinen Monolog noch einmal durch den Kopf gehen lasse, taucht in mir gelegentlich der Gedanke auf, ob wir eigentlich noch alle Tassen im Schrank haben: Da sitzen wir, bei einem Glas gutem Rotwein, und machen uns ernsthaft Sorgen über die Kosten eines eventuellen Kindes, und das in einem der reichsten Länder der Welt, noch dazu in einer Zeit, in der dieses Land politisch so stabil ist wie nie zuvor in seiner bekanntlich nicht immer ganz so stabilen Geschichte. (Wie haben sich unsere Großeltern eigentlich je zu dem Entschluss durchringen können, unsere Eltern zu bekommen? Meine Eltern sind beide in relativ bescheidenen Verhältnissen während des Krieges bzw. unmittelbar nach dem Zweiten Weltkrieg zur Welt gekommen, Europa lag in Schutt und Asche. Woher nur nahmen meine Großeltern damals den Mut, um nicht zu sagen die Kühnheit, in diese Welt ein Kind zu setzen?)

Nun würde die Nation es vermutlich verkraften, wären Daniel und ich die Einzigen, die von solchen Sorgen geplagt würden. Tatsächlich aber finden diese Sorgen anscheinend bundesweite Verbreitung.[11] Fragt man kinderlose Deutsche, was der Grund ihrer Kinderlosigkeit ist, stellt sich heraus, dass es nicht einmal in erster Linie die Hingabe an den Beruf und die Karriere als solche ist, die sie von einer Familiengründung abhält. Nein, abgesehen von Problem Nummer eins, das uns bereits im ersten Buchteil begegnet ist (man lebt allein und hat keinen festen Partner), haben die meisten von uns vor allem Angst davor, dass ein Kind uns den Lebensstandard, an den wir uns gewöhnt haben, sukzessive wegknabbern könnte.[12]

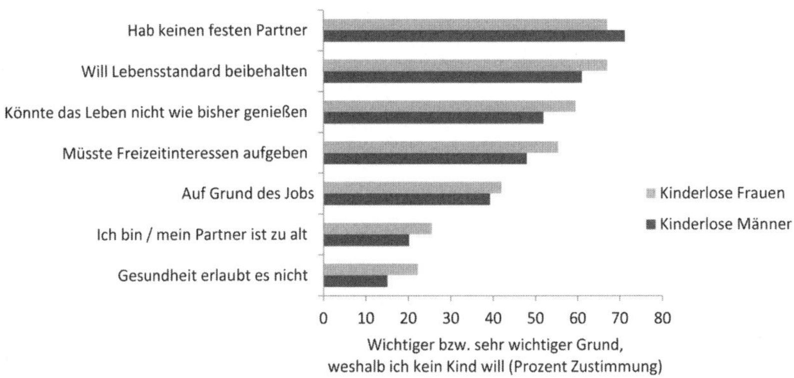

Offenbar sind es also nicht zuletzt, es sind vielmehr *zuallererst* materielle Interessen, die uns von einer Familiengründung abhalten, und das, wie gesagt, obwohl es uns materiell bessergeht als je zuvor und besser als den allermeisten Menschen dieser Welt. Wie kann das sein? Wieso fühlen wir uns nicht so reich, wie wir sind? Ist das absurd oder einfach nur dekadent?

Man muss gar nicht so irrsinnig lange überlegen, um zur Einsicht zu gelangen, dass die Sorge, die hier zum Vorschein kommt, vielleicht nicht ganz so absurd ist, wie sie zunächst anmuten mag. Die Bedenken der Kinderlosen scheinen mir sogar im Gegenteil auf etwas äußerst Aufschlussreiches hinzuweisen, auf etwas, das sich als eine weitere entscheidende Erklärung dafür erweisen könnte, warum wachsender Wohlstand für alle ab einem gewissen Punkt nicht mehr automatisch mit wachsendem Glück für alle einhergeht: Dort, wo die Grundbedürfnisse gestillt sind, wo fast jeder zu essen und fast jeder ein Dach über dem Kopf hat, werden diese Sachen schon bald zu etwas Selbstverständlichem. Um das Selbstverständliche aber muss man sich, wie um jedes gelöste Problem, nicht mehr kümmern.

Was uns von nun an aber immer noch, ja vielleicht umso mehr kümmert, ist etwas anderes. Die Frage: »Hab ich genug Geld, um zu überleben?« ist keine Frage mehr, die uns schlaflose Nächte bereitet, sie ist gewissermaßen beantwortet. Überleben ist nicht länger unser Problem. Was uns stattdessen schlaflose Nächte zu bereiten scheint, ist die Frage: »Hab ich genug Geld im Vergleich zu meinen Nachbarn? Kann ich mit dem Lebensstandard meiner Freunde und Kollegen mithalten?«

Das mag zwar im ersten Moment nach einem Luxusproblem oder dekadent klingen, bei genauerem Hinsehen jedoch entpuppt sich das Bedürfnis, nicht nur absolut, sondern auch relativ zu seinen Mitmenschen gut dazustehen, als etwas ziemlich Elementares. Schon allein rein biologisch ist es ja so, dass es für uns als sich sexuell fortpflanzende Spezies nie nur auf das nackte Überleben ankam. Wäre das der Fall gewesen, gäbe es Sie und mich nicht: Dann nämlich hätten unsere Eltern lediglich überlebt und sich nicht auch noch die Mühe gemacht, uns zu bekommen. Im Grunde ist unser Überleben der Natur nur deshalb so wichtig, weil eine gewisse Überlebenszeit nun mal die Voraussetzung dafür ist, sich vermehren zu können – und das ist es, was die Natur letztlich von uns fordert. Ein grandioser Überlebenskünstler, der keinen Nachwuchs hinterlässt, ist eine evolutionäre Sackgasse.

Um jedoch das mit der Vermehrung hinzubekommen, stehen wir vor der Herausforderung, im Laufe unseres Überlebens mindestens ein Exemplar des anderen Geschlechts davon zu überzeugen, sich angesichts einer beachtlichen Konkurrenz ausgerechnet auf uns einzulassen. Warum aber sollte dieser andere Mensch so leichtsinnig sein und das tun? Warum sollte er oder sie sich von all den möglichen Kandidaten da draußen just für uns entscheiden? Die Antwort ist: weil wir eventuell etwas zu bieten haben, das unser Nachbar nicht hat. Weil wir schöner, reicher, erfolgreicher, intelligenter, mit einem Wort: attraktiver sind als unser Nachbar. Aus diesem Grund legt uns die Natur nahe, stets in des Nachbarn Garten zu schielen, um sicherzustellen, dass dort der Rasen nicht grüner ist.

In einem Experiment an der Harvard-Universität fragte man Testpersonen, welche von zwei Situationen sie bevorzugen würden:

A) Dein Jahreseinkommen beträgt 50 000 Euro, während deine Mitmenschen 25 000 verdienen
B) Dein Einkommen beträgt 100 000 Euro, das deiner Mitmenschen 200 000

A) Du hast einen IQ von 110, während deine Mitmenschen einen von 90 haben
B) Dein IQ beträgt 130 Punkte, der deiner Mitmenschen 150

A) Deine körperliche Attraktivität entspricht einer 6, die deiner Mitmenschen einer 4
B) Deine Attraktivität entspricht einer 8, die der anderen einer 10

Wäre es nicht herrlich, einen IQ von 130 zu haben? Man könnte die faszinierenden Rätsel des Universums durchdringen, und wie viel leichter würde einem Mathematik und das Lösen anderer anspruchsvoller Aufgaben fallen …

Jedoch, die Bewältigung komplizierter Aufgaben scheint nicht das zu sein, was uns am allermeisten am Herzen liegt. Selbstverständlich sind wir gern gescheit, noch wichtiger aber ist es uns, *im Vergleich zu unseren Mitmenschen* nicht dumm dazustehen: Konfrontiert mit den obigen Szenarien, entschied sich die Mehrheit der Testpersonen durchgehend für Szenario A.[13]

Ja, es stimmt, die meisten von uns sind, global gesehen, ziemlich wohlhabend. Wir fühlen uns nur nicht so reich, weil wir es im Vergleich zu unseren unmittelbaren Nachbarn sprich: zur Konkurrenz, zu denen, auf die es ankommt – oft eben nicht sind. Weil es um uns herum (und im Fernsehen) von Menschen wimmelt, die *noch viel* besser dastehen als wir.

Studien zeigen, dass dieses relative Schlechtabschneiden auch erheblich zur gegenwärtigen Unzufriedenheit der Chinesen beiträgt, und zwar gepaart mit einer stetig steigenden Macht des Geldes. Obwohl in China in den letzten Jahren fast jeder objektiv reicher geworden ist, hat eine kleine Elite von Millionären und Milliardären so richtig abgesahnt. Zugleich ist mit der Einführung des Kapitalismus für alle Chinesen die Frage des Geldes immer wichtiger geworden. Noch um 1990 herum etwa bestand nur ein schwacher Zusammenhang zwischen der finanziellen Zufriedenheit der Leute und ihrer Lebenszufriedenheit. Das Glück der Menschen hing einfach nicht so sehr

davon ab, wie hoch ihr Einkommen war (sondern beispielsweise mehr von ihrer Gesundheit). Geld spielte nicht die alles dominierende Rolle im Leben der Leute.
Das hat sich stark geändert. Nicht nur in Hongkong, auch auf dem chinesischen Festland ist es inzwischen so, dass die Lebenszufriedenheit, wie Untersuchungen belegen, fast vollkommen davon abhängt, wie zufrieden man mit seinem Gehalt ist. Während im früheren China Geld für das Lebensglück (wie für das Leben überhaupt) lediglich eine von vielen Rollen spielte, ist heute die Höhe des Kontostandes zum ausschlaggebenden Glücksfaktor geworden. Alle anderen Glücksquellen sind vom Geld in den Schatten gestellt worden, womit China auf besonders klare Weise ein Risiko radikalkapitalistischer Gesellschaften bloßlegt, in denen, krass gesagt, ohne Geld kaum noch etwas im Leben Spaß macht und man also chronisch zu wenig davon hat. »Im gegenwärtigen China heißt Geld Glück«, fasst ein Forscherteam der Jacobs University Bremen in einer Studie dazu knapp zusammen. Blöderweise ist im Zuge dieses Wandels ein Großteil der Chinesen *relativ* ärmer geworden – was auf die Laune schlägt.[14]

Wenn es uns wirklich nur ums Überleben ginge, gäbe es in den wohlhabenden Staaten eigentlich kaum noch einen Grund zur Unzufriedenheit, es gäbe keinen Grund mehr für Kämpfe. Aber wir kämpfen nicht nur ums Überleben, wir kämpfen nicht nur um Essen und ein Dach überm Kopf, sondern auch um eine einigermaßen beachtliche Position in der Gesellschaft.
Die Amischen versuchen diesen Hunger nach Status, zu dem wir neigen und der etwas Verhängnisvolles hat, weil er im Gegensatz zum körperlichen Hunger keinen absoluten Sätti-

gungspunkt kennt, bereits im Keim zu ersticken, mit Hilfe ihrer Religion und ihren zahlreichen Verboten. Um es mit einer Metapher auszudrücken: Das amische Leben gleicht einer Party, auf der es verboten ist, allzu laut zu sprechen. In der Folge geht es dort ziemlich ruhig und unspektakulär zu, ohne Höhen und Tiefen, vielleicht auch ein bisschen öde (manche würden sagen: das ist ja gar keine Party), aber am Ende des Abends hat auch keiner eine heisere Stimme.

Unsere Gesellschaft kennt ein solches Verbot nicht, bei uns bekommt derjenige, der am lautesten schreit, die größte Aufmerksamkeit. Früher oder später fängt also irgendeiner an, die Stimme zu erheben, womit er sich etwas mehr Aufmerksamkeit verschafft und was dazu führt, dass sich seine unmittelbaren Nachbarn akustisch nicht mehr ganz so gut verstehen können. Die Nachbarn sehen sich gezwungen, ihrerseits etwas lauter zu sprechen, und so steigert sich der Pegel der Party nach und nach, bis irgendwann alle schreien, was teils lebhaft, teils anstrengend ist und bei dem einen oder anderen unweigerlich dazu führt, dass die Stimme versagt.[15]

Aus Sicht der Natur ist der Kampf um eine möglichst hohe gesellschaftliche Position kein reiner Selbstzweck, sondern ein Mittel zum Zweck des Überlebens und Sichvermehrens. Aus dieser rein biologischen Perspektive hat man seinen »evolutionären Auftrag« zumindest zum Teil erfüllt, wenn man einen Partner gefunden und eine Familie gegründet hat, was von der Natur denn auch mit guten Gefühlen belohnt wird.

Doch auch jenseits dieser biologischen Sichtweise stellt eine Familie für viele eine Relativierung ihres Egotrips und des rastlosen Jagens nach Anerkennung in der großen Welt da draußen dar. Zu der Anerkennung, die wir über die Arbeit erfahren, gesellt sich nun jene, die wir von unserer Familie

bekommen und die etwas Absolutes hat: In der Familie ist jeder von uns ein kleiner Star, hier bekommt jeder, egal, ob Chef oder nicht, egal, ob Fußballstar oder nicht, ein gewisses Maß an ungeteilter Aufmerksamkeit und Anerkennung.
Das ist in der großen Karrierewelt da draußen anders, wo jene Menschen die höchste Aufmerksamkeit und Anerkennung genießen, die ganz oben sind. Da aber die Spitze per definitionem nur aus einer Handvoll Privilegierter bestehen kann, wird der große Rest in dieser Welt immer *relativ* arm dran sein. Die Plätze an der Spitze werden stets knapp sein, in jeder Gesellschaft. Egal, wie reich und erfolgreich wir als Gesellschaft insgesamt werden, es kann immer nur einen Bill Gates geben, ebenso wie es immer nur eine Handvoll Präsidenten, Topmodels, Film- und Fußballstars und Nobelpreisträger geben kann. Je mehr wir also unser Glück in die Hände der Geld- und Karrierewelt legen und dieser Welt alles andere unterordnen, desto mehr begeben wir uns in einen Kampf, bei dem immer nur einige Auserwählte eine Aussicht auf den Jackpot haben. Die allermeisten werden in dieser Welt zu den relativen Aufmerksamkeits- und Anerkennungsverlierern gehören, womit wir beim dritten Teil dieses Buchs wären, in dem wir uns unter anderem etwas genauer ansehen werden, was unsere Suche nach Aufmerksamkeit und Anerkennung in der öffentlichen Welt mit uns macht und wie sie uns, als eine von mehreren Unruhestiftern, zu einem weitverbreiteten modernen Laster verdammt: zu ewiger Rastlosigkeit.

Dritter Teil

Wir rastlosen Stadtneurotiker

1. Wie die Unruhe in unser Leben trat

Der moderne Mensch: Frei, wohlhabend – und gestresst

Müsste man eine Karikatur des Menschen der modernen, westlichen Welt zeichnen, man würde vermutlich schon ein recht erkennbares Bild hinbekommen, beschriebe man ihn als Stadtneurotiker, auf den die zentralen Überlegungen aus den letzten beiden Buchteilen zutreffen. Erstens: Der moderne Zeitgenosse ist relativ unabhängig und frei. Sein Problem besteht weniger darin, dass man ihm vorschreibt, wofür er sich entscheiden und was er mit seinem Leben tun soll, sondern eher darin, dass er nicht immer genau weiß, was er wollen soll. Oft zweifelt er an seinen Entschlüssen, häufig scheut er davor zurück, sich festzulegen. Zweitens: Er nagt nicht am Hungertuch, er hat ein Dach über dem Kopf, rein materiell ist er – sowohl im globalen als auch im historischen Vergleich – nicht arm dran. Trotzdem ist da dieser Hang zur Unzufriedenheit, als würde ihm, so viel er auch hat und erreicht, stets etwas zum Glück fehlen.

So weit, so gut. Doch selbst wenn man der modernen Seele mit dieser Karikatur bereits einigermaßen nahe kommen mag, mindestens eine entscheidende Sache fehlt noch. Es gibt noch eine Eigenschaft, die den gegenwärtigen Menschen auszeichnet (und die auch schon in der Wortschöpfung »Stadtneurotiker« anklingt): Es ist die innere Unruhe, mit der er kämpft, der ständige latente oder manifeste Stress, unter dem er leidet, die chronische Rastlosigkeit, die er an den Tag legt oder meint legen zu müssen.

Seltsam eigentlich. Obwohl wir uns angesichts unserer objektiv privilegierten Situation eine gewisse Gelassenheit leisten könnten, sind viele von uns unfähig, sich zu entspannen. Was vielleicht andererseits auch wieder verständlich ist: Schließlich scheint uns ja inmitten des materiellen Überflusses immer noch etwas zu fehlen, selbst wenn nicht unbedingt klar ist, was es genau ist, das uns fehlt, damit wir uns endlich mal zurücklehnen und sagen könnten: Hier und jetzt bin ich glücklich und zufrieden!

In diesem letzten Buchteil soll das Thema der Rastlosigkeit in unserer Gesellschaft im Vordergrund stehen. Ich werde versuchen, jene Unruhestifter zu identifizieren, die dafür sorgen, dass wir heutzutage solche Schwierigkeiten damit haben, etwas Muße in unserem Leben zu finden. Woher bloß rührt diese ständige äußere und innere Unruhe? Warum müssen wir immerzu tätig sein, und wieso werden wir von dem unangenehmen Gefühl geplagt, trotz ununterbrochener Tätigkeit nie genug getan zu haben?

Da die Ursache für die neuzeitliche Nervosität nicht nur in unserer Natur, in uns, zu finden ist, sondern zweifellos auch von der Umwelt beeinflusst wird, in der wir leben, dürfte es aufschlussreich sein, zum Schluss auch einen Blick auf das typische Habitat des modernen Menschen zu werfen: die Großstadt. Wie wir sehen werden, ist die Großstadt der Ort, an dem alles, was in diesem Buch bisher beschrieben wurde, seine höchste Ausprägung oder »Vollendung« findet. Dort, in den Metropolen dieser Welt, genießen wir den größten Grad der Freiheit, auch der Wohlstand ist dort am höchsten. Zugleich herrscht gerade in den Großstädten, im Vergleich zum gemächlichen Dorf, die Hektik.

Der American Way of Life wird zum Global Way of Life

So wie unsere Freiheit und unser Wohlstand in den letzten Jahrzehnten stetig gestiegen sind, so greift auch die allgemeine Hektik zunehmend um sich. Einer großen Umfrage des Berliner Meinungsforschungsinstituts Forsa zufolge sind beispielsweise wir Deutsche seit geraumer Zeit eifrig dabei, uns vom Volk der Dichter und Denker in ein Volk der Dauergestressten, Immer-Eiligen und Nonstop-Beschäftigten zu verwandeln.

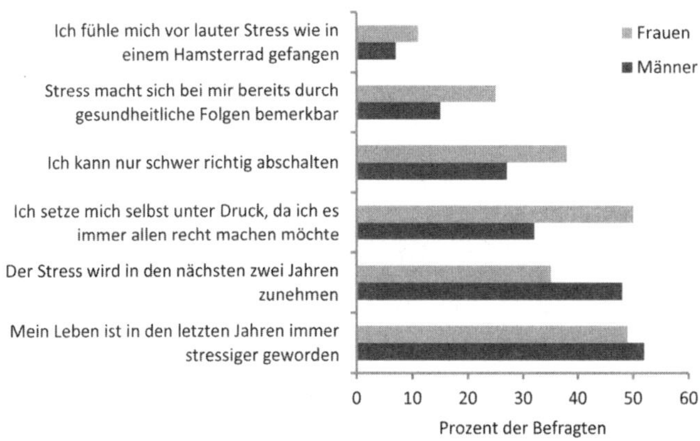

Schenkt man der Forsa-Studie Glauben, hat inzwischen jeder zweite Deutsche das Gefühl, sein Leben sei in den letzten Jahren stets stressiger geworden, die Hälfte der Männer erwartet, dass der Druck in den nächsten Jahren weiter zunehmen wird, viele, vor allem Frauen, schaffen es kaum noch abzuschalten, und von so manchem fordert das Vollgas-Leben bereits seinen gesundheitlichen Tribut: Erschöpfung, Muskelverspannungen, Rücken-, Kopfschmerzen und Schlafstörungen gehören da noch zu den harmloseren Risiken und Nebenwirkungen. Da aber eine Muskelverspannung oder Kopfschmerzen die konsequenten Überstundenklopper unter uns freilich nicht davon abhalten können, weiter stur aufs Gaspedal zu treten, muss der Körper mitunter zu drastischeren Maßnahmen greifen, beispielsweise in Form eines Herzinfarkts. Oder es ist die Psyche, die irgendwann die Notbremse zieht, in Gestalt einer Depression oder eines Burn-outs.[1]

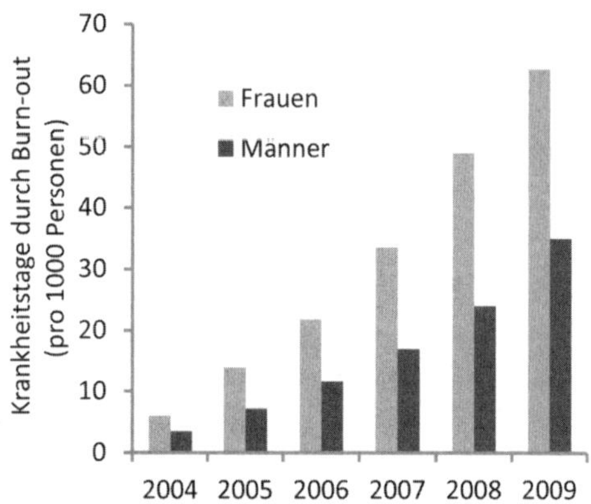

Nach Angaben des Bundesverbands der Betriebskrankenkassen BKK haben sich allein zwischen 2004 und 2009 die jährlichen Krankheitstage auf Grund von Burn-outs von 4,6 auf 47,1 verzehnfacht (pro 1000 Versicherte, Männer und Frauen zusammengenommen).[2]

Wirft man einen Blick in die Vergangenheit, erscheint diese Hektik-Hochkonjunktur, die wir derzeit erleben, »lediglich«

als vorläufiger Höhepunkt eines Trends, dessen Anfänge eine ganze Weile zurückreichen, sicher bis ins 18. Jahrhundert.[3] Damals, im Zuge der Industrialisierung, nahm die allgemeine Lebensbeschleunigung erstmals richtig Fahrt auf, und so mancher feinfühlige Zeitgenosse irritierte sich frühzeitig daran. Goethe zum Beispiel, der die neue Hast, die er um sich herum beobachtete und zeitlebens am eigenen Leib spürte, als »veloziferisch« schimpfte, womit er in einem Wort die Schnelligkeit (velocitas im Lateinischen) mit Luzifer, dem Teufel, kurzschloss.[4]

Gut fünfzig Jahre später, gegen Ende des 19. Jahrhunderts, muss der Trend zum Tempo immer unübersehbarer, immer spürbarer geworden sein, und der Philosoph und Goethe-Bewunderer Nietzsche begann, einige Spekulationen über die Ursachen des Phänomens anzustellen.

Nietzsche kam zum Schluss, dass die zunehmende Eile ein grippeartiges Umsichgreifen des *American Way of Life* darstelle. In einem seiner Aphorismen spottete der Philosoph über die »Wildheit in der Art, wie die Amerikaner nach Gold trachten«. In der »atemlose[n] Hast der Arbeit« sah Nietzsche sogar »das eigentliche Laster der Neuen Welt«, ein Laster, das begonnen habe, »durch Ansteckung das alte Europa wild zu machen und eine ganz wunderliche Geistlosigkeit darüberzubreiten. Man schämt sich jetzt schon der Ruhe; das lange Nachsinnen macht beinahe Gewissensbisse. Man denkt mit der Uhr in der Hand, wie man zu Mittag isst, das Auge auf das Börsenblatt gerichtet, – man lebt wie einer, der fortwährend etwas ›versäumen könnte‹«.

Da ich Ihre kostbare Zeit nicht verschwenden will, überschlage ich hier den Rest von Nietzsches allzu ausschweifendem Aphorismus und springe gleich zu dessen Ende: »Die

Arbeit bekommt immer mehr alles gute Gewissen auf ihre Seite«, schreibt Nietzsche dort. »Der Hang zur Freude nennt sich bereits ›Bedürfnis der Erholung‹ und fängt an, sich vor sich selber zu schämen. ›Man ist es seiner Gesundheit schuldig‹ – so redet man, wenn man auf einer Landpartie ertappt wird. […] Ehedem war es umgekehrt: Die Arbeit hatte das schlechte Gewissen auf sich. Ein Mensch von guter Abkunft *verbarg* seine Arbeit, wenn die Not ihn zum Arbeiten zwang. Der Sklave arbeitete unter dem Druck des Gefühls, dass er etwas Verächtliches tue – das ›Tun‹ selber war etwas Verächtliches.«[5]

Nietzsche scheint unter anderem auf die alten Griechen anzuspielen, für die – etwa für Aristoteles – das »kontemplative« Leben, das Denken und die Muße das höchste der Gefühle darstellten, die reine Glückseligkeit. Arbeit, bei der man sich die Hände schmutzig machen muss? Das, in der Tat, galt als Sklavensache.

Heutzutage ist es eher andersherum. Nicht, dass das Händeschmutzigmachen inzwischen sonderlich beliebt geworden ist, das nicht, dafür jedoch genießt das Beschäftigtsein höchste allgemeine Wertschätzung: Je mehr einer zu tun hat, je gestresster er ist oder wirkt und je lückenloser sein Terminkalender ausfällt, desto wichtiger erscheint er uns.

Aber warum eigentlich? Wie kam es zu dieser folgenreichen Umwertung? Wie gelangte die Rastlosigkeit zu diesem bemerkenswerten Ansehen? Und weshalb legen wir uns bei fast ununterbrochener Geschäftigkeit abends mit dem absurden Gefühl ins Bett, den Tag mal wieder nicht ausreichend »genutzt« und nicht genug getan zu haben – mit einem Gefühl chronischer Unzufriedenheit also?

Wie wir sehen werden, sind es nicht zuletzt unsere Freiheit

und unser Wohlstand, die zu unserer Unruhe und Eile beitragen. Diese Vermutung passt, wie mir scheint, auch zu Nietzsches Einsicht, die allgemeine Tätigkeitswut als »Laster der Neuen Welt« aufzufassen. Was kennzeichnet die Neue Welt? Was sind, außer Cowboys und Hamburger, die hervorstechendsten Charakteristika von Amerika? Freiheit und Wohlstand gehören ganz zentral dazu. Wo auf dieser Welt wird das Ideal der Freiheit am demonstrativsten zelebriert, und wo war in den letzten Jahrzehnten und ist nach wie vor der Wohlstand mit am allerhöchsten? Eben, in den USA. Freiheit (vielleicht noch wichtiger: das *Ideal* der Freiheit), Geld und Rastlosigkeit bilden eine zusammenhängende Troika der westlichen Welt. Dabei konfrontiert uns das Phänomen der Rastlosigkeit als Folge von Freiheit und Wohlstand abermals mit einem Paradox des modernen Lebensstils. Denn müsste man nicht erwarten, dass es sich mit alledem genau umgekehrt verhält? Dass Freiheit und Wohlstand uns eher beruhigen und gelassen stimmen sollten, statt uns zur Dauerhektik anzutreiben?

Die Ruhelosen sind die Adligen unserer Zeit

Unruhestifter Nr. 1: Die Freiheit. Die Gesellschaft des mittelalterlichen Europas bestand, um etwas weiter zurückzugehen, im Großen und Ganzen aus einer starren hierarchischen Ordnung, die sich bis ins 18. Jahrhundert hineinzog (eine der Hauptfolgen der Französischen Revolution am Ende des 18. Jahrhunderts war ja die Abschaffung dieser Ständegesellschaft). Vereinfacht gesagt: Wer das Kind einer Bauernfamilie war, wurde selbst Bauer und blieb es sein Leben lang, ein von Geburt an Adliger blieb zeitlebens adlig. Für einen einfachen

Bürger war es unmöglich, zu einem Fürsten aufzusteigen, und umgekehrt. Status war etwas Statisches. Eine Karriere à la Arnold Schwarzenegger war in der Ständegesellschaft undenkbar. Wovon auch immer die Menschen damals träumten, es waren jedenfalls noch keine amerikanischen Träume.

Obwohl zutiefst unfair, hatte diese Starre auch etwas Ehrgeiz-Dämpfendes und Beruhigendes: Ein Bauer im Mittelalter brauchte sich erst gar keine Hoffnungen auf eine höhere Position zu machen, der Adlige musste umgekehrt nicht in der Befürchtung leben, seine privilegierte Position in der gesellschaftlichen Hierarchie von heute auf morgen verlieren zu können (wenn sich dagegen heute bei einem Adligen herausstellt, dass er eine gewisse Leistung erschwindelt hat, etwa in Form einer abgekupferten Doktorarbeit, stürzt er vom einen auf den andern Tag von ganz oben auf der Karriereleiter tief nach unten: Auch für ihn ist das Leistungsprinzip – der erarbeitete Doktor-, statt der vererbte Adelstitel – für seine gesellschaftliche Position ausschlaggebend geworden).

Die soziale Unbeweglichkeit war aber noch aus einem weiteren Grund Baldrian für die Seele: Wenn wir in eine feste Position hineingeboren werden, sagt diese Position auch nicht viel über uns aus, über unsere Begabung oder unseren Fleiß. In der Ständegesellschaft fällte die Rolle, die einem Menschen zufiel, kein vernünftig begründbares Urteil über dessen Charakter. Sie besagte lediglich etwas über die Familie, aus der man kam und für die man ja nichts konnte. Ein Adeliger konnte für seinen höheren Status ebenso wenig, wie ein Bauer etwas für sein einfacheres Leben konnte. Der eine konnte sich kaum etwas auf seinen Status einbilden (auch wenn so mancher das sicherlich tat), der andere brauchte sich für das, was er war, nicht zu schämen.

Das alles gilt heute, um es kurz zu machen, kaum noch. Die soziale Statik hat sich im Laufe der Jahrhunderte weitgehend aufgelöst, um einer niemals ruhenden Dynamik Platz zu machen. In unserer Gesellschaft zählt für eine Karriere weniger die Familie, aus der wir kommen, und stattdessen mehr, zumindest weitaus mehr als früher, unsere Begabung, unser Fleiß, unsere kontinuierliche Leistung. In einer Leistungsgesellschaft können wir – so lautet wenigstens das Versprechen – nach oben kommen, wenn wir uns nur unermüdlich anstrengen.

Auf diese Weise aber verwandelt sich das, was sich ehemals keiner allzu großen Beliebtheit erfreute, die rastlose Tätigkeit, *ganz von selbst* in etwas Attraktives, ja etwas höchst Verführerisches: nicht nur, weil jetzt viele von uns prinzipiell die Chance bekommen aufzusteigen, sondern auch, weil die Position, die wir unter diesen freien Umständen einnehmen, Zeugnis darüber ablegt, aus welchem Holz wir geschnitzt sind.

»Jahrhundertelang hatten starre Hierarchien begabte und intelligente Menschen in die Schranken gewiesen«, beschreibt der Philosoph Alain de Botton die Entwicklung in seinem Buch *Statusangst*, »nun konnten sie ihre Talente und Fähigkeiten unter annähernd gleichberechtigten Bedingungen ausspielen. Herkunft, Geschlecht, Hautfarbe oder Alter waren keine unüberwindlichen Karrierehemmnisse mehr. Endlich war in die Verteilung der gesellschaftlichen Güter ein Element der Gerechtigkeit eingekehrt.« Und de Botton fährt fort: »Aber das Ganze hatte, natürlich, auch eine Kehrseite: Wenn die Erfolgreichen ihren Erfolg verdienten, folgte daraus, dass die Verlierer selbst an ihrem Scheitern schuld waren. Wenn es in der Leistungsgesellschaft bei der Verteilung des Reichtums gerecht zuging, dann auch bei der Verteilung der Armut. Wer einen geringeren Status hatte, war nicht nur zu bedauern, sondern er hatte nichts Besseres *verdient.*«[6] Gesellschaftliche Freiheit bringt nicht ausschließlich stolze Gewinner, sie bringt auch ihr schmerzhaftes Gegenstück hervor: den Versager, den *Loser.*

Soziale Aufkleber wie »Leistungsträger« oder »Versager« haben dabei, im Gegensatz zu den permanenten Etiketten der alten aristokratischen Gesellschaft (»Graf Soundso«), stets etwas Momentanes, etwas chronisch Vorläufiges. Pi mal Daumen gesagt ist in einer freien, demokratischen Gesellschaft die Höhe unserer Position – und damit der Wertschätzung, die wir allgemein genießen – in etwa der Härte unseres Einsatzes der letzten Jahre proportional (und je mehr sich unsere Gesellschaft beschleunigt, desto mehr verkürzt sich dieser Zeitraum).

Das heißt, sobald wir einen Gang herunterschalten, können wir davon ausgehen, rasch von den Rastlosen um uns herum überholt zu werden und in der Hierarchie der Gesellschaft zurückzufallen. Diese flexible Dynamik entspricht nicht zuletzt unserem Gerechtigkeitsempfinden. Jemand sollte nicht nur deshalb in einer hohen Position sein, weil er irgendwann einmal, vor Jahrzehnten, etwas geleistet hat. Nein, er muss diese Produktivität schon dauerhaft an den Tag legen, um das Ansehen, das wir ihm entgegenbringen, auch wirklich zu verdienen.

Paradoxerweise erwächst so gerade aus der gesellschaftlichen Freiheit ein neuer Druck, fast schon eine Art Zwang, der darin besteht, dass wir von unseren Mitmenschen in eine Wettrüstspirale ununterbrochener, atemloser Leistung genötigt werden. Wettrüster aber sind nicht frei: Ihr Verhalten wird vom »gegnerischen« Mitrüster bestimmt.

Ja, je größer die allgemeine Freiheit ausfällt, desto freier entfaltet sich in der Regel auch das zwischenmenschliche Wettrüsten. Um das Prinzip am eigenen Leib zu spüren, braucht man sich nur mal auf die deutsche Autobahn zu begeben: Wo es kein Tempolimit gibt, da wird es in gewisser Weise rational, in einen BMW M5 mit 500 PS zu investieren. Wer es dagegen wagt, mit läppischen 50 PS unterm Hintern über die Autobahn zu schleichen, der braucht, umringt von 500-PS-Geschossen, schon starke Nerven.

Ähnlich verhält es sich in einer Arbeitswelt, in der Stechuhren als hoffnungslos veraltet gelten: Der Druck mag nun nicht mehr von oben kommen, dafür kommt er ab sofort von allen Seiten. Sobald einige Kollegen mit dem Spielchen Meine-Arbeit-ist-mein-Zuhause beginnen und im Büro ihr Zelt aufschlagen, werden Sie, wenn Sie nicht reagieren und Ihrerseits einen Zahn zulegen, bald zu den relativen Losern gehören. Es wird einer Ihrer Kollegen sein und nicht Sie, der die begehrte Beförderung bekommt. Die Arbeit wird zu einer Olympiade ohne Dopingkontrolle. (Ich weiß noch, wie mich ein Kollege auf dem Flur zur Seite nahm, als ich gerade als Volontär beim *Tagesspiegel* angefangen hatte. Eine Frau war an uns vorbeigegangen. Der Kollege deutete auf sie und sagte leise: »Hat bei den Chefs kein gutes Standing.« – »Und wieso nicht?«, fragte ich. Der Kollege: »Steht im Ruf, nur einen Nine-to-five-Job zu machen.«)

Fängt man in unserem Freundeskreis oder unserer Nachbarschaft ein Konsumwettrüsten an, beeinflusst das nahezu unausweichlich unser Empfinden, häufig auch unser Verhalten. Man muss schon ziemlich selbstbewusst, von stoischer Natur oder leicht autistisch veranlagt sein, um sich diesem Einfluss seiner Umgebung vollends entziehen zu können. Was aber tun

die meisten von uns? Wir fühlen uns unter Druck gesetzt und rüsten mit: Wir gehen shoppen.
Dabei geht es uns meist gar nicht bewusst darum, uns an irgendeinem »Statuswettbewerb« zu beteiligen. Nicht zuletzt daraus aber, aus ihrer Unscheinbarkeit, speist die zwischenmenschliche Wettrüstspirale, der wir alle ausgesetzt sind, ihre Macht: Wir rüsten auch deshalb so munter mit, weil sich die Sache oft gar nicht wie ein Wettrüsten anfühlt. Im Gegenteil, häufig kommt der Druck auf leisen Sohlen daher, zuweilen fast angenehm, wie ein Wolf im Schafspelz, zum Beispiel so: Ein Freund von uns hat einen neuen Laptop und führt uns mit einem begeisterten Funkeln in den Augen und mit den besten Absichten vor, wie gestochen scharf die HD-Videos auf seinem neuen Gerät aussehen, wie schnell das Gerät Riesenmengen von Daten verarbeitet. Unser Freund will uns etwas Gutes tun und lässt uns eine Weile mit der Supermaschine spielen. Am nächsten Tag fühlt sich unser eigener »Computer« unerträglich langsam an, der Bildschirm erscheint blass und unscharf, als sei unsere Brille verschmiert. Unmöglich, noch länger mit dieser lahmen Kiste zu arbeiten. Also her mit dem Upgrade!
Oder wir treffen nach langer Zeit eine Freundin wieder, die in ihrer neuen Jeans und den hellbraunen, italienischen Wildlederstiefeln einfach toll aussieht, wodurch wir aber auch mit einem Mal relativ alt aussehen. Höchste Zeit, die Klamottenkollektion aufzufrischen!
Oder gute Bekannte laden uns zum Essen ein, um ihre neue Küche feierlich mit uns einzuweihen, sagen wir, eine schneeweiße Bulthaup-Küche, die über einen Hahn aus gebürstetem Edelstahl verfügt, aus dem jederzeit kochendes Wasser strömt. Übertrieben? Na, aber hallo – bis man einmal erlebt hat, wie leicht damit das Tomatenschälen wird … *Auchhabenwollen!*

Die zwischenmenschlichen Wettrüstspiralen gleichen in ihrer Kombination aus Arglosigkeit und unerbittlichem Druck jener sich selbst hochschaukelnden Dynamik in einem Fußballstadion, wo plötzlich einer aus Begeisterung aufspringt, womit er den Nachbarn hinter ihm den Blick versperrt. Also stehen jetzt auch die Nachbarn von ihren Plätzen auf, was wiederum uns dazu nötigt, uns ebenfalls hinzustellen. Am Ende stehen alle, ohne wirklich besser dazustehen, nein, das Sitzen war erheblich bequemer, das Blöde ist nur: Sitzenbleiben ist unter lauter Stehenden keine sonderlich attraktive Option mehr. Unsere alte Lage hat sich nur dadurch verschlechtert, dass sich die Situation der anderen verbessert hat. Wir müssen aufstehen, wenn wir, wie gehabt, das Fußballspiel sehen wollen, was ja nun nicht zu viel verlangt ist.

»Gut für einen, blöd für alle«, so hat der US-Ökonom Robert Frank die Sache auf den Punkt gebracht: Ein Einzelner verschafft sich kurzfristig einen Vorteil, was alle anderen dazu veranlasst mitzuziehen, wodurch es am Ende keinem wirklich besser und unter Umständen allen schlechter geht, insofern nämlich jedes Wettrüsten Geld, Zeit und Energie kostet, die man nicht mehr für andere Dinge übrig hat, Dinge, die einem eventuell wichtiger wären.[7] Mitunter nötigt uns der soziale Druck dazu, noch härter zu arbeiten, noch mehr Geld zu verdienen und Überstunden zu machen, obwohl wir eigentlich längst genug davon haben und es uns besserginge, würden wir unsere Zeit anders verwenden.

Nur, es fällt uns schwer, uns der allgemeinen Rastlosigkeit zu entziehen, weil es die Rastlosen sind, die, solange sie ihren Tätigkeitsdrang an den Tag legen, zu den Adligen und Fürsten unserer Zeit gehören. Das allgemeine Tempo wird dabei ausnahmsweise nicht vom Langsamsten, sondern vom Schnellsten bestimmt: Es genügt, wenn einige wenige anfangen, etwas härter zu schuften, egal, ob hier oder irgendwo an der chinesischen Ostküste, schon erhöht sich der Druck für uns alle, selbst wenn wir einfach nur unseren alten Status quo beibehalten wollen, einen Status, an den wir uns gewöhnt und den wir liebgewonnen haben.

Unruhestifter Nr. 2: Die stete Ausweitung unserer Möglichkeiten. Auch jenseits der zwischenmenschlichen Wettrüstspirale trägt die Freiheit zur chronischen Rastlosigkeit bei, und zwar in Form der zahlreichen Tätigkeitsoptionen, die sich uns heutzutage an allen Ecken und Enden bieten. Fernöstlich inspirierte Entspannungsberater geben uns den gutgemeinten Rat, wir Dauerhektiker sollten uns doch mal darin üben, etwas mehr im Hier und Jetzt zu leben: Wir sollten lernen, die Gegenwart zu genießen, statt im Kopf immer schon die nächste Sache, die es zu tun gilt, vorwegzunehmen. Wie aber kann man guten Gewissens die Gegenwart genießen, wenn es so viele Dinge gibt, mit der man diese Gegenwart – außer der Tätigkeit, mit der man sie aktuell ausfüllt – noch alles ausfüllen könnte?

Im Prinzip bleiben uns nur zwei Strategien, mit der heutigen Optionsvielfalt fertig zu werden, und beide Strategien haben etwas Unbefriedigendes: Entweder man tut unendlich viel, oder man verpasst unendlich viel. Da keiner unendlich viel tun kann, leiden wir alle unter dem Gefühl, stets etwas zu verpassen (was wir ja auch tun), und um dieses Gefühl zu minimieren, versuchen wir in die 24 Stunden, die uns täglich zur Verfügung stehen, so viele Tätigkeiten wie möglich zu pressen.

Mit der Tätigkeitsdichte aber steigt der Stress. Es entsteht ein unaufhörlich vorwärtstreibender Druck, der es einem nicht gerade erleichtert, die Gegenwart in aller Ruhe auskosten zu können. Vielmehr durchlaufen wir jede Aktivität mit einer inneren Hast, die sich nur mit Mühe abschalten lässt, da immerzu die nächste Sache lockt, die wir, wären wir weniger hastig, versäumen würden.

Der Soziologe Hartmut Rosa von der Universität Jena sieht in unserem Versuch, die vielen sich uns bietenden Lebensoptionen möglichst erschöpfend nutzen zu wollen, sogar so etwas wie eine säkulare Antwort auf den Tod: »Wer doppelt so schnell lebt, kann doppelt so viele Weltmöglichkeiten realisieren, zweimal so viele Ziele erreichen, Erfahrungen machen, Erlebnisse sammeln; er verdoppelt damit seinen Ausschöpfungsgrad an Weltoptionen«, stellt Rosa treffend fest. »Wer noch schneller lebt, kann dann gewissermaßen eine Vielzahl von Lebenspensen in einer einzigen Lebensspanne realisieren und sich deren Erfahrungs- und Erlebnismöglichkeiten erschließen – es ist unschwer zu sehen, wie hier der Horizont eines ›ewigen Lebens‹ zurückgewonnen wird durch die Imagination unbegrenzter Beschleunigung. *Wer unendlich schnell wird, braucht den Tod als Optionenvernichter nicht mehr zu fürchten*; es liegen unendlich viele ›Lebenspensen‹ zwischen ihm und dessen Eintreten.«[8]

Unsere effiziente Arbeits- und Lebensweise verschärft dabei unsere Notlage eher noch, als dass sie sie entschärfen würde: Wir rasen mit dem Auto ins Büro, um keine Zeit zu verlieren, nur um abends die fehlende Bewegung auf dem Laufband im Fitnessstudio nachzuholen. Hinzu kommen weitere moderne Unruhestifter, wie eine hohe Mobilität (viele arbeiten und wohnen woanders) sowie unser ausgeprägter Individualismus (fast jeder will etwas anderes tun, will sein eigenes Ding machen, mit der Folge, dass gemeinsame Aktivitäten wiederum eigens geplant werden müssen und ihren ganz eigenen Platz im Terminkalender beanspruchen).

Das Gesamtresultat sieht so aus, dass viele von uns unter einem To-do-Stau leiden, der nicht daher rührt, dass wir wenig tun würden, die meisten von uns tun vielmehr enorm viel. Trotzdem schieben wir diesen Turm unerledigter Angelegenheiten vor uns her, der sich nicht abzubauen scheint, aus dem einfachen Grund, weil es heutzutage so viele Sachen gibt, die wir tun könnten, gerne tun würden oder tun »müssten«. Allgemein formuliert ergibt sich unser Ausmaß an innerer Unruhe somit nicht daraus, wie viel wir absolut machen. Stattdessen muss man die Dinge, die wir tun, ins Verhältnis setzen zur Gesamtzahl an Aktivitäten, denen wir nachgehen können / wollen.

$$\text{Persönlicher Unruhequotient} = 10 - \left(\frac{\text{Sachen, die man getan hat}}{\text{Sachen, die man tun könnte/möchte/müsste}} \times 10 \right)$$

Sagen wir, ein typischer Bauer (oder Adliger) im Mittelalter hatte täglich vier, fünf Sachen zu erledigen, und meist schaffte er es auch, diese Sachen vor Sonnenuntergang zu tun. Es gab weder Fernseher noch Fitnessstudios, noch Webseiten oder irgendwelche elektronischen Kommunikationsmittel, die seine Zeit forderten. Er verpasste also nichts. Die Familie und Freunde wohnten in der Nähe, da musste er nicht eigens hinreisen, die sah er ohnehin ständig. Wenn unser Bauer von den fünf zu erledigenden Dingen vier hinbekam, dann betrug, wenn er sich abends ins Bett legte, sein Grad an innerer Unruhe auf einer Skala von 0 bis 10 der obigen Formel gemäß: 10 – (4 / 5x10) = 2. Zwei!

Von einem derart beneidenswert entspannenden Unruhequotienten können die meisten von uns heute nur träumen. Fast jeder von uns tut an einem Durchschnittstag erheblich mehr als unser gemächlicher Freund im Mittelalter, wir hetzen von einer Sache zur nächsten und schaffen auf diese Weise mindestens zehn Sachen täglich (nach der Arbeit noch schnell ins Fitnessstudio oder die entfernt wohnende Freundin treffen, TV-Serie nicht verpassen, Facebook, E-Mails checken etc.). Demgegenüber jedoch stehen mindestens 100 Sachen, die wir tun könnten, gerne tun würden oder tun müssten (Familie besuchen oder wenigstens anrufen, Auto endlich mal saubermachen und zur Werkstatt bringen, Tauchkurs buchen, die neue Renaissance-Ausstellung angucken, die Neuerscheinungen vom S. Fischer Verlag lesen …), womit wir am Ende des Tages auf einen sagenhaften Unruhequotienten von 9 kommen: Wir sind weitaus beschäftigter als unser Mensch im Mittelalter und legen uns doch allabendlich mit dem Gefühl ins Bett, wir hätten mal wieder nichts gebacken gekriegt. Wie soll man da je einschlafen können?

Unruhestifter Nr. 3: Zeit = Geld. Es ist natürlich – neben der grundsätzlichen Freiheit – vor allem der Wohlstand, der uns diese vielen Möglichkeiten erst eröffnet. Wohlstand schafft Angebote. Wohlstand heißt ja nichts anderes, als dass sich ein immer größerer Teil der Bevölkerung Fernseher, Fitnessstudiobesuche, Fernreisen etc. leisten kann.

Darüber hinaus aber trägt die Dominanz des Geldes in unserer Gesellschaft wahrscheinlich noch auf andere, spezifischere Weise ihr Quäntchen zur allgemeinen Tätigkeitswut und Unruhe bei: Mit Geld wird die Vorstellung, dass man Zeit »verschwenden« oder »wegwerfen« kann, schließlich fassbarer denn je zuvor, und zwar in Form von Alternativkosten, die man zahlt und die in diesem Fall buchstäblich zu verstehen sind.

Keiner hat diesen Zusammenhang knapper auf den Punkt gebracht als Benjamin Franklin mit seiner Zeit-ist-Geld-Gleichung: »Bedenke, dass die *Zeit Geld* ist«, stellte Franklin bereits vor mehr als 200 Jahren fest, »wer täglich zehn Schillinge durch seine Arbeit erwerben könnte und den halben Tag spazieren geht oder auf seinem Zimmer faulenzt, der darf, auch wenn er nur sechs Pence für sein Vergnügen ausgibt, nicht dies allein berechnen, er hat neben dem noch fünf Schillinge ausgegeben oder vielmehr weggeworfen.«[9]

Franklins Formel konsequent zu Ende gedacht führt zu einem Lebensgefühl, das jede Aktivität auf ihre Produktivität und Verwertbarkeit hin abklopft. Es verwandelt die Uhr in eine Stoppuhr. Zeit darf unter keinen Umständen mehr »vertan« werden. Warum nicht? Weil die Zeit kostbar ist, und das in einem sehr wörtlichen, instrumentellen Sinne: Zeit ist kostbar, weil sie sich in bare Münze umsetzen lässt. Es ist, als würde mit jedem Ticken des Sekundenzeigers ein Geldschein freigesetzt, den man entweder, durch Tätigkeit, einfangen kann oder der sich, bei Untätigkeit, für immer in Luft auflösen wird.

Wer die Welt mit Franklins Augen sieht, für den wird jede

ruhige Minute, jedes gesellige Beisammensein, das keinen Profit abwirft, zu einer Zeitvergeudung – oder bestenfalls zu einem notwendigen Übel, einem Mittel zum Zweck. Wie Nietzsche genervt anmerkte: Von nun an darf man sich nicht mehr einfach nur freuen und Spaß haben oder vor sich hin träumen und denken, nein, selbst die Freude, das Spaßhaben und das Denken stehen noch im Dienste der Produktivität, ähnlich wie man heute Kindern nicht mehr nur vorliest, weil es ihnen Spaß macht und sie in spannende fremde Welten entführt, sondern weil es gut für die Neuronen und Synapsen ihrer linken Gehirnhälfte ist, oder wie Gedanken und Einsichten in Zusammenhänge abgewertet werden, weil sie höchstens »interessant«, aber leider für den Alltag »nicht verwertbar« sind.

Wir freuen uns mit der Stoppuhr in der Hand. Ab und zu mal ausspannen, hin und wieder einen Urlaub? Na klar, danach nämlich sind wir umso produktiver. Wir spannen aus und machen Urlaub, um Energie zu tanken, um unserer Kreativität auf die Sprünge zu helfen (aus der Pause ist konsequenterweise die Kreativpause geworden), um, kurz gesagt, bald wieder optimal arbeiten zu können. Um also möglichst bald wieder so zu sein und zu »funktionieren«, wie uns die Wirtschaftswelt am liebsten hat.

Nicht, dass es verwerflich wäre, die Spielregeln der Wirtschaftswelt zur Kenntnis zu nehmen oder gelegentlich zu beherzigen. Ich habe nichts gegen Produktivität und Leistungsbereitschaft. Warum aber sollte das Maß der Wirtschaftswelt zum Maß aller Dinge werden und unser Gefühl bis in die letzten Winkel des Lebens, bis in die Freizeit hinein, bestimmen? Wie frei sind wir in dieser Zeit dann überhaupt noch? Als ob das Interesse der Wirtschaftswelt stets mit unserem Interesse vollkommen deckungsgleich wäre!

Geld taugt womöglich auch deshalb bestens dazu, uns ewige Ruhelosigkeit einzuflößen, weil Geld zu den wenigen Dingen gehört, von denen man nie genug haben kann. Man könnte es als das Dagobert-Duck-Prinzip bezeichnen: Es gibt kein natürliches Limit, ab dem es irgendwie irrational oder lästig würde, noch mehr Geld zu haben (schon gar nicht innerhalb jener Größenordnungen, in denen wir Normalsterbliche verdienen). Nehmen wir an, nur mal als Vergleich, eine Jäger-Sammler-Gruppe jagt und sammelt eine gewisse Menge an Fleisch und Früchten. Im Idealfall gelangt die Gruppe dabei irgendwann an einen Punkt, ab dem es sinnlos wird, noch mehr Fleisch und Früchte, die niemand isst und die stattdessen nur verderben, zu jagen und sammeln.
Dasselbe kann man für uns Geldjäger und -sammler nicht behaupten. Geld lässt sich problemlos aufbewahren, es ist mobil, flexibel, leicht, geradezu schwerelos. Klassischer Besitz, ein Haus, ein Grundstück, schwere Möbel, das unaufhörlich oxidierende Silberbesteck von Omi – all das kann auch zur Last werden. Nicht so Geld: Geld fordert bei der Lagerung nur wenig Platz und Pflege, in den meisten Fällen verdirbt es auch nicht, obwohl das, insbesondere, wenn man es Finanzexperten und Investmentbankern anvertraut, leider vorkommen kann. Im Großen und Ganzen aber ist eher das Gegenteil der Fall, und mit etwas Glück wirft Geld bei geschickter Lagerung nur noch mehr Geld ab.

2. Warum Anonymität rastlos macht

Das Wunder von Roseto

Neben der Freiheit, den vielen Wahlmöglichkeiten und dem Wohlstand bzw. der Dominanz des Geldes zeichnet sich unsere Gesellschaft noch durch einen weiteren Unruhestifter aus, der für mich zu den schmerzlichsten gehört. Vielleicht nähert man sich diesem Unruhestifter am besten über die Geschichte von Roseto.

Wer von New York City eine gute Stunde landeinwärts fährt, in Richtung Wilder Westen, findet sich nach und nach in einer hügeligen Schieferbruchgegend im US-Staat Pennsylvania wieder, und irgendwo inmitten dieser Hügel versteckt sich auch eine recht unscheinbare, doch zugleich recht idyllische Siedlung mit dem klangvollen Namen Roseto.

Drehen wir die Uhr ein paar Jahrzehnte zurück, wird es noch eine Spur idyllischer. In der ersten Hälfte des 20. Jahrhunderts lebte man in den Straßen und Gassen Rosetos weitgehend unter sich. Die Welt kannte Roseto nicht, und umgekehrt: Die rund 1600 Rosetani waren zu über 95 Prozent italienisch, die Leute pflegten ihre Traditionen und nahmen nur wenig Notiz von der Außenwelt. Die Frauen arbeiteten in kleinen Textilwerkstätten, nähten Blusen und Hemden, die Männer schufteten in den Schiefersteinbrüchen oder in benachbarten Stahlfabriken. Sonntags ging man in die Kirche, außerdem gab es regelmäßige Straßenumzüge und Gemeindefeste. Insgesamt war Roseto ein ausgesprochen gemütliches Dorf, und damit ein Dorf, wie es sie zu Tausenden gibt, nichts allzu Besonderes.

Obwohl, eine Sache gab es da doch, die etwas sonderbar war – und dass Stewart Wolf, ein Universitätsarzt, durch den Roseto weltweit bekannt werden sollte, davon erfuhr, war purer Zufall.

Stewart Wolf war Mediziner an der Universität von Oklahoma, die nördlich von Texas liegt, mehr als 2000 Kilometer von Roseto entfernt. Ende der 1950er Jahre verbrachte Wolf seine Sommerferien auf seinem Bauernhof in der Nähe Rosetos, als ihn dort eines Abends ein Kollege aus der Gegend zum Essen einlud und ihm bei einem Glas Bier etwas mitteilte, das Stewart Wolf aufhorchen ließ. »Ich praktiziere seit 17 Jahren in dieser Gegend«, erzählte der Kollege. »Meine Patienten kommen aus der ganzen Region, aber in Roseto habe ich kaum jemanden unter 65 mit einer Herzerkrankung.«

Keine Herzerkrankungen? Der Universitätsmediziner Wolf staunte nicht schlecht. Entweder der gute Kollege vom Lande war ein bisschen gaga, oder er hatte ihm gerade beiläufig ein kleines medizinisches Wunder offenbart. »Man schrieb die Fünfziger Jahre, cholesterinsenkende Mittel und Vorbeugungsmaßnahmen gegen Herzerkrankungen waren weit und breit noch nicht in Sicht«, schreibt der amerikanische Wissenschaftsautor Malcolm Gladwell über Roseto. McFit & Co. mussten ebenso noch erfunden werden wie die allgegenwärtige Kultur des Joggens. Damals durfte man sogar in den USA noch rauchen, ohne damit gegen alle guten Sitten zu verstoßen. Übergewicht war bereits ein Problem. »In den Vereinigten Staaten waren Herzinfarkte eine Volkskrankheit und die häufigste Todesursache für Männer unter 65 Jahren. Für einen

Arzt war es damals nahezu unmöglich, *nicht* mit Herzkrankheiten zu tun zu haben.«[1] Der gute Kollege musste sich ganz offensichtlich geirrt haben.

Oder etwa nicht? Wolfs Neugierde war geweckt, die Sache reizte ihn, und er beschloss, dem angeblichen Wunder von Roseto auf den Grund zu gehen. Zurück an der Uni, trommelte er ein kleines Team zusammen und rückte damit nicht nur Roseto zu Leibe, sondern – sozusagen als Kontrollgruppe – auch gleich mehreren Nachbarorten, darunter das unmittelbar an Roseto angrenzende Dorf Bangor. Wolf und seine Gehilfen sammelten die Totenscheine der ehemaligen Einwohner, besuchten die örtlichen Hospitäler, studierten die Krankenakten, kontaktierten die Hausärzte der Verstorbenen, um so in minutiöser Kleinarbeit die Herzinfarktrate der vergangenen Jahre zu rekonstruieren.[2]

Und obwohl er es anfangs nicht hatte glauben mögen, nach Monaten des Sammelns und Auswertens der Daten hatte Stewart Wolf es schwarz auf weiß. Die Zahlen sprachen eine unmissverständliche Sprache, und sie sagten in ihrer nüchternen Art etwas sehr Ähnliches wie der Kollege vom Lande: Die Herzinfarktrate der Rosetani war tatsächlich verblüffend niedrig, sie war um mehr als die Hälfte geringer als im benachbarten Bangor – einem Kleinstädtchen, dessen Einwohner nota bene auf dieselben Ärzte und Krankenhäuser zurückgriffen wie die Rosetani.

Nun stammten praktisch alle Einwohner Rosetos ab von einem Grüppchen abenteuerlustiger Emigranten eines gleichnamigen Dorfes in der italienischen Provinz Foggia, rund 300 Kilometer südlich von Rom. Ende des 19. Jahrhunderts waren sie, gelockt von den Verheißungen der Neuen Welt, von Roseto, Italien, in die USA emigriert und hatten Roseto, Pennsylvania, gegründet. Hatte man es also schlicht und einfach mit einem besonders robusten Menschenschlag zu tun, gesegnet mit Genen, die eine einmalige, antisklerotische Wirkung entfalten?

Um dieser Vermutung nachzugehen, verfolgte Wolf (der sich dafür mit einem Soziologie-Kollegen, John Bruhn, zusammengetan hatte) das Schicksal jener Familienmitglieder Rosetos, die inzwischen woanders in den USA lebten, jedoch noch regelmäßig für das jährliche Gemeindefest zu Ehren der allerseligsten Jungfrau Maria vom Berge Karmel in ihr Heimatdorf Roseto zurückkehrten. Die Ermittlungen ergaben, dass die Abtrünnigen ungefähr ebenso häufig von Herzerkrankungen betroffen waren wie der Rest der Nation: Rosetos Schutzwirkung galt allem Anschein nach nur jenen, die Roseto auch wirklich die Treue hielten.

Damit schieden die Gene als Erklärung wohl aus, nur: Was war es dann? Vielleicht die Ernährung? So plausibel auch dieser Erklärungsansatz war – wieder ließ sich dafür keine Bestätigung finden. Abgesehen davon, dass in Roseto ordentlich geraucht wurde, aßen die Rosetani nicht nur das, was ein Ernährungsberater als herzschonende Kost bezeichnen würde: Fettiges Essen wurde allseits geschätzt, wobei man beim Kochen nicht nur gesundes Olivenöl benutzte, sondern gerne auch Schweineschmalz, das billiger war, und Butter. Die Rosetani genossen ihren Schinken, verspeisten jede Menge Eier und tranken reichlich selbstgemachten Wein. Insgesamt schien das, was bei ihnen auf den Tisch und die Teller kam, für die damalige Zeit nichts Außergewöhnliches darzustellen, weder in positiver noch in negativer Hinsicht.

Es gab allerdings einen anderen Aspekt an den Essgewohnheiten, der ungewöhnlich war: Es war nämlich so, dass viele

Familien an einem bestimmten Tag mehr oder weniger das Gleiche aßen. »Montags aß fast jeder im Dorf Spezzati, also Spinat mit Eiersuppe«, erinnert sich eine Einwohnerin an die eigentümliche Sitte. »Dienstags war es Spaghetti mit Tomatensoße. Mittwoch gebratenes Hähnchen mit Kartoffeln. Donnerstags wieder Spaghetti. Am Freitag Fisch, natürlich. Kalbfleisch und Pfefferschoten gab's am Samstag und Antipasti sowie Spaghetti mit Fleischklößchen am Sonntag.«[3] Zu den üblichen Speisen und Zutaten schien sich eine eher unübliche Zutat zu gesellen, und diese Zutat bestand in einer besonderen Form von kulinarischer Gemeinschaftlichkeit.

Und je länger sich die Forscher Wolf und Bruhn in Roseto aufhielten, je genauer sie die Leute im Dorf und ihren Umgang miteinander beobachteten, desto mehr Beispiele für diese ausgeprägte Gemeinschaftlichkeit der Rosetani fanden sie. »Das Dorf strahlte eine Art von positivem Teamgeist aus, den man etwa beobachten konnte, wenn die Einwohner ein religiöses Fest oder einen Geburtstag, einen Schulabschluss oder eine Verlobung feierten«, berichten Wolf und Bruhn. »Ihr soziales Augenmerk richtete sich auf die Familie, während in den Nachbardörfern, nach typisch amerikanischer Tradition, das Individuum im Fokus des Interesses stand.«[4] Ob sich die Erklärung für das Rätsel, mit dem sie es zu tun hatten, in ebendiesem positiven Teamgeist der Rosetani versteckte? So jedenfalls schien es den Forschern mit der Zeit.

Zu dieser Solidarität gehörte auch, dass man in Roseto seine Mitmenschen nicht durch extravagante Statussymbole in den Schatten stellte. Obwohl manche Rosetani wohlhabender waren als andere, hätte es nur ein dumpfer Brutus gewagt, sein Geld offen zur Schau zu stellen und damit anzugeben. »Als wir die Rosetani interviewten und untersuchten und das Dorf und seine Leute kennenlernten, stellten wir überrascht fest, dass sich die reicheren Textilfabrikbesitzer äußerlich nicht von den mittellosen Arbeitern unterscheiden ließen, weder hinsichtlich der Kleidung noch was ihr Verhalten oder ihre Sprache betraf. Die gepflegten Häuser aller Rosetani, ob reich oder arm, reihten sich nahtlos aneinander. Reichtum zeigte man nicht.«[5]

Diese Abneigung, mit seinem Wohlstand zu prahlen, erwies sich als Teil einer alten Tradition, die auf den Mythos vom »Malocchio« (»böser Blick«) zurückging. Dabei handelt es sich um den in vielen Kulturen gehegten Glauben, dass schon der neidvolle Blick eines Mitmenschen Unheil, Krankheit und Tod über einen bringen kann. Also sollte man den Ball möglichst flach halten und nicht mit Protzerei die verhängnisvollen Blicke der Nachbarn auf sich ziehen.

Es hatte etwas Ironisches – nachdem er, der Universitätsprofessor und Schulmediziner Stewart Wolf, Roseto jahrelang studiert und mit Statistiken und Blutwerten zu erfassen versucht hatte, gelangte er am Ende zum Fazit, dass die herzschonende Wirkung des Ortes nicht zuletzt einem irrationalen Mythos zu verdanken war. Der damit zusammenhängende solidarische Lebensstil der Rosetani war es, der ihr Herz zu schonen schien.

Natürlich war auch das nicht mehr als eine gewagte Hypothese. Sollte man sie überhaupt ernst nehmen? Dass etwas so Unmedizinisches, so Schwammiges wie »Gemeinschaftssinn« einen Einfluss auf die nüchterne Mechanik jener Pumpe namens Herz haben könnte, klingt ja wohl eher nach Großmutters Weisheit als nach evidenzbasierter Medizin. Dr. Wolfs Spekulationen wurden in der Fachwelt zu Recht mit einer gesunden Portion Skepsis begrüßt.

Die Zeit jedoch spielte den Forschern in die Hände und lieferte ihnen einen eindrucksvollen Beleg für ihre Hypothese, und zwar in Form einer neuen Kontrollgruppe. Just nämlich während Wolf und sein Team Roseto beobachteten, wuchs dort eine Generation von jungen, ruhelosen Rosetani heran, die dabei waren, die alte Tradition und Kultur zugunsten des verlockenden *American Way of Life*, den sie um sich herum sahen, aufzugeben. Jene ursprünglichen Immigranten aus dem 19. Jahrhundert waren langsam alt geworden. Sie wurden weniger. Ihr Einfluss verschwand.

Bis in die 1960er Jahre hinein hatten die Familien in Roseto üblicherweise in einem Drei-Generationen-Haushalt gewohnt, die erwachsenen Kinder arbeiteten ja auch allesamt in der Nähe. Das änderte sich nun. Viele der jungen Erwachsenen der neuen Generation – von den anderen im Dorf »die Schnelllebigen« genannt – strebten nach einer besseren Ausbildung und besseren Jobs. Unzufrieden mit den beschränkten Möglichkeiten, die das Dorf zu bieten hatte, verließen sie Roseto, um in größeren Städten ein Studium aufzunehmen, und kehrten (wenn sie zurückkehrten) als Ärzte oder Anwälte zurück. Allmählich wuchs eine reiche Schicht heran, die auch in ihrer Freizeitgestaltung anspruchsvoller war und Ausflüge nach Las Vegas oder Reisen nach Europa unternahm oder auch mal eine Kreuzfahrt buchte.

Die Tradition der bewussten Bescheidenheit, die unter den Rosetani geherrscht hatte, verlor an Bedeutung. Schon bald tauchte der erste Cadillac auf, gefolgt vom ersten Mercedes, was den Boden bereitete für den ersten Rolls-Royce. Einige der Neureichen hatten angefangen, am Rande des Dorfs große neue Häuser zu bauen, mit üppigen Gärten, Springbrunnen und Schwimmbädern, was weitere und noch größere

Häuser nach sich zog. Die ersten Villen im Wert von über 100 000 Dollar entstanden, ausgestattet mit aufwendig dekoriertem Design-Interieur.

Nicht alle freuten sich über diese Veränderungen, ja mitunter spürten nicht zuletzt jene, die die Entwicklung vorantrieben, ihre Ambivalenz: »Ich finde es schade, dass wir umgezogen sind«, so eine der wohlhabenderen Frauen von damals. »Alles ist modern und sehr schön hier. Ich habe alles, was ich brauche, außer Menschen. Als wir noch im Dorf lebten, waren die Nachbarn ständig in meiner Küche, oder ich war in ihrer. Wir redeten. Wir wussten, was los ist, und es gab immer jemanden, der dir half und dich daran hinderte, dich einsam zu fühlen. Ich vermisse das, werde aber wohl nie mehr zurückkehren.«[6]

Zur Modernisierung Rosetos gehörte auch, dass die Rosetani anfingen, bewusst auf ihre Gesundheit zu achten. Man aß weniger Fett, Frauen meldeten sich bei Weight Watchers an, Männer rauchten weniger. Das jedoch schien ihrem Herzen nicht zu helfen. Im Gegenteil, in dem Maße, in dem man den Geist der Gemeinschaft- und Gemächlichkeit aus dem Dorf trieb, ging auch dessen herzschonende Schutzwirkung ver-

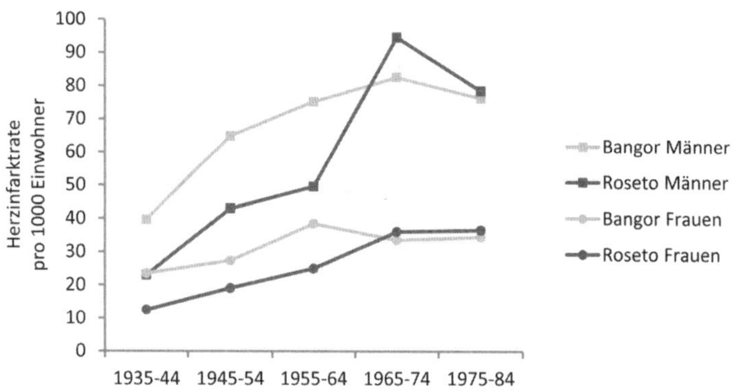

loren. Mit den Cadillacs und den Villen, mit dem Statuswettrüsten der Schnelllebigen und dem daraus resultierenden Druck auf die anderen im Dorf, mit ihren erfolgreichen Nachbarn Schritt zu halten, kamen schließlich auch die Herz-Kreislauf-Probleme nach Roseto: Bereits um das Jahr 1970 herum war Roseto in vieler Hinsicht nichts Besonderes mehr, die Magie des Dorfes war verschwunden, die Herzinfarktrate war so hoch wie jene des Nachbardorfs Bangor.[7]

Suche: Liebe, biete: Leistung

»Wie viele Aufsätze muss ich schreiben,
um geliebt zu werden?« Oder: »Wie viele Flugmeilen
muss ich pro Jahr absolvieren, um attraktiv zu bleiben?«
Das eine hat jeweils mit dem anderen nichts zu tun
und ist sicher auch etwas überpointiert.
Aber genau in diesem Missverhältnis liegt das Problem.
*Miriam Meckel, einst Deutschlands jüngste Professorin,
über ihren Burn-out*[8]

Vielleicht gibt mir die Öffentlichkeit etwas,
was ich als Kind nicht hatte: Aufmerksamkeit, Liebe.
Charlotte Roche[9]

Unruhe erwächst nicht nur aus Freiheit, vielen Lebensoptionen und Wohlstand. Sie wird auch dann in uns geweckt und gesteigert, wenn uns das Gefühl vermittelt wird, dass wir erst über den Weg der Tätigkeit und Hochleistung etwas wert sind. Was trieb die schnelllebigen Rosetani zu ihrer Schnelllebigkeit? Es fehlte ihnen etwas, etwas Entscheidendes, das, wie mir scheint, auch uns modernen Stadtneurotikern zunehmend abhandenkommt und zur Rastlosigkeit veranlasst.

Schon der erste offiziell verbuchte Rosetaner, der vor seinem 40. Lebensjahr an einem Herzinfarkt starb, war nicht nur ein sehr umtriebiger Mann, der sich selbst als nervösen Typen beschrieb, dem es grundsätzlich schwerfiel, sich zu entspannen: »Ich habe das Gefühl, Sachen erledigen zu müssen und keine Zeit verlieren zu dürfen«, erwähnte er dazu einige Zeit vor seinem Tod in einem Gespräch mit den Forschern. Der Mann fühlte sich darüber hinaus auch (oder vielmehr damit zusammenhängend) als chronischer Außenseiter im Dorf: Zwei Jahre nach seiner Hochzeit hatte er sein eigenes Unternehmen in einem benachbarten Ort gegründet – nicht in Roseto selbst, wo er keine guten Freunde hatte. Er war auch nicht Mitglied in einem der vielen Vereine des Dorfs. Die erste Firma des Mannes ging pleite, aber er gründete schon bald darauf eine neue, mit der er großen Erfolg hatte, den er dann auch auskostete: Er kaufte sich teure Autos und gab gut und gerne 1000 Dollar pro Woche aus, er lebte »wie ein König«, bis er im Alter von 39, nach einer Serie stressiger und belastender Ereignisse, einem Herzinfarkt erlag.

Der Mann war kein Einzelfall. Als die Forscher Wolf und Bruhn die Lebensgeschichten jener gestressten Rosetani, die frühzeitig an einem Herzinfarkt starben, mit den anderen im Dorf verglichen, stießen sie häufig auf ein vergleichbares Muster: Die Ruhelosen hatten sich fast immer in irgendeiner Art als Fremdkörper in der Gemeinschaft gefühlt, sie waren nicht Teil der Gemeinschaft gewesen. »Ich passe nicht in das Dorf, ich lebe nicht, wie *sie* leben, ich bin nicht wie die Rosetani«, sagte einer der Schnelllebigen in einem Interview fünf Jahre vor seinem Tod. Auch er beschrieb sich selbst als angespannt und nervös. Auf die Frage, ob er in seinem Leben erreicht habe, was er habe erreichen wollen, meinte er: »Nein, deshalb bin ich so nervös.« Im Alter von 41 Jahren brach der Mann zusammen.

Wolf und Bruhn haben ihre Erkenntnisse über die herzanfällige Gruppe wie folgt zusammengefasst: »Im Falle einer Krise, die einem Herzinfarkt typischerweise vorausgeht, gab es wenig oder keine Unterstützung der Familie oder Gemeinschaft, wie sie die anderen Rosetani ganz selbstverständlich genossen. Viele der Außenseiter schienen die Anerkennung und Unterstützung über den Weg der Strebsamkeit, über berufliche und finanzielle Leistung zu suchen. Wenn der Versuch, sich als Individuum hervorzutun, bedroht war oder scheiterte, konnte sich ein Gefühl der Isolation und Hilflosigkeit einstellen, man stand in den Augen seiner Mitmenschen als Versager da. Da man aber von seinen Mitmenschen als Fremder angesehen wurde, bat man nicht um Hilfe und bekam auch keine.«[10]

Was, könnte man an dieser Stelle fragen, was würde wohl geschehen, wenn sich in einer Gesellschaft nicht bloß einige wenige, sondern eine ganze Menge Leute finden würden, denen das Gefühl der Zugehörigkeit fehlt, weil es so etwas wie eine Gemeinschaft in der Gesellschaft, in der sie leben, kaum noch gibt? Was wäre, wenn es in dieser anonymen Gesellschaft außerdem kaum noch so etwas wie einen starken Familienzusammenhalt und überhaupt weniger Familien gäbe? Müssten unter diesen Umständen nicht unzählige Mitglieder dieser Gesellschaft unter einem latenten Zugehörigkeits- und Anerkennungsdefizit leiden? Wie würden diese Menschen darauf reagieren? Würden sie nicht anfangen, die Aufmerksamkeit und Anerkennung, ähnlich wie die schnelllebigen Rosetani, woanders zu suchen, in der Arbeit, über die Leistung, mit Hilfe von Geld, Aufsätzen, Flugmeilen oder provozierender Selbstdarstellung, in der Hoffnung, auf diese Weise zumin-

dest einen Hauch von Zuwendung aus ihrem Umfeld zu erfahren?
Und weiter: Würde nicht auch, wiederum wie bei den ehrgeizigen Rosetani, der demonstrative Konsum – ein ordentliches Auto, ein repräsentatives Haus, schicke Klamotten – in einer solchen anonymen Gesellschaft eine ganz andere Bedeutung bekommen als in einer Gemeinschaft, in der jeder jeden kennt? In einer kleinen Gemeinschaft (Familie, Dorf) erscheint eine hohe Investition in Statussymbole fast als verschenkte Mühe, da in einer solchen Gemeinschaft ja jeder einigermaßen weiß, was der Paul oder die Susanne alles draufhat oder auch nicht. Paul müsste das nicht noch eigens durch einen Porsche unterstreichen, ganz abgesehen davon, dass sich der Wert einer Person in kleineren Gemeinschaften wohl ohnehin nicht zuallererst über Leistung und finanzielle Stärke definiert, sondern auch und vielleicht sogar eher über Eigenschaften wie Solidarität und Hilfsbereitschaft. Wie hilfsbereit jemand ist, erfährt man jedoch erst mit der Zeit. Man muss die Person kennen. (Ein Porsche zum Beispiel beweist zwar Investitionspotential, nicht aber Investitions*bereitschaft*, zumindest nicht in andere.)
Je mobiler und unpersönlicher dagegen eine Gesellschaft wird (radikalstes Beispiel: die Gesellschaft einer modernen Großstadt), desto weniger wissen wir über unsere Nachbarn und Mitmenschen. Das, was wir über unsere Mitmenschen erfahren, beschränkt sich zunehmend auf das, was wir unmittelbar sehen können. Das heißt, je anonymer eine Gesellschaft wird, desto mehr Macht bekommt der Schein, desto mehr lohnt es sich für uns, in Statussymbole und unser Äußeres zu investieren. Da die Begegnungen mit unseren Mitmenschen flüchtiger und wechselhafter werden, ist das, was andere über

uns erfahren, ohnehin häufig auf eben unser Äußeres begrenzt.[11]

Es war der amerikanische Denker Thorstein Veblen, der den Zusammenhang zwischen gesellschaftlicher Anonymität und wachsender Macht von Statussymbolen als Erster beschrieben hat, als er 1899 in seiner berühmten *Theorie der feinen Leute* folgende Beobachtung festhielt: »Die moderne industrielle Organisation wirkt sich auch noch in anderer Weise aus. Oft erfordert sie nämlich, dass Individuen und Haushaltungen nebeneinander leben, zwischen denen sonst keinerlei Kontakt besteht. Die Nachbarn sind gesellschaftlich gesehen oft keine Nachbarn, ja nicht einmal Bekannte, und trotzdem besitzt selbst ihre flüchtige gute Meinung einen hohen Wert. Die einzige Möglichkeit, diesen unerwünschten Zeugen des privaten Lebens die eigene finanzielle Stärke vor Augen zu führen, besteht darin, diese Stärke unermüdlich zu beweisen. In der modernen Gesellschaft begegnen wir außerdem einer Unzahl von Personen, die nichts von unserem privaten Dasein wissen – in der Kirche, im Theater, im Ballsaal, in Hotels, Parks, Läden etc. Um diese flüchtigen Beschauer gebührend zu beeindrucken und um unsere Selbstsicherheit unter ihren kritischen Blicken nicht zu verlieren, muss uns unsere finanzielle Stärke auf der Stirn geschrieben stehen, und zwar in Lettern, die auch der flüchtigste Passant entziffern kann.«[12]

Durch die Veblen-Brille betrachtet, erscheint unser Hang zum Materialismus – wie jener der neuen Rosetani – als ein eher verzweifelter Versuch, eine Art von Urzustand wiederherzustellen: als der Versuch, auch in einer Gesellschaft, zu der man nicht gehört (zu der niemand gehört), nicht mit kalter Gleichgültigkeit oder gar schnodderig, von oben herab behandelt zu werden, sondern mit einem gewissen Mindestrespekt.

In erster Linie versuchen wir, die Wertschätzung, die uns abgeht, in einem kleineren Kreis von Kollegen zu erlangen, durch Leistung gewinnen wir ihren Respekt. Darüber hinaus aber, um uns diesem Urzustand anzunähern, der in kleineren Gemeinschaften auf natürlichere Weise herrscht, können wir, sobald wir das Büro verlassen haben, unseren Wert auch der anonymen Welt da draußen demonstrieren, und zwar indem wir uns mit Statussymbolen schmücken (Lacoste-Shirt, Mercedes), die jeder erkennt, auch wenn er *uns* nicht kennt.

Eine dritte und direktere Vorgehensweise schließlich, der Anonymität und Gleichgültigkeit der Gesellschaft da draußen ein Stück weit zu entkommen, besteht darin, es zu einer gewissen Prominenz zu bringen, also berühmt zu werden, was ja nichts anderes heißt, als die große, kalte Gesellschaft da draußen zu »verkleinern« und »intimer« zu machen. Die Anonymität hebt sich zumindest einseitig auf, der eisige Wind, der uns üblicherweise aus der Gesellschaft entgegenweht, weicht und wird milder: Jetzt kennt man unser Gesicht, man nimmt uns wahr, man behandelt uns nicht wie irgendjemand, sondern als Menschen, als Person, die einen Namen hat.

»Denn welcher Absicht dient all die Mühseligkeit und all die lärmende Geschäftigkeit dieser Welt? Was ist der Endzweck von Habsucht und Ehrgeiz und der Jagd nach Reichtum, Macht und Vorrang? Ist es der, den natürlichen Bedürfnissen Genüge zu tun? Der Lohn des geringsten Arbeiters reicht aus, um diese zu befriedigen. […] Woher entsteht dann also jener Wetteifer, der sich durch alle verschiedenen Stände der Menschen hindurchzieht […]?«, fragte schon Adam Smith. Und seine Antwort lautete: »Dass man uns bemerkt, […] dass man mit Sympathie, Wohlgefallen und Billigung von uns Kenntnis nimmt, das sind die Vorteile, die wir daraus zu gewinnen hoffen dürfen. [...] Der reiche Mann rühmt sich seines Reichtums, weil er fühlt, dass dieser naturgemäß die Aufmerksamkeit der Welt auf ihn lenkt [...]. Der Arme auf der anderen Seite schämt sich seiner Armut. [...] Unbeachtet kommt und geht der arme Mann, und inmitten einer Menschenmenge befindet er sich in der gleichen Verborgenheit, wie wenn er in seine Hütte eingeschlossen wäre. [...] Dagegen wird der Mann von Rang und Distinktion von aller Welt beobachtet. [...] Kaum ein Wort kann ihm entfallen, kaum eine Gebärde ihm entschlüpfen, die wirklich ganz und gar unbeachtet bleiben würde.«[13]

Um in einer modernen, namenlosen Massengesellschaft die Chance zu erhöhen, dass man von seiner sozialen Umwelt eine einigermaßen erträgliche Behandlung erfährt, bestehen drei vielversprechende Strategien darin, (1) einen hohen sozialen Rang zu erklimmen, (2) viel Geld zu verdienen und (3) bekannt zu werden (sich einen Namen zu *machen*). Alle diese drei ersehnten Ziele aber, die hohe Position, das Vermögen sowie die Berühmtheit, gibt es üblicherweise nur um den Preis harter Arbeit und chronischer Rastlosigkeit.

3. Die Aufmerksamkeitsdefizitgesellschaft

»Private Handyzeit ist die schwierigste Sache, die du kriegen kannst«

Nervt es Sie langsam auch? Eine der ersten Frage von Freunden, die mich besuchen, lautet häufig nicht mehr: Wie geht's dir? Nein, die Frage lautet: Du, wie komm ich denn bei dir ins Internet? Mit anderen Worten: Kaum sind die Freunde bei mir angekommen, sind sie auch schon wieder weg, zumindest mit einer Hirnhälfte. Mit dem ganzen Gehirn bzw. der gesamten Aufmerksamkeit bei *einer* Person zu sein, in diesem Falle bei mir, reicht schon lange nicht mehr, da würde man allzu viel vom Rest der Welt verpassen. Also sind wir, neben dem Ort, an dem wir uns gerade physisch befinden, zugleich auch woanders, an anderen Orten, bei anderen Freunden, bei unserer Familie, im Büro, bei unseren E-Mails, auf Facebook, auf anderen Kontinenten ... Wer gelegentlich in den Genuss einer zweigeteilten Aufmerksamkeit seiner Mitmenschen kommen sollte, kann sich nachgerade glücklich schätzen, oft genug müssen wir uns ja eher mit geviertelter, geachtelter oder gar keiner Aufmerksamkeit zufriedengeben. Die *volle* Aufmerksamkeit einer Person ist dagegen zu einem seltenen Luxus geworden.

Freundlich unterstützt wird die Kultur der zerstreuten Aufmerksamkeit dadurch, dass jedes Gerät, das piept, blinkt, vibriert oder flimmert, eine magische, ja fast hypnotisierende Wirkung auf uns auszuüben scheint, jedenfalls haben unsere elektronischen Geräte einen eigentümlichen Vorrang vor der Person, mit der wir unmittelbar zusammen sind. Das Handy dudelt, das iPhone quengelt, und im selben Moment ist der Freund, mit dem ich eben noch in ein Gespräch vertieft war, verschwunden. Das heißt, ich bin für ihn verschwunden, er hingegen ist für mich sehr wohl noch präsent: Ich bin jetzt zur Geisel seines neuen Gesprächs, seiner abwesenden Anwesenheit, geworden. Das Einzige, was mir in der Situation übrigbleibt, ist nun, meinerseits zu meinem Gerät zu greifen und mich ebenfalls virtuell aus dem Staub zu machen.

Da in unserer Gesellschaft jeder in viel höherem Maße als früher mit sich selbst beschäftigt ist, ist schon allein aus diesem Grund Aufmerksamkeit für andere zu einem knappen Gut geworden. Die immer zahlreicheren Kanäle, über die wir ununterbrochen mit Informationen gefüttert werden, kommen da nur noch hinzu.

Wer es wagt, inmitten dieser uns umgebenden Informationsflut lediglich einige ausgewählte Informationen zur Kenntnis zu nehmen (wer es also wagt, sich zu *konzentrieren*), der muss hohe Alternativkosten in Kauf nehmen. Soziale Netzwerke wie Facebook bieten uns an, mit Dutzenden von Menschen gleichzeitig in Kontakt zu treten. Wer angesichts dieser Möglichkeiten seine Kommunikation auf einige wenige Menschen beschränkt, muss zahlen: und zwar in Form verpasster Kontakte. In einem hilflosen Versuch, die Alternativkosten zu senken, bleibt uns nichts anderes übrig, als jeder einzelnen Information und Person weniger Aufmerksamkeit zu schenken und / oder unsere Aufmerksamkeit zu teilen, vierteln, achteln …

Gut, ich bin natürlich eine anachronistische Figur, die das Pech hatte, nicht mit dem iPhone und Facebook aufgewachsen zu sein. Viele Jugendliche dagegen, könnte man meinen, haben mit alledem kein Problem. Sie haben sich längst daran gewöhnt, dass jeder ständig abgelenkt und stets auf mehreren Kanälen unterwegs ist. Menschen passen sich an. Also, was soll's!

Das klingt einleuchtend, wahrscheinlich ist es auch nicht ganz falsch, und doch trifft es anscheinend auch nicht ganz zu. Vielmehr lassen sich, wie sich herausstellt, auch innerhalb der Generation Facebook Vertreter finden, die langsam, aber sicher vom ewigen Multitasking ihrer Mitmenschen genervt sind, ja die sich nach kaum etwas so sehr sehnen wie nach Momenten ungeteilter Aufmerksamkeit.

So stieß zum Beispiel die Soziologin Sherry Turkle vom Massachusetts Institute of Technology (MIT) auf eine wiederkehrende Überraschung, als sie im Rahmen einer Studie mit Hunderten von jungen Menschen und zahlreichen Eltern über die Entwicklung der neuen Medien sprach: Oft waren es ihrer Erfahrung nach *gerade* die jungen Leute, die sich über die chronische Teilabwesenheit ihrer Eltern und Freunde verstimmt zeigten. Der dauernde Kampf um etwas eigentlich Selbstverständliches – hin und wieder ungeteilte Aufmerksamkeit jener Menschen, die uns nahestehen – schlug so manchem von ihnen gehörig auf die Laune.

Einer von Turkles Interviewten, ein 25-Jähriger namens Hugh, hatte das Multitasking (etwa: gleichzeitiges Telefonieren, Simsen und auf Facebook herumklicken) seiner Kumpels dermaßen satt, dass er ihnen mittlerweile so etwas wie »private Handyzeit« abverlangte. Seine Freunde sollten während eines solchen Spezialtelefonats »die Verpflichtung eingehen, dass sie nicht noch weitere Anrufe anderer Leute entgegennehmen werden, dass sie währenddessen nichts anderes tun«.

Den jungen Mann störte es selbst, wenn ihn seine Freunde

auch nur von unterwegs aus anriefen: »Ich kann keine ernsthafte Konversation mit jemand führen, der währenddessen von einem Verkaufsmeeting zum nächsten eilt«, klagte er gegenüber der Soziologin Turkle und schilderte ihr die Herausforderung seines Unterfangens: »Private Handyzeit ist die schwierigste Sache, die du kriegen kannst. Die Leute wollen die Verpflichtung nicht eingehen.«

Kaum jedoch war es unserem Freund halbwegs gelungen, seine Sonderansprüche einigermaßen durchzusetzen, da bereute er sie auch schon wieder. Denn indem er von den Leuten verlangt hatte, sich – in einer Welt, in der unendlich viel los ist – hinzusetzen und sich Exklusivzeit nur für ihn zu nehmen, nur um zu reden, hatte er, wie er selber meinte, die Latte wahrscheinlich doch etwas zu hoch gelegt: »Sie sind enttäuscht, wenn ich dann nicht mit, sagen wir, einer Depression, einer eventuellen Scheidung oder Entlassung aufwarten kann. Wenn du um private Handyzeit bittest, hast du auch besser wirklich etwas zu bieten.«[1]

Der letzte Punkt ist aufschlussreich, weist er doch einmal mehr darauf hin, wie teuer die knappe Ressource Aufmerksamkeit heutzutage geworden ist. Weit davon entfernt, dass uns irgendjemand seine oder ihre ungeteilte Aufmerksamkeit gratis zukommen ließe (einzige Ausnahme vielleicht: unsere Mutter), müssen wir sie uns vielmehr *verdienen*. Das heißt, entweder wir lassen uns etwas einfallen, strengen uns an, strampeln und strampeln, um unseren Zuhörern und Zuschauern etwas Besonderes bieten zu können, etwas, das ihre kostbare Aufmerksamkeit auch wert ist. Oder wir müssen uns mit der bitteren Pille abfinden, zu den Aufmerksamkeitsverlierern zu gehören, zu jenen, die für ihre soziale Umwelt unsichtbar und inexistent sind.

Der Nikotin-Charakter der Information

Die Tatsache, dass so etwas wie ein normales Gespräch, in dem kein emotionales Armageddon verkündet wird, kaum noch ausreicht für die volle Aufmerksamkeit unserer Mitmenschen, offenbart auch, dass das Normale, das Alltägliche geradezu unbefriedigend geworden ist für ein Gehirn, das sich in der gegenwärtigen Informationsflut daran gewöhnt hat, am laufenden Band mit abwechslungsreicher Action gefüttert zu werden. Wir sind, mit einem Wort, informationsverwöhnt, um nicht zu sagen informationssüchtig: Sobald der anregende Fluss neuer und möglichst spektakulärer Informationen nachlässt, stellen sich – wie beim Raucher, bei dem nach einer allzu langen Zigarettenpause das stimulierende Nikotin im Blut auf ein unangenehmes Tief absinkt – Entzugserscheinungen in Form von nervöser Unruhe und Konzentrationsschwierigkeiten ein.

Anscheinend also ist die Lage, in der wir uns befinden, zwiespältig. Einerseits sind wir, wie unser Private-Handyzeit-Freund Hugh, *Opfer* des ständigen Abgelenktseins unserer Mitmenschen, die sich nach einem Maximum an Input und Abwechslung sehnen. Immerfort müssen wir uns bemühen und den Einsatz oder die Lautstärke erhöhen, um die Aufmerksamkeit unserer Umwelt für unsere Angelegenheiten zu gewinnen, und allzu bald wendet sich die verwöhnte, undankbare Umwelt wieder von uns ab, gelangweilt, auf der Suche nach neuen, spannenderen Ereignissen (die sich ja schließlich auch an allen Ecken und Enden finden lassen: Man muss nur den Computer anschalten).

Zugleich sind wir, wie Hughs Freunde, auch *Täter*. Auch unsere volle und kontinuierliche Aufmerksamkeit ist teuer, auch wir sind anspruchsvoll, auch wir wollen nichts verpassen, wollen dauernd von unterhaltsamen Neuigkeiten unterbrochen werden, und wenn dieser anregende Input einmal ausbleibt oder die unserem Gehirn zugeführte Informationsdichte auch nur unter eine kritische Grenze sinkt, kommt es zu Langeweile und Verdruss.

Was diese »Täter-Seite« betrifft, erinnert unser Zustand an die typischen Kennzeichen der Aufmerksamkeitsdefizit-Hyperaktivitätsstörung, ADHS. Ein ehemaliger Kollege von mir hat zwei sympathische junge Söhne, die beide von diesem Syndrom betroffen sind, und ihr Problem ist nicht etwa, dass sie sich generell nicht konzentrieren könnten. Im Gegenteil, sobald die beiden sich mit *Grand Theft Auto IV* beschäftigen, legen sie eine Fokussierfähigkeit an den Tag, die es mit Schachmeistern und routinierten Fluglotsen aufnehmen kann. Die Verhaltensauffälligkeiten fangen erst an, wenn die Jungs einfach nur still am Tisch sitzen müssen und nichts weiter tun dürfen als essen, was ihr Gehirn nicht annähernd genug auslastet. Wer weiß, vielleicht sind es unter anderem die Videospiele selbst, die ihr Gehirn mit einer derart angenehm-sättigenden Informationszufuhr verwöhnt haben, dass ihnen so gut wie jede andere Umwelt dagegen blass erscheint und einer regelrechten Unterstimulation gleichkommt[2] (ähnlich wie für ein Kind, das sich allzu sehr an Zucker gewöhnt, jedes kalorienärmere Stück Nahrung seinen Reiz verliert und gewissermaßen nach nichts mehr schmeckt).

Da inzwischen so gut wie jeder Tag für Tag mit einem Informations-Overkill konfrontiert wird, wäre es da nicht möglich, dass wir mittlerweile als Gesellschaft insgesamt an einer mehr oder weniger ausgeprägten Form von ADHS leiden? Aus dieser Sicht wären die handfesten, pathologischen Fälle von Aufmerksamkeitsdefizitstörung nur scheinbar eine Kategorie für sich, mit der wir »Gesunden« nichts zu tun haben. Stattdessen würden die »Kranken« vielmehr das extreme Ende eines Kontinuums darstellen. Die Trennung von krank vs. gesund wäre eine allzu simple Dichotomie, der vereinfachende Versuch, einer fließenden Realität beizukommen. Geht man weiterhin davon aus, dass die Informationsflut in einer Gesellschaft mit dem Wohlstand dieser Gesellschaft tendenziell zunimmt, würde das erklären, warum es einen systematischen Zusammenhang zwischen dem Reichtum eines Landes und dem Ausmaß von ADHS-Fällen gibt.[3]

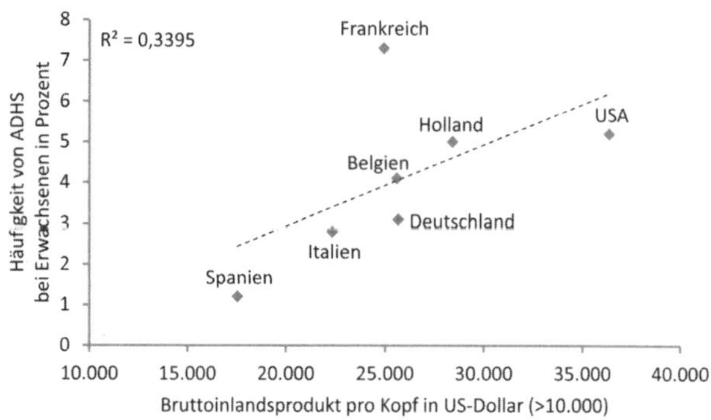

Und dieser Zusammenhang zwischen Informationsflut und Aufmerksamkeitsdefizit zeigt sich nicht nur im Quer-, sondern eben auch im Längsschnitt: Historisch betrachtet scheinen wir alle von einer milden Aufmerksamkeitsdefizitstörung betroffen zu sein. Viel gieriger als früher dürstet das heutige Gehirn nach Unterhaltung, Abwechslung, Neuem, Unterbrechung. Ein mittelalterlicher Mensch würde gewiss jeden von uns für einen ADHS-Patienten halten.

Ein Feld, auf dem sich diese zunehmende Sucht nach Input

besonders eindrucksvoll beobachten lässt, betrifft unsere Wahrnehmung. Vor allem unsere Sehgewohnheiten haben sich in den letzten Jahrzehnten drastisch verändert. Jeder, der hin und wieder einen alten Filmklassiker guckt, kennt das Gefühl, dass sich viele der Szenen häufig quälend lange hinziehen, oft passiert sekunden- oder minutenlang nichts, man kann mit gutem Gewissen in die Küche gehen und sich einen Pfefferminztee zubereiten – wenn man zurückkehrt, hat man nicht selten erstaunlich wenig verpasst. Wer es dagegen beim letzten *James Bond* wagt, sich auch nur schnell ein paar Erdnüsse und ein Bier aus dem Kühlschrank zu schnappen, dem sind unter Umständen drei Verfolgungen, zwei entscheidende Plot-Twists, vier Mordversuche und acht Schlägereien entgangen.
Diese gefühlte Beschleunigung des Films lässt sich auch objektiv erfassen. Eine simple, zugegebenermaßen recht grobe Methode dazu besteht darin, die Entwicklung der durchschnittlichen Einstellungslänge von Filmen über die Zeit zu betrachten. Ich habe das einmal beispielhaft für die Spielfilme des großen Regisseurs Martin Scorsese gemacht, zu denen es Daten einer unabhängigen Quelle gibt.[4]

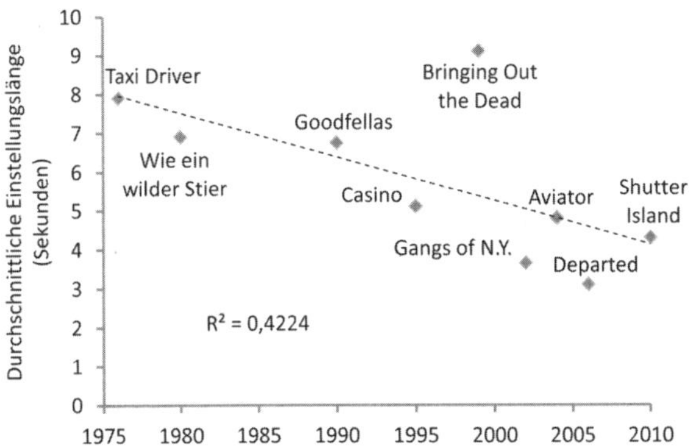

Wie man sieht, konnte Scorsese das Publikum der 1970er Jahre noch mit einer mittleren Einstellungslänge von acht Sekunden bei der Stange halten. Bei seinen späteren Filmen hat der Regisseur diese inzwischen antiquierte Schnittfrequenz sukzessive unseren steigenden Wahrnehmungsansprüchen angepasst. Mittlerweile muss er die Einstellung doppelt so häufig wechseln wie früher.

Obwohl sich diese Entwicklung nicht bei allen Regisseuren so konsequent zeigt wie bei Scorsese, kommen Studien, in denen man der Sache systematisch auf den Grund gegangen ist, zum gleichen Ergebnis: Im Laufe der Jahrzehnte sind Spielfilme immer rasanter und nervöser geworden.[5] Dabei ist die Verkürzung der Einstellungslänge nur eines von vielen Mitteln, unsere immer anspruchsvollere Aufmerksamkeit bei Laune zu halten. Heutzutage muss die Kamera bekanntermaßen ein Dauerwackeln an den Tag legen (*24*, *Cloverfield* etc.) und noch während einer zweisekündigen Einstellung ein paarmal ein- und auszoomen, damit wir dabeibleiben. Der letzte Schrei zur Erhöhung der Informationsdichte – 3D – liefert uns sogar buchstäblich eine ganz neue optische Dimension.

Der Film spiegelt einen Trend, der sich beileibe nicht auf den Film und auch nicht auf unser Freizeitleben beschränkt. Vielmehr zeigen sich unsere Informationssucht und die damit einhergehende Unfähigkeit, sich für längere Zeit auf ein und die gleiche – schnell langweilig werdende – Sache zu konzentrieren, in praktisch allen Bereichen des Lebens, auch in unserem Arbeitsverhalten.

Um ein kleines persönliches Beispiel zu bringen: Erst kürzlich fiel bei mir auf Grund eines Brandanschlags auf eine Kabelbrücke am Berliner Bahnhof Ostkreuz einen ganzen Arbeitstag lang das Internet komplett aus. Ich saß vor meinem Com-

puter und versuchte zu schreiben, konnte mein Gehirn dabei aber gar nicht mit Google, Facebook, E-Mails, Spiegel-Online etc. ablenken. Der Tag zog und zog sich hin. Als endlich gegen Mitternacht das Internet wieder da war, fühlte es sich herrlich an, geradezu befreiend, wie der erste Schluck Bier nach einem Cold Turkey. Durch den Ausfall hatte ich schlagartig zu spüren bekommen, wie häufig ich mich beim sogenannten Arbeiten selbst unterbreche, ja wie süchtig ich offenbar nach Unterbrechung und Zerstreuung geworden bin.
Und damit scheine ich nicht alleine dazustehen. In einer Studie haben Forscher einmal den Arbeitsablauf von Mitarbeitern einer kalifornischen Vermögensverwaltungsfirma genauer unter die Lupe genommen. Mit einer Stoppuhr folgten sie den Business-Analysten, Software-Entwicklern und Managern auf Schritt und Tritt, tagelang, von morgens bis abends.
Der Befund: Die Mitarbeiter beschäftigten sich im Schnitt gerade mal elfeinhalb Minuten mit einem Thema, bevor sie zum nächsten Thema wechselten. Beschäftigung mit einem Thema heißt dabei nicht, dass die Leute, sagen wir, ganze elf Minuten am Stück ein Dokument gelesen und nichts anderes gemacht hätten. Nein, es heißt vielmehr, dass sie während der Beschäftigung mit diesem einen Thema (der »TRK-Sache« oder der »Clear-Quest-Applikation«) andauernd zwischen diversen Tätigkeiten hin- und herwechselten. Beispielsweise rechneten sie zuerst etwas auf ihrem Taschenrechner aus, anschließend führten sie ein klärendes zweiminütiges Telefonat, dann wurden sie durch irgendetwas oder irgendjemand unterbrochen, danach kehrten sie zum Thema zurück, schrieben dazu noch rasch eine Mail oder diskutierten noch kurz mit einem Kollegen über die Sache.
So ging das den ganzen Tag, ständig wurden die Leute unter-

brochen oder unterbrachen sich selbst, es sei denn, sie befanden sich in einem der offiziellen Meetings, die sich üblicherweise länger hinzogen und die sich für die Mitarbeiter – wie mein internetloser Tag – unerträglich lang angefühlt haben müssen: unerträglich unzerstückelt.[6]

Kurzes Plädoyer für längere Bahnfahrten

Manche Beobachter meinen, den Hauptübeltäter für diesen Trend zum allgemeinen Aufmerksamkeitsdefizit längst ausgemacht zu haben: das Internet. Einige halten das World Wide Web für eine einzige Zerstreuungsmaschine, für den Konzentrationszerstörer schlechthin. »Ob ich nun online bin oder nicht, mein Gehirn erwartet, dass man ihm Informationen so füttert, wie es das Internet tut: in einer schnell dahinfließenden Partikelflut«, urteilt zum Beispiel der Journalist und Autor Nicholas Carr in seinem vielbeachteten Werk *Wer bin ich, wenn ich online bin.* »Einst fiel es mir leicht, mich in ein Buch oder einen langen Artikel zu vertiefen. Mein Geist biss sich in die Wendungen einer Geschichte oder die unterschiedlichen Positionen eines Textes fest, und ich konnte mich stundenlang mit Prosa beschäftigten«, beschreibt Carr die gute alte Zeit, als er sich noch konzentrieren konnte. Und wie sieht es heute mit seiner Konzentrationsfähigkeit aus, das heißt, seit dem Einzug des Internets in seinen Alltag? »Heute ist das nur noch selten der Fall. Nach einer oder zwei Seiten schweifen meine Gedanken ab. Ich werde unruhig, verliere den Faden und suche nach einer anderen Beschäftigung. Es kommt mir immer vor, als müsste ich mein eigensinniges Gehirn zum Text zurückzerren. Das konzentrierte Lesen, das einmal etwas ganz Natürliches war, ist zu einem Kampf mit mir selbst geworden.«

Teils spricht Nicholas Carr mir mit diesen Sätzen aus dem Herzen. Schon allein die Hyperlinks so mancher Webseite bieten eine solche Fülle von Ablenkungsmöglichkeiten, dass sie jedes längere Verweilen zu einer Übung in Selbstdisziplin machen. Hinzu kommt, dass die Ablenkung zu geringsten Kosten zu haben ist: Ein Mausklick, ein Fingerzucken ist alles, was einen davon abhält, um das, womit man sich gerade beschäftigt, zugunsten einer neuen, verlockenden Welt schleunigst wieder zu verlassen (täte man es nicht, man würde so viele unentdeckte Welten verpassen!). Wie soll man sich da für längere Zeit auf eine Sache konzentrieren können?

»Anfangs dachte ich, das Problem wäre ein altersbedingtes Symptom nachlassender Geisteskraft«, schreibt Carr. »Doch dann begriff ich, dass ich nicht nur geistig abschweifte. Mein Gehirn war hungrig. Es verlangte, so gefüttert zu werden, wie das Netz es fütterte – und je mehr man es fütterte, desto hungriger wurde es. Selbst wenn ich nicht am Computer saß, sehnte ich mich danach, E-Mails zu checken, Links anzuklicken oder ein bisschen zu googeln. Ich wollte ständig mit der Welt *verbunden* sein.«[7]

Häufig geht es mir ähnlich wie Nicholas Carr, aus mehreren Gründen, wie mir scheint. Erstens stehen wir online mit vielen Leuten in Kontakt – ist das Internet plötzlich weg, fällt auch dieser Kontakt zumindest teilweise weg, es kommt zu einem Gefühl der Isolation, eine gewisse Leere macht sich breit, so wie sich das eigene Zuhause leer anfühlt, wenn wir nach einem längeren Besuch von Freunden oder Familie plötzlich wieder alleine sind.

Zweitens ist das allwissende Internet längst zu einem erweiterten Teil unseres Ich geworden, zu einem externen, ausgelagerten Supergedächtnis – schneidet man uns von diesem Teil unseres Ich ab, gleicht das gewissermaßen einer geistigen Amputation.

Drittens ist das Internet so etwas wie ein gigantischer Gratis-Vergnügungspark, ein Ort, an dem es immer etwas zu entdecken gibt, wo immer etwas los ist, wo man immer etwas tun und Neues über die Welt erfahren kann. Klar fehlt uns das, wenn es uns entzogen wird.

Trotzdem heißt das nicht, dass das Internet unser Denken ruiniert (Carrs Buch entstand aus einem Essay, der die rhetorische Frage »Macht uns Google dumm?« als Überschrift hatte). So ist beispielsweise »konzentriertes Lesen« für unser Gehirn noch nie, im Gegensatz zu dem, was Carr schreibt, »etwas ganz Natürliches« gewesen, sondern es war vielmehr genau umgekehrt stets etwas hochgradig Künstliches. Eine Umwelt, die aus Buchstaben besteht, hat zumindest mit der afrikanische Savanne, in der unser Gehirn maßgeblich entstanden ist, nicht allzu viel gemein. Sich für längere Zeit auf abstrakte Symbole in Form von Buchstaben zu konzentrieren war schon immer etwas relativ Mühsames für ein Gehirn, das auf das Sammeln von Nüssen, das Verführen von Vertretern des anderen Geschlechts sowie dafür, Säbelzahntigern auszuweichen, optimiert wurde.

Zweitens ist das Gehirn robuster, als Nicholas Carr annimmt. Das Internet mag mächtig sein, es hat aber nicht die Macht, unser Gehirn von Grund auf neu zu strukturieren. Sicher verwöhnt es unser Gehirn, bis zu einem gewissen Grad ändert es das Gehirn auch, nur weniger tiefgreifend, weniger schicksalhaft-irreversibel und vor allem weniger verdummend, als Carr glaubt.

Ironischerweise ist es mir zum Beispiel gelungen, Carrs Buch nahezu in einem Stück, ohne längere Unterbrechungen, zu Ende zu lesen. Allerdings befand ich mich in einer besonderen Situation, in die ich mich, seit meine Freundin nach Utrecht in den Niederlanden gezogen ist, regelmäßig wiederfinde: Ich saß sechseinhalb Stunden im Zug. Da ich festgestellt habe, dass ich – wahrlich kein Zen-Meister der Konzentration – im Zug plötzlich über eine für meine Verhältnisse beeindruckende Konzentrationsfähigkeit verfüge, bin ich dazu übergegangen, alle eher langweiligen Arbeiten bewusst für meine Zugfahrten aufzuheben: In der Ödnis eines ICE kommt mir auch die nüchternste Lektüre (*Science* & Co.) noch relativ unterhaltsam vor.

Nein, es geht hier nicht um Schleichwerbung für die Bahn, es geht nur um die Frage, ob Carr und seinesgleichen recht haben: ob nicht nur unsere Konzentrationsfähigkeit, sondern auch unser Denken und unsere Intelligenz unter dem Internet leiden. Was unsere Konzentrationsfähigkeit betrifft, stimme ich Carr teils durchaus zu. Vor einem Computer sitzend oder auch nur in der Nähe eines Computers, erwartet unser Gehirn ständige Maximal-Unterhaltung, unsere Konzentrationsfähigkeit rangiert konsequenterweise im unteren Bereich.

In einer Umwelt dagegen, in der es kaum Möglichkeiten zur unterhaltsamen Abschweifung gibt, senkt das Gehirn seine Erwartungen, und es fällt uns leichter, uns für längere Zeit mit einer Sache zu beschäftigen. Es gibt kaum etwas anderes zu tun.

Das heißt, wir können gegensteuern und unserer Konzentrationsfähigkeit auf die Sprünge helfen. Dabei scheint es so zu sein, als würde es sich mit dem Informationshunger unseres Gehirns ein bisschen so verhalten wie mit unserem sonstigen Hunger auch: Eine Diät ist nie einfach, besonders aussichtslos aber ist sie, wenn das Haus randvoll mit Süßigkeiten gefüllt ist. Um die Konzentration zu verbessern, reicht es wohl nicht, die geistigen Süßigkeiten einfach wegzusperren (wie mir mein internet- und dennoch ruheloser Tag gezeigt hat), wir müssen ihnen weiträumiger aus dem Weg gehen. Unter Umständen müssen wir das Haus ganz verlassen und einen Ort aufsuchen, an dem wir uns erst gar nicht an Ablenkung gewöhnt haben. Bei mir hat sich da die Bahn bewährt, aber das muss ja nicht heißen, dass Ihnen nicht eine attraktivere und preiswertere Offline-Oase einfällt.

4. Von der Stadt zum Neurotiker

If you can make it there, you can make it anywhere

Für viele von uns – vor allem natürlich für die eingefleischten Stadtneurotiker unter uns – befindet sich die schönste Offline-Oase bestimmt irgendwo in der Ferne auf dem Land, in der stillen Weite einer unberührten Natur, zum Beispiel am Weststrand auf dem Darß, einem menschenleeren Ostsee-Küstenabschnitt, der sich kilometerweit von jeder Ortschaft befindet und nur zu Fuß oder mit dem Fahrrad zu erreichen ist.

Unterwegs in einer stickigen, überfüllten U-Bahn oder aus dem Fenster auf grauen Beton blickend, taucht im Städter zuweilen die Sehnsucht auf, der Stadt den Rücken zu kehren – eine Sehnsucht, die wohl nicht zuletzt damit zusammenhängt, dass die Stadt die Themen dieses Buchs, wie erwähnt, in sich vereint und auf die Spitze treibt, in positiver wie in negativer Hinsicht:

- Erstens: die Freiheit, Angebote und Lebensmöglichkeiten. Es ist die Stadt, in der, im Gegensatz zum mitunter beklemmenden Dorf, unser Freiraum am größten ist. Hier bietet uns das Leben die meisten Möglichkeiten. *If you can make it there, you can make it anywhere*, darin steckt Chance wie Erfolgsdruck gleichermaßen: Wer hoch hinauswill, landet früher oder später meist zwangsläufig in der Stadt. Aber auch die Kehrseite des Erfolgs zeigt sich in Städten auf drastische Weise, etwa in Form von Slums und Kriminalität.

- Zweitens: der Wohlstand. In den Metropolen dieser Welt ist der Wohlstand üblicherweise am größten, die höheren Kosten jedoch verschärfen zugleich den Druck, Geld zu verdienen. Städte sind moderner als Dörfer, Dörfer altmodischer als Städte, was heißt, dass sich in der Stadt auch das Konsumrüsten zuspitzt: Hier muss man mit dem, was angesagt ist, in besonders hohem Maße mithalten können.

- Drittens: die Rastlosigkeit. Das Dorf kann auf Dauer langweilig werden, in der Großstadt dagegen grassiert die Hektik ebenso wie das Aufmerksamkeitsdefizit, mit Auswirkungen, die sich bis auf die Umgangsformen erstrecken. Städter mögen weniger höflich erscheinen als Dorfbewohner, sie haben weniger Zeit, ausführlich mit uns zu plaudern oder uns in aller Ruhe den Weg zu zeigen – das aber nicht unbedingt, weil sie egoistischer wären als Leute vom Lande, nein, sie *müssen* weggucken, sie sind zur Ignoranz gezwungen, aus dem gleichen Grund, weshalb man einem Pferd in der Stadt ein Paar Scheuklappen verpassen muss: Würde man in einer Metropole wie New York alles und jedem uneingeschränkte Aufmerksamkeit schenken, man käme zu nichts, man wäre zur Dauerneurose verdammt, man würde früher oder später ausrasten.[1]

Ich liebe die Stadt. Ich habe jahrelang für den *Tagesspiegel* in Berlin geschrieben, für eine Lokalzeitung, die sich trotzdem nie »lokalig« angefühlt hat, was das Blatt unter anderem der schlichten Tatsache zu verdanken hat, dass es eben nicht irgendwo erscheint, sondern in Berlin.

Seit es sie gibt – seit wir mit Hilfe des Ackerbaus die Nahrungsversorgung sicherstellten, sesshaft wurden und uns eine immer differenziertere Arbeitsteilung erlauben konnten –, waren Städte der Ort, wo die Musik spielt. Würde sich ein Außerirdischer nachts unserem Planeten nähern, er würde zunächst nur das Licht unserer Städte sehen.

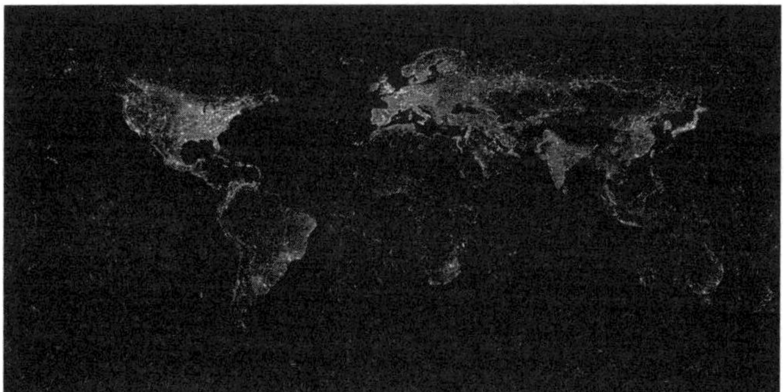

Richtig, in Wirklichkeit ist es stets nur in einem bestimmten Teil der Erde Nacht, während es auf der anderen Seite Tag ist, so gesehen ist das Beispiel rein hypothetisch. Trotzdem, würde sich einem E.T. dieses zusammengestellte Satellitenbild der NASA bieten, er oder es müsste nicht einmal einen Fuß auf die Erde setzten, um herauszufinden, wer diese Welt regiert: die USA, Europa und Japan leuchten am stärksten auf. Ganze Kontinente bleiben weitgehend unsichtbar. So ziemlich das Einzige, was man von Afrika sieht, beschränkt sich auf den äußersten Norden, mit Städten wie Kairo, sowie auf den Süden, wo vor allem Johannesburg leuchtet, Südafrikas Wirtschaftszentrum und größte Metropole des Landes. Man kann sogar die Helligkeit des Satellitenbildes messen und damit das Bruttoinlandsprodukt der entsprechenden Region vorhersagen.[2]

In Städten nehmen Trends und Innovationen ebenso ihren Anfang wie Revolutionen. Es war das alte Athen, in dem die abendländische Philosophie aufblühte, in Wien spielte mit Haydn, Mozart, Beethoven und Schubert einst buchstäblich die Musik. Mailand ist die Stadt der Mode, Paris die Stadt der Liebe – Städte haben offenbar wie Menschen ihre ganz eigene Persönlichkeit, als seien sie ein eigener Organismus.

Über diese spezifischen »Persönlichkeitseigenschaften« hinaus aber haben Städte auch ihre Gemeinsamkeiten: eine Art universelle urbane Anatomie oder Grammatik. Wie sieht diese Anatomie aus? Wie unterscheidet sich die Stadt vom Dorf? Was *ist* eigentlich eine Stadt, worin besteht ihr Wesen? Und warum macht sie uns rastlos (bis hin zu neurotisch), rastloser jedenfalls als das Dorf?

Der urbane Organismus

In gewisser Weise lässt sich der Übergang vom Dorf zur Stadt hin zur Millionenmetropole vergleichen mit der Entwicklung von Martin Scorseses immer rasanter werdenden Kinofilmen: Es ist, als würde für einen Städter die »Einstellungslänge«, der er täglich ausgesetzt ist, umso kürzer ausfallen, je größer die Stadt ist, in der er lebt.

Das gilt schon allein für die optischen Eindrücke pro Zeiteinheit, die auf uns einprasseln, wenn wir uns durch eine Großstadt bewegen. Auf dem Land, am Strand oder in der Wüste könnte man an einer bestimmten Stelle die Augen schließen, ein paar Stunden marschieren, und wenn man die Augen wieder öffnen würde, hätte sich unter Umständen kaum etwas geändert. In einer großen Stadt dagegen bedarf es mitunter nur ein paar Minuten oder gar nur ein paar Schritte, um sich von einer Welt in eine ganz andere zu begeben: soeben noch in Chinatown, jetzt in Little Italy!

Als Touristen fallen uns der Architekturstil und überhaupt die sinnlichen Eindrücke als Erstes ins Auge, sie sind aber lediglich ein Teil dessen, was die Stadt ausmacht, und nicht der ausschlaggebende, schon gar nicht, wenn es um den Geschäftsalltag geht. Viel wichtiger sind da die Einwohner, vor allem die schiere Zahl der Einwohner und die daraus resultierende zwischenmenschliche Kontaktdichte.

Sagen wir, Ihnen stünden als Geschäftsperson 20 Minuten zur Verfügung (ein künstliches Beispiel, es dient nur zur Verdeutlichung des Prinzips). In diesem kurzen Zeitabschnitt könnten Sie in einem Dorf höchstens eine Handvoll Menschen erreichen, Menschen, auf die Sie für Ihren Beruf angewiesen sind, seien es Kunden, Zulieferer oder Spezialisten, die über Informationen, Kenntnisse und Fähigkeiten verfügen, die Sie nicht haben. Recht begrenzte zwischenmenschliche Austauschmöglichkeiten also.

Wie anders ist da die Stadt. In derselben Zeit – 20 Minuten – können Sie in jeder Metropole eine Vielzahl potentieller Mitarbeiter, Kooperationspartner, Firmen etc. erreichen, was teils an der banalen Tatsache liegt, dass die Stadt schlicht größer ist als das Dorf und die Gebäude näher aneinanderstehen.
Darüber hinaus aber nutzt die urbane Architektur den Raum auch insofern effizienter als das Dorf, als sie von all seinen Dimensionen Gebrauch macht: Während das Dorf, vereinfacht gesagt, zweidimensional gebaut ist, erstreckt sich die Großstadt, unterstützt von Aufzügen, zusätzlich in die dritte Dimension.[3] Und was findet man typischerweise auf einer Etage eines Hochhauses oder Wolkenkratzers? Eine Welt voller Menschen mit Ideen, Anregungen, Möglichkeiten der Zusammenarbeit.

Die hohe Kontaktdichte macht die Stadt dynamisch, eine Dynamik, die sich noch dadurch erhöht, dass in Städten, auch das mehr als im Dorf, immer neue Leute mit neuen Kenntnissen, Fähigkeiten etc. hinzukommen. Wir Menschen sind die sozialsten Wesen, die es gibt. Unser Erfolg als Spezies rührt ja nicht daher, dass wir körperlich unschlagbar wären (Antilopen sind schneller, Löwen stärker). Unser Erfolg rührt vor allem daher, dass wir wie kein anderes Wesen mit unseren Artgenossen kooperieren können. Die Stadt ist somit auch eine Verkörperung dessen, was uns als Menschen auszeichnet. Die räumliche Dichte macht die Stadt in vieler Hinsicht ökonomischer als das Dorf und damit auch umweltfreundlicher. Um auch nur eine halbwegs vergleichbare Erlebnis- oder Kontaktdichte wie jene der Stadt hinzubekommen, bleibt einem Dorfbewohner nichts anderes übrig, als sich erheblich schneller durch den Raum zu bewegen. Mit anderen Worten: Auf dem Land braucht man für ziemlich alles ein Auto (was natürlich auch daran liegt, dass sich ein öffentliches Verkehrsnetz dort oft nicht lohnt – wiederum eine Sache der Ökonomie). So ist es kein Zufall, dass der CO_2-Ausstoß pro Kopf in großen Städten tendenziell geringer ausfällt als in kleineren Städten: Je größer die Stadt, desto grüner sind ihre Einwohner.[4]

Diese »Ökonomie der Größe« erinnert an etwas, das den meisten Biologen wohlvertraut ist: an das Tierreich. Nicht umsonst hat man Städte immer wieder mit Organismen, die wachsen und wuchern und ein Eigenleben haben, verglichen. Ähnlich wie große Städte verbrauchen auch große Tiere trivialerweise insgesamt mehr Energie als kleine Tiere, sie müssen mehr futtern als sie. Im Verhältnis zu ihrer Körpergröße jedoch fressen große Tiere recht wenig. Ein afrikanischer

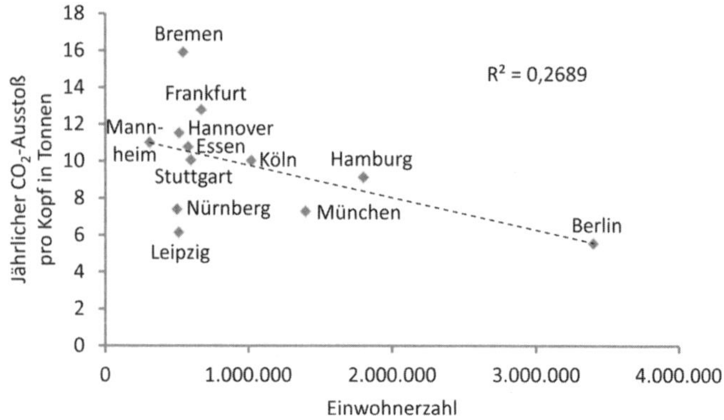

Elefant lebt viel sparsamer als eine Spitzmaus, notgedrungen: Würde der Elefant den Tatendrang einer Spitzmaus an den Tag legen, er müsste ununterbrochen futtern. Auf Grund seiner Körpergröße, die an sich schon eine enorme Menge Energie verbraucht, bleibt dem Elefanten nichts anderes übrig, als ein paar Gänge runterzuschalten und »ökonomischer« zu werden. Also schlägt beispielsweise das Herz des Elefanten langsamer als das eines Hundes, das Herz eines Hundes wiederum schlägt langsamer als das Herzchen einer Maus.

Und diese Verlangsamung, die mit der Größe kommt, beschränkt sich nicht aufs Herz. Sie erstreckt sich bis auf die kleinsten Bausteine des Körpers. Jede einzelne Zelle eines Elefanten oder eines Pferdes verbraucht weniger Energie und Sauerstoff als eine durchschnittliche Mauszelle (Ziel des Herzschlags und der Blutzirkulation sind ja, den Körper mit Energie und Sauerstoff zu versorgen sowie Müll, etwa CO_2, zu entsorgen). Allgemein formuliert gilt im Tierreich folgende Faustregel: Je größer der Organismus, desto geringer der Sauerstoffverbrauch der einzelnen Körperzellen dieses Organismus.[5]

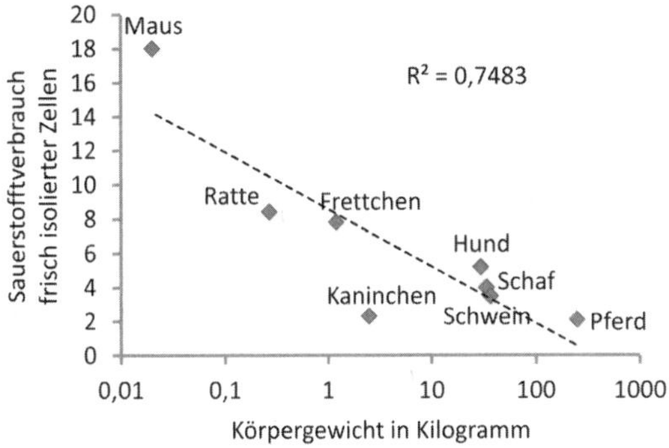

Anders ausgedrückt: Je größer das Tier, desto gemächlicher wird das Lebenstempo seiner Bausteine (Herz, einzelne Zelle). Ein Tier wird mit zunehmender Größe also zunehmend entschleunigt, seine Größe macht es träge. Befreit man die Körperzellen vom Tier, verschwindet dieser verlangsamende Effekt der Größe.[6]

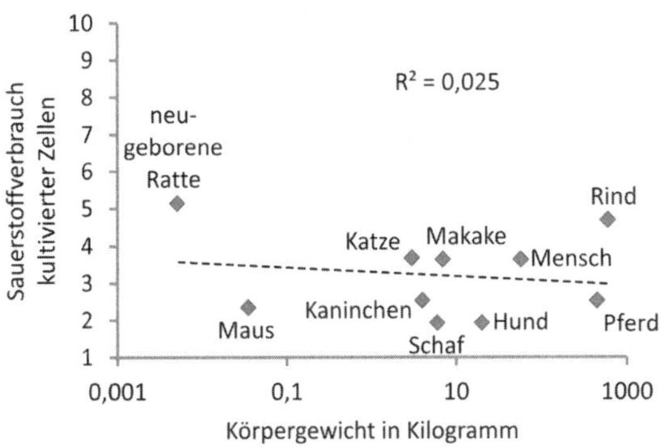

Entnimmt man zum Beispiel verschiedenen Säugetieren ein paar ihrer Körperzellen und vermehrt (»kultiviert«) diese in spezialbeschichteten Plastikflaschen, zeigen die Zellen bald alle einen ähnlichen Sauerstoffverbrauch: Eine Rattenzelle unterscheidet sich, befreit von ihrer ehemaligen Umwelt namens Ratte, in ihrem Lebenstempo nicht mehr von der Zelle eines Rindes, nachdem man diese aus der Umwelt namens Rind befreit hat. Es ist also der Körper (dessen Größe), der das Lebenstempo der Bausteine bestimmt, aus denen er besteht.

Schön, aber was hat das alles mit dem Unterschied zwischen Dorf und Stadt zu tun? Nun, analog zum Tierreich könnte man auch Dörfer und Städte als Körper oder Organismen verschiedener Größe betrachten. Die Einwohner würden in der Metapher zu den entscheidenden, wenn auch nicht einzigen »Bausteinen« dieser Organismen gehören. Würden nun für den urbanen Organismus ähnliche Gesetze gelten wie für dessen biologische Gegenstücke, müsste man eigentlich erwarten, dass die Einwohner einer Stadt – wie die Körperzellen eines Tiers – mit zunehmender Gesamteinwohnerzahl effizienter und sparsamer werden. Wie schon am CO_2-Ausstoß beispielhaft gezeigt, scheint genau das der Fall zu sein: Je größer eine Stadt, desto grüner ihre Einwohner.

Kürzlich ist ein Forscherteam unter Leitung der theoretischen Physiker Luís Bettencourt und Geoffrey West vom Sante Fe Institute in New Mexico dieser Sache einmal systematisch auf den Grund gegangen (das Institut ist eine interdisziplinäre Forschungsstätte, die, neben anderen, von dem Physiker und Nobelpreisträger Murray Gell-Mann ins Leben gerufen wurde). Die Forscher sammelten die Daten zahlreicher amerikanischer, europäischer sowie chinesischer Städte – von der Anzahl der Tankstellen über die Länge der elektrischen Kabel, vom Wasser- bis zum Stromverbrauch, von der Kriminalitätsrate bis hin zur Zahl der Patente, Aidsfälle und Bankguthaben.

Anschließend verglichen sie die gesammelten Kennzahlen mit der Größe der Städte.

Es zeigte sich: Egal, in welchem Land sich eine Stadt befindet, egal, ob sie in Hessen oder im südlichen China liegt, überall auf der Welt scheint die Größe der Stadt einen maßgeblichen Einfluss auf die Bausteine zu haben, aus denen sie sich zusammensetzt. Wie in der Biologie werden zum Beispiel viele Aspekte der Infrastruktur einer Stadt mit zunehmender Stadtgröße ökonomischer. So haben große Städte zwar, wie ja auch nicht anders zu erwarten, insgesamt mehr Tankstellen als kleine Städte, *pro Kopf* aber sinkt mit der Einwohnerzahl einer Stadt die Zahl der Tankstellen. Ebenso verhält es sich mit der Länge der Kabel, Rohre und Straßen.

Überraschenderweise jedoch gehorcht der urbane Körper nicht immer den bekannten Gesetzen der Biologie. Mehr noch, die meisten Daten der Physiker weisen sogar in exakt die entgegengesetzte Richtung. Anders als im Tierreich zeichnen sich Städte gerade dadurch aus, dass viele der Kennzahlen mit steigender Größe der Stadt nicht ab-, sondern zunehmen. Beispielsweise erhöht sich mit der Einwohnerzahl einer Stadt auch systematisch die Zahl der Patente, die in dieser Stadt pro Einwohner hervorgebracht werden. Es ist, als würde ein Stadtmensch schon allein dadurch einen Kreativitätsschub erfahren, dass die Stadt, in der er lebt und erfindet, über eine gewisse Größe verfügt, und je größer die Stadt, in der er oder sie lebt, desto größer fällt dieser Kreativitätsschub aus. Eine Zweimillionenmetropole ist, gemessen an den in ihr produzierten Patenten, kreativer als zwei Einmillionenstädte zusammengenommen (und zwar um, im Schnitt, ungefähr 15 Prozent).

Der durchschnittliche Städter aber wird mit der Größe seiner

Stadt nicht nur erfinderischer, er wird auch wirtschaftlich produktiver, krimineller und anfälliger für Infektionskrankheiten: Steigt die Einwohnerzahl einer beliebigen Stadt, steigen auch ihr Bruttoinlandsprodukt pro Kopf, ihre Kriminalitäts- und ihre Aids-Erkrankungsrate.[7]

Generell kann man sagen: Mit der Größe einer Stadt steigt ihr *Tempo* (wirtschaftliche Produktivität ist ja nichts anderes als der hervorgebrachte Güterwert *pro Zeiteinheit*), und diese Beschleunigung zeigt sich bis ins Alltagsverhalten der Einwohner. Beispiel: Da, wie wir gesehen haben, die »Erlebnisdichte« einer Stadt um einiges größer ist als die eines Dorfs, wäre es in mancher Hinsicht rational, sich in einer Stadt langsamer fortzubewegen als auf dem Land. Schließlich wird einem in einer Millionenmetropole auf einer Strecke von wenigen Metern oftmals mehr geboten als in einem Kuhdorf auf einer Strecke von, sagen wir, mehreren hundert Metern. Tatsächlich aber ergeben Studien hierzu eher das umgekehrte Bild: Statt langsamer zu gehen, legen Menschen in großen Städten nachgerade einen Schritt zu und gehen schneller.

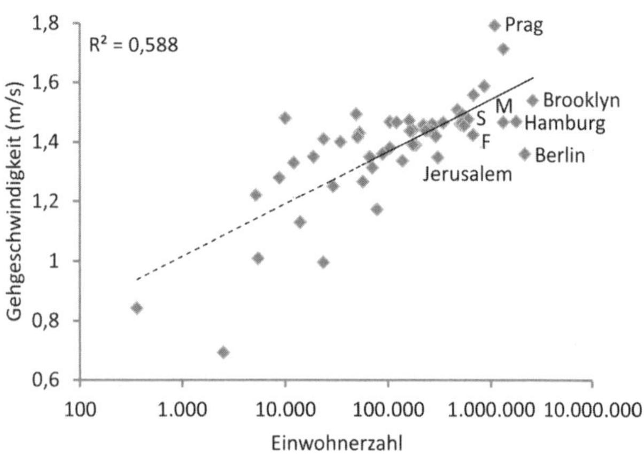

Insgesamt geht die Umwelt des Organismus Stadt offenkundig mit anderen Spielregeln einher als die Umwelt eines biologischen Körpers: Die Stadt mag eine Art Körper oder Organismus sein, dieser Organismus jedoch überschreitet, wie es scheint, die herkömmlichen Gesetze, die man von Organismen aus dem Tierreich kennt. Statt das Lebenstempo ihrer Bausteine zu verlangsamen, ist es, als würde die Metropole das Tempo ihrer Einwohner in vielen Lebensbereichen geradezu erhöhen: Einzelne Städter gehen umso schneller, arbeiten umso effizienter und sind umso erfinderischer, je größer die Stadt ist, in der sie leben. Mag sein, dass die Zelle eines Elefanten langsamer wird, sobald sie sich in der Umwelt eines Elefantenkörpers befindet. Ein Mensch dagegen »lebt« schneller, wenn er sich in der Umwelt einer großen Stadt befindet, und er lebt umso schneller, je mehr Einwohner seine Stadt zählt.

Einerseits gibt es für dieses Phänomen eine ganz simple Erklärung: Menschen, die gerne Gas geben, ziehen bevorzugt in die Großstadt und erhöhen so das Tempo dort (und Menschen, die am meisten Gas geben, bevorzugen vermutlich die größten Metropolen).

Andererseits wirkt die Umgebung der Stadt sicher auch auf ihre Bewohner zurück und beschleunigt sie und ihr tägliches Leben. Wenn wir kurz die »Unruheformel« in Erinnerung

Die Grafik links fasst die Ergebnisse von vier verschiedenen Studien mit Messungen aus mehr als 50 Dörfern und Städten von den 1970er Jahren bis ins 21. Jahrhundert zusammen, insgesamt wurden weit über 10 000 Passanten beobachtet. Die Kürzel stehen für Stuttgart (S), Frankfurt (F) und München (M). Die Einwohnerzahl ist logarithmisch dargestellt: Eine Verzehnfachung der Einwohnerzahl geht mit einer Geschwindigkeitserhöhung von ungefähr 0,1 Meter pro Sekunde (m / s) einher.[8]

rufen: Das Tätigkeitsangebot einer Stadt fällt generell umso umfangreicher aus, je größer die Stadt ist, wodurch die innere Unruhe ihrer Einwohner ebenfalls entsprechend steigen sollte, was wiederum zur Hast veranlasst.

Informationen aller Art, die letzten Trends etc. regen uns ebenso an wie die stimulierenden zwischenmenschlichen Kontakte, auf die wir in der Großstadt vermehrt treffen. Nirgends in der realen Welt zirkuliert so viel Wissen, nirgends kommt man mit so vielen neuen Ideen in Berührung wie in der Großstadt, mit ihren zahlreichen Universitäten, Konferenzen, Podiumsdiskussionen, Lesungen etc.

Menschen stecken ihre Mitmenschen jedoch nicht nur mit Wissen und Ideen an, sondern unangenehmerweise auch mit Viren und Bakterien, was der Grund dafür ist, weshalb in Metropolen nicht nur die Zahl der hervorgebrachten Patente pro Einwohner ungewöhnlich hoch ist, sondern auch, als Kehrseite der regen zwischenmenschlichen Interaktionen, die Aids-Erkrankungsrate.

Und eine kreative Idee muss bekanntlich nicht immer positiv und ein Segen für die Menschheit sein, man kann ja, statt den Einfall zu einem neuen Patent, auch die Idee zu einem äußerst raffinierten Bankraub haben. Viele Menschen bieten viele Anreize und Gelegenheiten zu ehrlichen, aber eben auch kriminellen Geschäften.

Last, but not least ist eine dichte Menschenmasse nicht immer bloß anregend oder ansteckend, sie kann auch schlichtweg anstrengend, überfordernd oder sogar beängstigend sein, womit wir bei einem Aspekt wären, den man als »Stadtneurotiker-Effekt« bezeichnen könnte: Je größer die Stadt, desto mehr kämpfen deren Einwohner, wie Studien belegen, mit Stress und psychischen Erkrankungen.

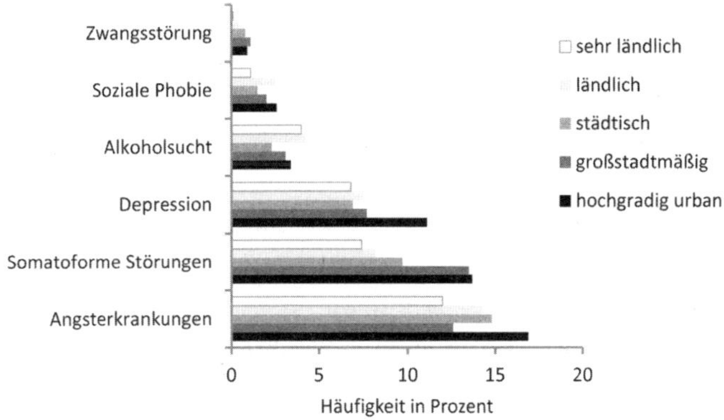

Mit der Dosis Stadt, der wir ausgesetzt sind, steigt das Risiko, an einer psychischen Störung zu erkranken – hier die Daten einer Studie zur Situation in Deutschland. Es gibt einige wenige Ausnahmen: Alkoholsucht zum Beispiel ist auf dem Dorf mindestens ebenso stark verbreitet wie in den Großstädten. Bei den »somatoformen« Störungen handelt es sich um körperliche Beschwerden, wie etwa Erschöpfung, Schmerzen oder Herz-Kreislauf-Beschwerden, für die sich keine organische Ursache finden lässt und die man auf die Psyche zurückführt.[9]

Man könnte meinen, dass die Stadt auf ihre Einwohner eventuell eine abhärtende Wirkung hätte, dass gerade Städter im Laufe der Zeit eine gewisse Immunität gegen Stress entwickeln müssten. Obwohl das im Einzelfall passieren mag, trifft in der Regel das Gegenteil zu: Je »mehr« Stadt wir ausgesetzt sind oder je länger wir als Kind in einer Großstadt gelebt haben, desto empfindlicher reagieren wir offenbar generell auf stressige Situationen. Das geht so weit, dass Forscher allein an unserem Gehirn erkennen können, ob wir als Kind in einer Stadt aufgewachsen sind bzw. wie groß die Stadt ist, in der wir als Erwachsene leben.

In einer Studie dazu, erschienen im Wissenschaftsmagazin *Nature*, untersuchte ein deutsches Hirnforscherteam Personen, die entweder auf dem Land, in Orten mit mehr als 10 000 Einwohnern oder in Großstädten mit über 100 000 Einwohnern wohnten bzw. dort ihre Kindheit verbracht hatten. Während sie in einem Kernspintomographen lagen und man ihre Hirnaktivität aufzeichnete, stresste man die Testpersonen mit anspruchsvollen Mathe-Aufgaben. Zeitdruck erhöhte den Stress zusätzlich, und dann war da noch der Versuchsleiter, der den Leuten über einen Kopfhörer mit scharfer Kritik in den Ohren lag.

Das Ergebnis: Gewisse »Stresszentren« des Gehirns leuchteten im Scanner umso stärker auf, je größer die Stadt war, in der die Testperson lebte, oder auch je mehr sie ihre Kindheit in einer Stadt verbracht hatte. Bei jenen Menschen, die aktuell in einem Dorf wohnten, erregte sich zum Beispiel eine Hirnregion namens Mandelkern (Amygdala) unter Druck nicht sonderlich stark, bei den Städtern fiel diese Erregung im Vergleich dazu schon etwas heftiger aus, am heftigsten aber war sie bei den Großstädtern. Der Mandelkern ist eine Hirnstruktur, die unter anderem bei Angstreaktionen eine wichtige Rolle spielt: Wenn Sie nachts mit einem mulmigen Gefühl in der Magengegend durch eine düstere Gasse eilen, die Ihnen nicht ganz geheuer vorkommt, dann können Sie davon ausgehen, dass Ihr Mandelkern gerade verrücktspielt und Ihren Körper in Alarmbereitschaft versetzt.

Die anregende Wirkung der Großstadt könnte somit, wie die Forscher spekulieren, unter Umständen auch etwas *zu* anregend werden, über den Mandelkern eine Art von Daueralarmzustand in uns auslösen und so stressbedingten Krankheiten – zu denen man auch viele psychische Störungen, wie Depressionen, zählt – Vorschub leisten.[10]

Der virtuelle Superorganismus oder Wenn Facebook eine Stadt wäre

Dorf- und Stadtgehirn ticken also etwas anders, was ja, angesichts der unterschiedlichen Umwelten, denen sich das Gehirn anpassen muss, auch nicht weiter verwunderlich ist. Stellt sich nur die Frage: Wie lange wird dieser Unterschied noch bestehen bleiben? Spielt es in Zeiten des Internets nicht eine stets geringere Rolle, wo wir leben? Jeder ist per E-Mail, Skype, Facebook etc. jederzeit überall zu erreichen. Man braucht kaum noch vor die Tür zu gehen, um in der Welt, um mitten im Geschehen zu sein.

Wenn nun aber zwei der treibenden Kräfte hinter der urbanen Rastlosigkeit tatsächlich (1) die Dichte der Eindrücke, Informationen, Veranstaltungen etc. sowie (2) die Dichte der zwischenmenschlichen Kontakte sein sollten, dann würde eine Konsequenz der Tatsache, dass diese »Anregungsdichte« in der virtuellen Welt noch unvergleichlich viel höher ausfällt als in jeder »wirklichen« Welt, darin bestehen, dass wir in Sachen Rastlosigkeit das Ende der Fahnenstange noch lange nicht erreicht haben (und dass langsam auch der Online-Dorfbewohner stark beschleunigt werden dürfte). So stimulierend die Großstadt auch sein mag, 20 Minuten Multitasking vor einem Computer bieten, richtig genutzt, eine noch höhere Erlebnis-, Informations- und Kontaktdichte.

Fast kann einem der arme Offline-Zeitgenosse leidtun, der sich nach wie vor tapfer durch den Großstadtdschungel kämpft, um seine Geschäfte zu erledigen, der Kunden einzeln abklappert oder in Bibliotheken verstaubte Bücher nach Informationen durchstöbert – die Strapazen, die er auf sich nimmt, muten geradezu rührend heroisch an, verglichen mit jener eleganten Effizienz und Ökonomie, mit der sein Online-Kollege im gleichen Zeitraum durchs Netz surft. Recherchen, für die man einst Stunden, Tage, Wochen oder noch länger brauchte, sind häufig nur noch ein paar Klicks entfernt. Kunden erreicht man per Rundmail schneller, leichter und in weitaus höherer Zahl als per Rundreise. Was die Anregungsdichte betrifft, verblasst im Vergleich zu den Untiefen des Internets sogar das nicht eben spärliche Angebot an Veranstaltungen oder zwischenmenschlichen Austauschmöglichkeiten, das sich den Einwohnern von Millionenmetropolen wie London oder Tokio bietet.

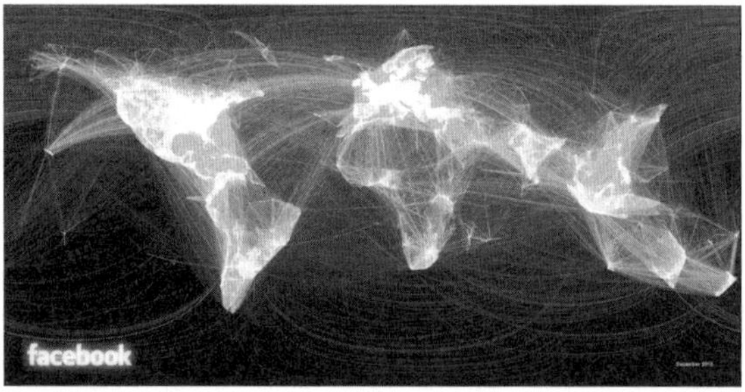

Ein Facebook-Mitarbeiter hat die Freundschaftsverbindungen von zehn Millionen Facebook-Mitgliedern untereinander visualisiert – das Resultat sieht man oben. Wäre Facebook eine Stadt, sie würde rund 750 Millionen Einwohner zählen, jeder Einwohner hätte über 100 Freunde, die Stadt selbst würde ihren Einwohnern gut 900 Millionen Ausflugsziele bieten (Seiten, Gruppen etc.), und man würde in dieser Mega-Multikultimetropole über 70 Sprachen sprechen.[11]

Überträgt man die Erkenntnisse des Sante-Fe-Physikerteams auf die virtuelle Welt, die jede urbane Größenordnung sprengt, erscheint es als gar nicht allzu wilde Spekulation, dass der Online-Mensch von morgen, je mehr er zum Einwohner jener Supermetropole namens Internet wird, sich umso mehr auch in ein noch erfinderischeres, kreativeres, produktiveres, ruheloseres und stressanfälligeres Wesen verwandeln wird, als unser herkömmlicher Großstädter ohnehin schon ist. Das ist die eine Seite.

Die andere sieht so aus, dass, Internet hin oder her, nach wie vor Millionen Geschäftsleute Tag für Tag in ihren Wagen, in den Zug und ins Flugzeug steigen, nur um ihre Geschäftspartner und Kunden persönlich aufzusuchen. Wissenschaftler reisen von Konferenz zu Konferenz, um ihre Kollegen zu sehen und von ihnen gesehen zu werden. Autoren geben, statt einfach ein Youtube-Video online zu stellen, Lesungen in entlegenen Dörfern, bei denen (ich spreche aus Erfahrung) oft nicht mehr als zwei Dutzend hartnäckig Interessierte auftauchen. Anderes Beispiel: Wer auf Facebook versucht, sich mit Leuten zu befreunden, die er nie zuvor in der Offline-Welt getroffen hat, beißt für gewöhnlich auf Granit. Die meisten unserer Facebook-Freunde haben wir in unserem Leben mehrmals getroffen.

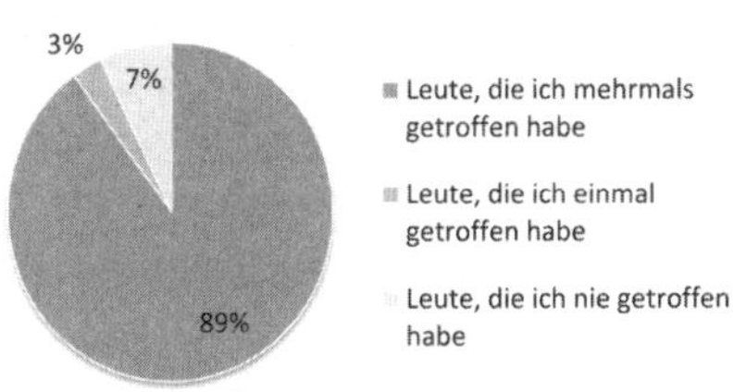

Woher kennen Sie Ihre Facebook-Freunde? Wahrscheinlich aus dem wirklichen Leben, wie das hier abgebildete Ergebnis einer Umfrage unter Hunderten von Facebook-Mitgliedern einmal mehr unterstreicht.[12]

So wird es wohl auch bis auf weiteres bleiben. Als biologische Wesen werden wir vermutlich immer auf den direkten Kontakt zu unseren Mitwesen angewiesen sein, um so etwas wie Vertrauen und Nähe herzustellen. Und tatsächlich ist, wie sich herausstellt, der unmittelbare Kontakt zu unseren Mitmenschen auch gar nicht ineffizient oder unproduktiv, es verhält sich genau umgekehrt: Wir brauchen die persönliche Nähe geradezu, um effizient und produktiv zu sein.

Einen schönen empirischen Beleg dafür liefert die Welt der Wissenschaft, wo es, im Gegensatz zu früher, viel seltener geworden ist, als zurückgezogenes Einzelgenie weitgehend im Alleingang bahnbrechende Entdeckungen zu machen. Stattdessen arbeitet man zunehmend in Teams, und hier gilt: Je näher die Teams rein räumlich zusammenarbeiten, desto erfolgreicher sind sie, was sich direkt am Einfluss ihrer Publikationen ablesen lässt.

Üblicherweise ist es bei einer wissenschaftlichen Publikation so, dass der Forscher, der die Autorenliste anführt, die praktische Hauptarbeit gemacht hat, bei dem zuletzt aufgelisteten Autor handelt es sich meist um den »Chef« des Projekts (Laborleiter, Institutsdirektor, derjenige, der das Geld für das Projekt aufgetrieben und in der Regel auch die Forschungsrichtung vorgegeben hat). In einer Studie an der Harvard-Universität hat man für einen gewissen Zeitraum einen Teil der dort hervorgebrachten Publikationen untersucht, wobei man sich auf zwei Aspekte fokussierte: Erstens, wie oft die Publikation von Forscherkollegen zitiert wurde (»Impact Factor« genannt, in der Wissenschaft der Indikator schlechthin für die Relevanz der Arbeit), und zweitens, wo auf der Welt die beteiligten Forscher arbeiteten.

Dabei offenbarte sich ein klarer Zusammenhang zwischen der

Distanz des Erst- und Letztautors und dem Erfolg ihrer Arbeit: Je näher die beiden wichtigsten Figuren der Publikation sich räumlich waren, desto häufiger wurde ihre Studie von Kollegen zur Kenntnis genommen. Forschten die beiden in ein und demselben Gebäude, wurde ihre Publikation mit Abstand am häufigsten zitiert, deutlich öfter, als wenn sie »nur« in der gleichen Stadt arbeiteten, und viel öfter als die Publikationen jener Teams, deren Protagonisten in verschiedenen Städten lebten.[13]

Das Internet ist also kein Ersatz direkter Kontakte, es ergänzt sie (wozu auch die Beobachtung passt, dass Facebook-Mitglieder nicht weniger, sondern mehr Freunde in der realen Welt haben als Facebook-Abstinenzler[14]). Der unmittelbare zwischenmenschliche Austausch gehört nun mal zu unserem Wesen.

Städte sind der Ort, wo diese Seite unseres Wesens ihre höchste Ausprägung findet. Erstmals in der Geschichte der Menschheit leben weltweit mehr Menschen in Städten als auf dem Land, und in Zukunft werden immer mehr Menschen in immer größeren Metropolen leben.[15]

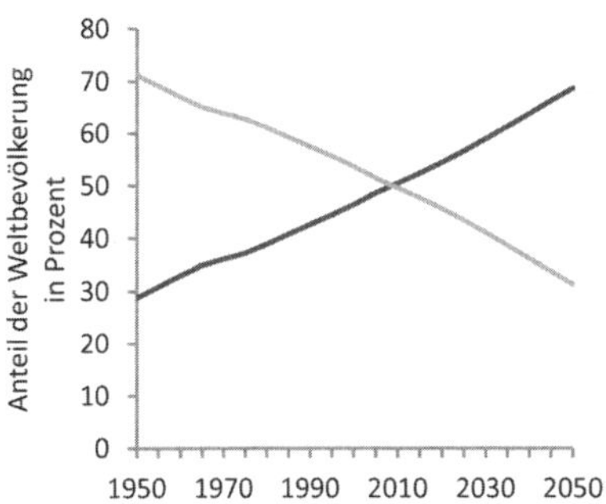

Zu dem anregenden Rastlosigkeitsschub, den wir aus der Großstadt erfahren, gesellt sich nun noch der Schub aus der sich stetig ausweitenden Online-Welt. Immer mehr Dorfbewohner werden zu Stadtbewohnern, immer mehr Stadt- *und* Dorfbewohner werden zu Bewohnern des Internets (dass es irgendwann mehr Online- als Offline-Bürger gibt, ist ja ebenfalls nur noch eine Frage der Zeit). Wie es scheint, wird uns das Phänomen der modernen Rastlosigkeit also wohl noch eine Weile zu schaffen machen – gut möglich auch, dass sie uns Stadt- und Netzneurotikern in Zukunft mehr zu schaffen machen wird denn je zuvor.

Epilog
Wo das Glück zu finden ist

Raus aus dem Hamsterrad, rein ins Leben

Man könnte meinen, die Natur hätte es praktischerweise so für uns eingerichtet, dass dasjenige, was wir wollen und wofür wir uns entscheiden, auch automatisch das ist, was uns guttut. Anders gesagt: dass wir Menschen im Großen und Ganzen Entscheidungen treffen, die uns – letztlich – glücklich machen. Warum sollte es nicht so sein? Warum sollte die Natur so gemein sein und uns eine Neigung für Entscheidungen mit auf dem Weg gegeben haben, die uns ins Verderben führen?
Nun, auch wenn es nicht zum Auftrag der Natur gehört, uns glücklich zu machen, in gewisser Weise hat sie es durchaus gut mit uns gemeint. Wenn unserem Körper Nahrung fehlt, stimmt uns das hungrig, und wir essen. Fehlt uns Wasser, trinken wir etc. Unsere Instinkte sind allerdings nur unter den Voraussetzungen, unter denen sie entstanden sind, einigermaßen narrensicher: in einer Umwelt chronischer Knappheit.
Wir aber haben die chronische Knappheit durch ein chronisches Zuviel ersetzt, womit auch die Logik der Natur aus den Fugen geraten ist. In einer Welt des Überflusses essen (und trinken) wir mitunter mehr und bewegen uns weniger, als uns guttut. Wir rauchen. Wir legen uns auf die Sonnenbank. Wir schlendern gelangweilt durch einen Supermarkt, wo es *alles* gibt. Und was tun wir? Statt zu den öden Karotten greifen wir

beherzt zur Chipstüte. Was unser körperliches Wohl betrifft, treffen wir mit unseren Steinzeitgenen in der Supermarktwelt ganz offensichtlich immer wieder Entscheidungen, die nicht ganz so günstig sind.

Bis zu einem gewissen Grad gilt etwas Ähnliches für unser psychisches Wohlbefinden. Nehmen wir dazu ein einfaches Beispiel, das Ökonomen als »Pendler-Paradox« bezeichnen. Vor die Wahl gestellt, wo wir wohnen sollen, scheinen viele von uns einen universellen Stimmungskiller zu unterschätzen: die tägliche Fahrt zur Arbeit. Kaum etwas ist so nervtötend wie morgens in der Rushhour auf dem Weg ins Büro im zähflüssigen Stau zu stecken und sich Meter für Meter zur Arbeitsstelle vorzukämpfen. Abends gibt's zur Belohnung das Gleiche noch einmal in die andere Richtung.

Trotzdem vernachlässigen viele von uns diesen Glückskiller bei der Wahl des Wohnorts. Da stehen wir also, vor dem tollen Haus am andern Ende der Stadt. Wir sind begeistert. Von der Architektur, von dem großen Garten oder dem Extra-Gästezimmer – das Haus erscheint uns so viel schöner als die Wohnung, die nur fünf Minuten Fußweg vom Arbeitsplatz entfernt liegt. Also schlagen wir zu, ohne die Qual des Pendelns, die zu diesem Haus gehört, einzukalkulieren.

Natürlich gibt es viele gute Gründe, ein gewisses Pendeln in Kauf zu nehmen. Kein so guter Grund ist es, wenn lediglich das Extra-Gästezimmer den Ausschlag gibt. An das Extra-Gästezimmer gewöhnt man sich nämlich bald, an den täglichen Nahkampf im Straßenverkehr jedoch nicht.

Nach Berechnungen der Schweizer Wirtschaftswissenschaftler Alois Stutzer und Bruno Frey müsste jemand, der pro Tag 44 Minuten pendelt, monatlich 470 Euro (gut 35 Prozent) mehr verdienen, um den Glücksschwund, den er einem Nicht-

Pendler gegenüber erleidet, zu kompensieren. Zugleich weisen Studien darauf hin, dass gerade wir Deutsche verhältnismäßig fleißig pendeln, und zwar im Schnitt etwa eine Dreiviertelstunde täglich. Von allen untersuchten westeuropäischen Ländern werden wir dabei nur von den Holländern übertroffen (die Belgier, Finnen, Dänen, Schweden, Spanier, Engländer, Irländer, Franzosen, Österreicher, Luxemburger, Griechen, Italiener und Portugiesen – sie alle pendeln weniger lang als wir).[1] Warum tun wir uns das an?

Wohl auch deshalb, weil wir bei der Wahl unserer Wohnung nicht hinter unseren Mitmenschen zurückfallen wollen. Wir wollen nicht nur absolut, sondern auch relativ gut dastehen. Ja, unter Umständen ist es uns sogar wichtiger, relativ gut dazustehen: Wir nehmen eine tägliche Qual in Kauf (lange Pendelzeit, hohe Hypothek, die uns knebelt, Job, der uns frustriert) und *opfern* unsere »absoluten« Bedürfnisse nachgerade einem zwischenmenschlichen Positionskampf.

Und aus Sicht der Natur ergeben ein solcher Kampf und ein solches Opfer ja auch Sinn! Sobald es um unsere Vermehrung geht, ist es eben nicht nur wichtig, wie wir absolut abschneiden, nein, entscheidend ist, dass wir unseren Nachbarn stets um eine Nasenlänge voraus sind.

Unsere nächsten Artgenossen werden immer auch unsere ärgsten Konkurrenten sein, daran wird selbst ein noch so hoher Wohlstand nichts ändern (sie sind es, die uns den Job oder den Partner wegschnappen). Dennoch haftet relativen Positionskämpfen, die inmitten eines nie dagewesenen Wohlstands teils erbittert ausgefochten werden, zuweilen etwas Absurdes an. Was würden wir tun, wären unsere Nachbarn Millionäre? Dann bliebe uns wohl nichts anderes übrig, als der zweiten Million hinterherzujagen. Was uns zu noch härterem Schuften veranlassen würde – aber wofür eigentlich? Zu welchem Ende? Und um welchen Preis? (Der Großteil der Menschheit würde uns wahrscheinlich am liebsten heute schon wachrütteln und zurufen wollen: Ihr seid doch alle längst kleine Millionäre!)

Und ja, wir zahlen für das Wettrüsten einen Preis. Im Extremfall besteht er darin, dass wir bei all den zwischenmenschlichen Kämpfen aus dem Auge verlieren, was wir uns einst sonst noch vom Leben erhofft und erträumt hatten und wofür es sich wirklich zu kämpfen lohnt. Am Ende, nach einem erschöpfenden Dauerstrampeln im Hamsterrad, haben wir vielleicht einige (uns gar nicht so wichtige) Leute beeindruckt und können uns den einen oder anderen materiellen Luxus leisten, der unsere Nachbarn vor Neid erblassen lässt. Den Krimi aber, den wir immer schreiben wollten, haben wir nie geschrieben. Wir sind auch nie zu der dreimonatigen Weltreise gekommen, bei der wir zu Fuß die Namib-Wüste durchqueren wollten. Ja, wenn man es genau nimmt, haben wir in unserem Leben viel zu wenig von dem gemacht, was wir eigentlich hatten machen wollen.

Erinnern Sie sich an die Harvard-Studie am Ende des zweiten Buchteils? Forscher hatten Testpersonen unterschiedliche Szenarien vorgelegt (wollen Sie lieber 50 000 Euro jährlich verdienen, während alle andern 25 000 bekommen? Oder bevorzugen Sie 100 000 bei einem durchschnittlichen Konkurrenzgehalt von 200 000?). Es zeigte sich, dass es uns oft darauf ankommt, unsere Mitmenschen zu übertreffen, selbst wenn das auf Kosten unserer absoluten Einkünfte oder unseres absoluten IQ geht.

Das war aber noch nicht alles. Wie sich in der Studie ebenfalls herausstellte, gilt diese weitverbreitete Vorliebe für relatives Besserabschneiden nicht in jedem Lebensbereich. Beispiel: Danach gefragt, ob sie lieber zwei Wochen Urlaub hätten, während sich alle anderen mit nur einer Woche begnügen müssten, oder lieber vier Wochen Urlaub in einer Welt, in der alle anderen acht Wochen Urlaub haben, entschied sich eine überwältigende Mehrheit der Leute für Szenario 2: Sobald es um die Urlaubsdauer geht, ist es uns anscheinend ziemlich egal, was unser Nachbar treibt.[2] Unser Nachbar verdirbt uns nicht unsere Ferien, nur weil er eventuell eine Woche länger an der Nordsee verweilt als wir. Das Absolute siegt über das Relative. Der »Nachbar«[3] hat seine Macht über unser Wohlbefinden verloren. Wir haben die zwischenmenschliche Kampfzone hinter uns gelassen (in der unser Glück nicht in erster Linie von *unseren* Entscheidungen bestimmt wird, davon, was *wir* haben, sondern maßgeblich auch davon, was Herr Meier von nebenan zufällig tut und hat, was letztlich nichts anderes heißt, als dass wir unser Glück in die Hände der Meiers dieser Welt legen).

Es gibt viele Lebensbereiche, in denen das Glück weitgehend »nachbarunabhängig« ist, und aus Sicht unseres Wohlbefindens ist es klug, diese Lebensbereiche nicht allzu leichtfertig den diversen Statuskämpfen, zu denen wir uns genötigt fühlen, zu opfern. In der Zeit, die wir mit Freunden und Familie, mit einem geliebten Hobby oder beim Sport verbringen, kümmert es uns herzlich wenig, wie viele Stunden irgendjemand anderes auf diese Weise verbringt. Wir fühlen uns an dem verlängerten Wochenende mit unseren langjährigen Freunden, auf einer spannenden Reise oder nach einer Runde Joggen einfach besser, egal, ob unser Erzrivale XY auch joggen war oder nicht, und selbst wenn XY fünf Kilometer weiter gejoggt ist, ändert das kaum etwas an dem wohltuenden Effekt, den wir erfahren (blöd ist, wenn XY uns just auf unserer Runde überholt).

Absolute Bedürfnisse zu befriedigen ist ein zuverlässiger Weg zum Glück, da es uns unabhängig macht von dem, was andere tun und wie sie dabei abschneiden, etwas, das wir bekanntlich nicht in der Hand haben.

Da Tätigkeiten jenseits des Statuswettrüstens das Glück absolut vermehren, würde es uns auch als Gesellschaft insgesamt bessergehen, würden wir uns etwas mehr auf diese nichtpositionellen Glücksbringer konzentrieren. Nicht umsonst schlagen manche Ökonomen vor, dass jeder, der sich einen Ferrari oder Hummer H1 zulegt, eine Sondersteuer entrichten müsste, um zusätzlich zum tatsächlichen auch den psychologischen Umweltschaden, den er mit seinem Kauf anrichtet, wiedergutzumachen. Im Gegensatz zum Profi-Urlauber, Hobby-Maler und leidenschaftlichen Langläufer, die mit ihrem harmlosen Vergnügen allesamt keinem Mitbürger wehtun, stiehlt der Ferrarifahrer allen Fiatkollegen einen Teil des Vergnügens an ihrem Fiat, schlicht und einfach dadurch, dass ihr Fiat vom Ferrari so massiv in den Schatten gestellt wird (ähnlich könnte man Schönheits-OPs besteuern, die zur Folge haben, dass alle, die sich daran nicht beteiligen wollen, automatisch relativ weniger toll / jung / sexy etc. aussehen).

Ich bin kein Volkswirtschaftler, mir persönlich erscheint es wichtiger, wenn sich jeder von uns gelegentlich die Zeit nimmt, in seinem rasenden Alltag einen Moment innezuhalten, um sich ein paar einfache, wenn auch mitunter unbequeme Fragen vorzulegen, die da lauten:

- Aus welchen Gründen entscheide ich mich eigentlich für dies und das (für das größere Haus, für die Beförderung, dafür, dies oder jenes zu kaufen, und für diesen Kauf zahlreiche Überstunden bzw. einen Job machen zu müssen, den ich hasse)?

- Sind das Gründe, hinter denen ich stehe?
- Haben in der Vergangenheit vergleichbare Entscheidungen (wie jene der Art, die ich momentan treffe) mein Leben bereichert, haben sie mich glücklicher gemacht?
- Befinde ich mich in einer Statusspirale, in die mich meine soziale Umwelt nötigt und die mich von dem, was ich wirklich tun will, allzu sehr entfernt?
- Wie hoch ist der Preis für mein jetziges Handeln bzw. Nicht-Handeln? Was verliere ich, wenn ich die nächsten zehn, zwanzig Jahre so weitermache wie bisher?

Kommt man bei der Selbstinspektion zum Schluss, dass man schon seit geraumer Zeit an den eigenen Bedürfnissen, Wünschen und Lebensträumen vorbeilebt, sollte man sich fragen, mit welchen Prioritäten und Entscheidungen man sich eventuell besser in seiner Haut fühlen würde.

Manche empfehlen dazu, die Sache einmal vom Ende her zu denken: Stellen Sie sich vor, Sie befänden sich im Himmel und blickten auf Ihr Leben zurück, das nun für immer vorbei ist – was hätten Sie gern mehr getan, was weniger? Was hätten sie unbedingt tun sollen (und verfluchen jetzt, es nicht getan zu haben)? Wenn Sie jetzt rufen: Verdammt, hätt' ich bloß mehr Stunden im Büro verbracht!, dann wissen Sie, was zu tun ist. Wenn nicht, wenn Ihnen ein Jugendtraum oder ein konkretes Wagnis vor Augen schwebt, fragen Sie sich doch einmal, was Sie eigentlich davon abhält, dieses Wagnis einzugehen. Natürlich gibt es dafür Gründe, aber sind diese Gründe es wirklich wert?

Geld oder Liebe?

Eine Leistungsgesellschaft belohnt Leistung – und weniger dafür, ob sich jemand um seine Freunde oder Familie kümmert. Vor die Wahl gestellt, ob wir für den Job umziehen und unsere Freunde und Verwandten verlassen sollen, trifft aus Sicht des Bruttoinlandsprodukts derjenige die bessere Entscheidung, der dem Job hinterherzieht.

Würden wir die Sache aus Sicht eines Bruttoglücksprodukts betrachten, würde sie sich anders und nicht ganz so einfach darstellen. Aus der Perspektive des Glücks spielen sowohl eine spannende Arbeit als auch Freundschaften und Familie eine entscheidende Rolle. Kann uns die Wissenschaft sagen, welche dieser Glücksquellen am wichtigen ist?

Die Antwort lautet: nein und ja. Nein, weil jeder selbst herausfinden muss, wo seine Prioritäten liegen, und je nach Lebensphase verschieben sich diese Prioritäten ja auch.

Das heißt jedoch nicht, dass die Wissenschaft uns in der Hinsicht überhaupt nichts mitzuteilen hätte. Wie wir gesehen haben, hat in Deutschland die Zufriedenheit in den letzten Jahrzehnten nachgelassen, was bedeutet, dass bei uns das Glück *im Schnitt* gesunken ist. Aber wie ja eigentlich nicht anders zu erwarten und wie neue Analysen bestätigen, gibt es auch bei uns einige Zeitgenossen, die in Sachen Glück ziemlich gut abschneiden.

Mehr noch, wie sich herausstellt, gibt es hierzulande eine beachtliche Zahl von Leuten, deren Lebenszufriedenheit in den letzten Jahren, entgegen dem allgemeinen Miesepetertrend, geradezu gewachsen ist (so hat etwa sechs Prozent der Bevölkerung in den vergangenen zwanzig Jahren auf einer Glücksskala von 0 bis 10 immerhin zwei Punkte oder noch mehr zugelegt). Da aber die Gruppe jener Miesepeter, die im gleichen Zeitraum deutlich unzufriedener geworden sind, weitaus größer ist (13 Prozent der Bevölkerung), geht die glückliche Ausnahmegruppe im statistischen Durchschnittsbrei unter.[4]

Der Befund wirft eine interessante Frage auf: Wie unterscheiden sich die Glückspilze eigentlich von den Unglücksraben? Um es herauszufinden, hat man kürzlich einen genaueren Blick auf die Daten des »Sozio-ökonomischen Panels«, SOEP, geworfen. Beim SOEP handelt es sich um eine der weltweit umfangreichsten Langzeitstudien ihrer Art. Seit Anfang der 1980er Jahre ist in Deutschland ein Ermittlerteam unterwegs, um unseren Befindlichkeiten auf den Grund zu gehen. Allein 2010 waren mehr als 500 Interviewer in 11 500 deutschen Haushalten zu Besuch, um dort die unterschiedlichsten Informationen über 24 225 Menschen zu sammeln.[5]

Falls möglich, werden beim SOEP jedes Jahr dieselben Menschen befragt, etwa nach ihrer Lebenszufriedenheit, aber zum Beispiel auch nach ihren Lebenszielen. Diese Ziele lassen sich in drei Hauptkategorien zusammenfassen: »Familie«, »Soziales« sowie »Geld und Karriere«. Manche von uns legen eben besonders viel Wert auf ihre Partnerschaft, auf eine Ehe und Kinder (und punkten so bei der Lebenszielkategorie »Familie«). Anderen sind ihre Freundschaften hochgradig wichtig (Kategorie »Soziales«, zu der auch das Bedürfnis gehört, seinen Mitmenschen helfen zu wollen, sowie soziales und politisches Engagement). Und wieder anderen geht es im Leben in hohem Maße darum, dass sie sich Sachen kaufen können, dass sie ihr Potential verwirklichen und beruflichen Erfolg haben (Kategorie »Geld / Karriere« bzw. persönlicher Erfolg).

Wie die Auswertung der SOEP-Daten zeigt, hängt unser Glück

messbar davon ab, auf welchen dieser drei Lebensbereiche wir unsere höchste Priorität setzen. Wer ausgesprochen viel Wert auf Freundschaften, Ehe und Familie legt, darf, wie sich herausstellt, mit einem Glücksbonus rechnen. Diese Menschen werden auch mit den Jahren immer zufriedener. Konsequente Karrieremenschen dagegen neigen im Vergleich dazu zu chronischer Unzufriedenheit. (Weiterer, aufschlussreicher Befund: Die Lebensprioritäten unseres Partners beeinflussen ebenfalls unser Glück – vor allem Frauen sind zufriedener, wenn sie mit einem Mann zusammen sind, der hohen Wert auf die Familienkategorie legt!)[6]

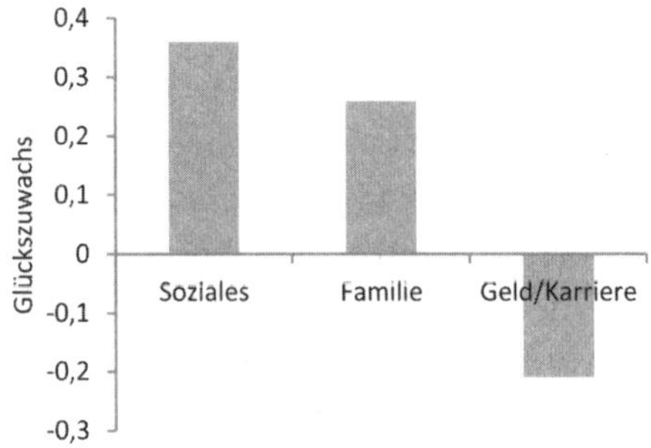

Auch bei diesem Ergebnis handelt es sich wiederum »nur« um Durchschnittswerte. Jemand, der viel Wert auf Geld und Karriere legt und dafür einiges im Leben opfert, kann durchaus glücklich werden. Umgekehrt ist nicht jeder für die Ehe geboren, und manche kommen sehr gut ohne Freundeskreis klar. Im Großen und Ganzen aber deuten die Befunde darauf hin, dass wir Deutsche unser Leben allzu stark aufs Geld, den persönlichen Erfolg und die Karriere ausrichten. Es ist, als würde unsere Leistungs- und Konsumgesellschaft uns zuflüstern: Wenn du Erfolg hast, wenn du das und das Projekt schaffst und den und den Schritt in deiner Karriere machst, wenn du mehr verdienst und dir dies und jenes kaufen kannst, dann, glaub mir, dann wirst du endlich alle Sorgen los und glücklich sein. Dieses Wenn-dann-Versprechen jedoch erweist sich, zumindest in dieser Radikalität, als trügerisch. Ja, tatsächlich kann man sagen, dass es vielen besser ginge, würden sie, statt sich allzu sehr in dieses Rattenrennen zu verstricken, etwas mehr Wert auf Freundschaften, soziales Engagement und die Familie legen.

Schluss mit dem ewigen Ich-könnte-doch – lieber ausprobieren

Wohlstandsgesellschaften schaffen Optionen, und Optionen laden zum Träumen ein. Ich tue zwar immer nur dies, aber ich könnte doch auch … und sollte ich nicht lieber? – so oder so ähnlich rumort es in unserem Kopf angesichts der zahlreichen, verlockenden Lebensmöglichkeiten, die sich uns bieten. Vielleicht wäre ich auf dem Land glücklicher als hier (mitten in der lärmenden Großstadt), womöglich wäre mein Leben ganz anders verlaufen, hätte ich damals versucht, den Roman zu schreiben, den ich immer habe schreiben wollen …

Wer unter wiederkehrenden Vielleicht-sollte-ich- und Hätte-ich-doch-bloß-Gedanken leidet, hier ein verwegener Vorschlag: Versuchen Sie's doch einfach mal!

Haben Sie schon zu oft gehört? Ist Ihnen zu vage? Finden Sie naiv? Gut, wie wäre es mit folgender Dreimonatsregel: Schaffen Sie sich noch im Laufe dieses Jahres ein, zwei oder, wenn möglich, drei Monate Zeit, um Ihren Lieblingstraum in der Realität zu prüfen. Es soll bei diesem ersten Schritt noch nicht

um die letztendliche Verwirklichung Ihres Traums gehen, betrachten Sie das Ganze als Probelauf.
Ein simples Beispiel zuerst: Sie grübeln darüber, ob Sie sich einen Hund zulegen sollen? Vorschlag: Leihen Sie sich für ein paar Wochen den Hund Ihrer Freunde / Bekannten (zum Beispiel, wenn diese in Urlaub gehen: Man wird es Ihnen danken). Sollten Sie, nachdem der Köter Ihre Bude in Schutt und Asche gelegt hat, zum Schluss kommen, dass ein Hund genau das ist, was Ihnen bisher zum Glück gefehlt hat, prima! Sollten Sie haarige Vierbeiner fortan nicht mehr ausstehen können – alles halb so schlimm. Selbst in diesem Fall gibt es eine positive Nachricht: Das Rumoren in Ihrem Kopf ist um ein »Sollte-ich-nicht?« leiser geworden.
Wer davon träumt, Romancier oder Kinderbuchautor zu werden, könnte damit anfangen, vier, fünf Kurzgeschichten zu schreiben. Haben Sie Ideen? Macht Ihnen die Sache Spaß? Finden Sie am Ausdenken und Schreiben von Geschichten Gefallen, oder war es vielleicht eher die Vorstellung vom Leben als Schriftsteller, die Ihnen gefallen hat?
Finden Sie Vergnügen an der Tätigkeit, werden Sie sich automatisch die Zeit dafür schaffen und immer weiter schreiben, bis sich daraus eines Tages hoffentlich eine richtig gute Geschichte ergibt. (Das wird natürlich nicht einfach werden, aber wollen wir das überhaupt, »einfach«? Wollen wir wirklich immer nur das tun, was man auf Anhieb beherrscht, wofür man sich keine Mühe geben muss, wofür man keinerlei Handwerk braucht und bei dem man also auch nichts lernt?)
Okay, Sie wollen kein Buch schreiben, Sie haben ein ganz anderes Problem: Sie träumen von einem Leben auf dem Land. Die Vorstellung will Ihnen einfach nicht aus dem Kopf gehen. Der Bauernhof, die Natur, die Ruhe …

Zugegeben, es erfordert einen gewissen Aufwand, für drei Monate mit Sack und Pack oder Kind und Kegel aufs Land zu ziehen, lediglich um dabei herauszufinden, ob einem das wirklich gefallen könnte oder nicht. Nur, wenn es sich um einen wiederkehrenden Traum handelt, den Sie nicht loswerden, lohnt es sich, diesen Traum endlich einem Realitätstest zu unterziehen. Eine ökonomische Möglichkeit wäre in diesem Fall ein vorübergehender Haustausch.

Warum all diese lästigen Praxistests so wichtig sind? Erstens ist unsere Vorstellungskraft begrenzt. Was aber noch entscheidender ist: Unsere Phantasie hat, wie wir alle wissen, die Angewohnheit, sich die Dinge schönzufärben. Einzig und allein der mutige Praxistest gibt uns ehrlichen Aufschluss darüber, ob uns etwas wirklich Freude bereitet, ob etwas zu uns passt oder auch: ob wir etwas können.

Heikles Feld, das mit dem Können. Wie im vorigen Teil des Buchs erläutert, sind mit der Freiheit und dem Wohlstand unsere Träume zunehmend zu amerikanischen Träumen geworden. Alles ist möglich! Jeder kann jederzeit alles werden! Verwirkliche dich selbst! Hol alles aus dir raus, was sich rausholen lässt! (Ja, auch du kannst Gouverneur von Kalifornien werden.) So lauten einige der frohen Botschaften, die man uns zuruft.

Das Vertrackte an diesen Botschaften ist, dass sie eben nicht auf Fiktionen beruhen. Arnold Schwarzenegger, Joanne K. Rowling, Bill Gates & Co. sind schließlich keine Phantasiegestalten wie Lord Voldemort. Außerdem sind es anregende, ermutigende Botschaften.

Zugleich sind die Versprechen der freien Gesellschaft Ideale, die sich leider nur in Einzelfällen – und mit verdammt viel Glück – völlig erfüllen lassen. Umso wichtiger, sich im Praxistest nicht nur über die eigenen Vorlieben, sondern auch über die eigenen Grenzen klarzuwerden: Wo liegen meine Stärken, wo meine Schwächen? Gerade in einer Zeit zahlreicher Lebensoptionen ist eine Antwort auf diese Frage besonders hilfreich, da auch die eigenen Fähigkeiten sowie die Einsicht in ihre Grenzen dem Leben eine Richtung geben können: Sie kreisen das, was man vernünftigerweise wollen soll, auf ein angemessenes Maß ein.

Sich über die eigenen Schwächen und Grenzen klarzuwerden ist bekanntlich nicht immer angenehm. Danach aber hat man es angesichts ausufernder Lebensoptionen ein ganzes Stück leichter. Das Bewusstsein der eigenen Grenzen stimmt gelassener. Wir wissen jetzt, dass es zwar grundsätzlich viele Optionen gibt, für uns aber eben nur eine gewisse Auswahl in Frage kommt, aus dem einfachen Grund, dass wir nun mal nicht alles können. Der Lärm und das Rauschen der Welt werden abermals leiser …

Übrigens: Auf der Suche nach unseren Vorlieben, Stärken und Schwächen können nicht zuletzt unsere Freunde, Bekannten und Kollegen eine Hilfe sein. Als beteiligte Außenstehende haben sie den Vorteil, nur unser Verhalten zu sehen und nicht die diversen Ideale, die uns im Kopf herumspuken und die wir meinen erfüllen zu müssen (etwa weil wir meinen, mit einem bestimmten Beruf, der uns gar nicht liegt, unsere Eltern glücklich zu machen). Unsere Freunde sehen manchmal klarer, was wir richtig gut können, was uns Spaß macht, wer wir sind. Also legen Sie das Buch weg und fragen Sie!

Vom Immer-Schneller und Immer-Mehr zum klugen Verzicht

Ich bin kein großer Fan unnachgiebiger Selbstdisziplin. Es erscheint mir einfach nicht erstrebenswert, sich selbst vor lauter Disziplin die Freude am Leben zu verderben. Würden wir in einer anderen Zeit und einer anderen Welt leben, ich würde an dieser Stelle wohl kein Loblied auf die Selbstdisziplin und Selbstbeschränkung anstimmen. Aber da wir in einer Überflussgesellschaft leben, in der uns kaum Beschränkungen von außen oder oben auferlegt werden, kann es sich für uns auszahlen, wenn wir die eine oder andere Beschränkung selber auf uns nehmen. Nicht um der Askese, sondern um des Glücks willen.

Dazu ein Beispiel aus meinem Alltag: Zum Berufslaster eines jeden Autors gehört, dass er einigermaßen viel lesen muss, und oft ertappe ich mich beim Artikel- oder Bücherlesen dabei, dass ich die Seiten in einem Irrsinnstempo überfliege. Ich halte inne, merke, wie unbefriedigend das, was ich gerade tue, ist, und frage mich, wieso ich so vorgehe.

Antwort: um auf diese Weise möglichst schnell zum nächsten Buch zu gelangen, das ich dann mit einer ähnlichen Eile durchscanne. Ich lege eine deprimierende Hast an den Tag, um mir schleunigst das folgende Frusterlebnis abzuholen, das sich aus ebendieser Hast ergibt. (Wenn ein Buch schlecht ist, ist es ja sinnvoll, keine Zeit damit zu verschwenden und es, wenn überhaupt, rasch zu lesen – ich bin mir aber nicht sicher, ob die Kausalität nicht gelegentlich auch in die umgekehrte Richtung verläuft und es das Scannen selbst ist, das so manches Buch erst uninteressant erscheinen lässt. Wie auch Woody Allen erfuhr, nachdem er einen Speadreading-Kurs absolviert und es infolgedessen geschafft hatte, *Krieg und Frieden* in zwanzig Minuten durchzulesen. Sein Fazit über das Werk: »Es hat mit Russland zu tun.«)

Weniger ist manchmal mehr. Wahrer Genuss entsteht – wird jedenfalls stark gefördert – durch Knappheit. Gold ist nicht nur wertvoll, weil es glänzt, sondern weil es selten ist. Im Umkehrschluss heißt das: Unsere Wohlstandsgesellschaft untergräbt die Wertschätzung einfacher Dinge schon allein dadurch, dass in ihr vieles extrem leicht und billig zu haben ist.

In einer Studie zu diesem Entwertungseffekt durch Wohlstand zeigte man Testpersonen unter einem Vorwand entweder ein neutrales Foto oder ein Foto von Geldscheinen. Anschließend sollten die Leute ein Stück Schokolade essen. Zwei Beobachter, die nichts über Sinn und Zweck des Versuchs wussten, stoppten die Zeit, die sich die Testpersonen für die Schokolade nahmen. Darüber hinaus versuchten sie einzuschätzen, wie viel Freude die Schokolade ihnen bereitete.

Es zeigte sich: Personen, die man zuvor an Geld erinnert hatte, verschlangen die Schokolade in durchschnittlich 32 Sekunden. Die andern ließen sich dafür nicht nur mehr Zeit (im Schnitt gut 45 Sekunden), sondern schienen die Schokolade nach dem übereinstimmenden Urteil der unabhängigen Beobachter auch erheblich mehr zu genießen!

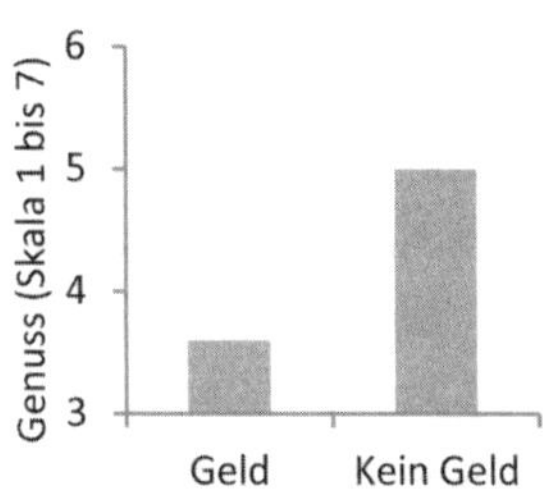

Wie die Forscher des Versuchs vermuten, bringt bereits die bloße Erinnerung an Geld unsere Phantasie auf Touren. Der Möglichkeitsraum in unserem Kopf erweitert sich schlagartig. Unsere Gedanken bekommen Flügel und entführen uns virtuell in das mit drei Michelin-Sternen gekrönte Restaurant an der Côte d'Azur oder auf eine weiße 20-Meter-Yacht in der Karibik, wo uns James, unser persönlicher Butler, soeben kühlen Jahrgangschampagner mit feinnussigem Bouquet eingeschenkt hat. Simple Sachen des Alltags (kühles Bier nach getaner Arbeit, Sonnenstrahlen, etwas so Profanes wie ein Stück Schokolade) verblassen angesichts dieser sprudelnden Phantasien prompt zu ungenießbaren Zumutungen.[7]
In unserer Gesellschaft geht es uns, wie mir scheint, häufig wie den Testpersonen der Geld-Gruppe: Der Überfluss untergräbt unsere Wertschätzung für die scheinbar einfachen Dinge des Lebens. Also streben wir nach immer glänzenderen Dingen, was alles andere nur noch mehr verblassen lässt. Was könnte man gegen diesen Teufelskreis unternehmen?
Eine Möglichkeit wäre, bewusst gewisse Knappheiten in seinen Alltag einzuführen (so wie es die Industrie mit »limited editions« tut). Beispielsweise können selbstgewählte Beschränkungen beim Essen den Genuss und die Wertschätzung dessen, was wir essen, ziemlich wirkungsvoll steigern.
Absolute Fastenzeiten sind da das Extrem, aber es gibt ja auch sanftere oder selektivere Vorgehensweisen. Statt etwa das eine Spare-Rippchen nach dem anderen hinunterzuschlingen, fragen sich in letzter Zeit mehr und mehr Menschen, woher das Fleisch, das sie essen, kommt, unter welchen Bedingungen das Tier gelebt und wie sehr es gelitten hat. Sie lassen sich nicht mehr alles auftischen und genießen stattdessen das, was sie sich mit einiger Sorgfalt ausgewählt haben, umso mehr.

Andere entdecken die Langsamkeit für sich und setzen, statt auf Fast Food, auf Slow Food.
Manche fasten, was ihren TV-Konsum betrifft, und wissen dafür die wenigen, ausgewählten Filme oder Sendungen mehr denn je zu schätzen (nebenbei gewinnen sie Zeit für Aktivitäten, die ihnen ebenfalls wichtig sind).
Andere fasten im Online-Bereich. Sie checken ihre Mails nur noch zweimal am Tag und merken, dass sie dadurch erstaunlich wenig verlieren, dafür eine ganze Welt gewinnen: die Offline-Welt (Sie erinnern sich düster? Einst die einzige Welt, die es gab).
Auch ausufernde soziale Verpflichtungen, sofern sie einen nerven und von Wichtigerem im Leben abhalten, lassen sich mehr oder weniger strengen Fastenkuren unterziehen. »Wollen wir unseren Terminkalender abspecken«, schlägt etwa Alain de Botton vor, »brauchen wir uns nur die Frage zu stellen, wer von [unseren] vielen Bekannten bereit wäre, uns am Krankenbett zu besuchen.«[8] Ein recht strenges Abspeckkriterium, das sich jedoch, je nach persönlichen Bedürfnissen und Vorlieben, problemlos modifizieren lässt (… wer von unseren Bekannten uns anrufen, unsere Abwesenheit bemerken würde etc.).
Weiteres Beispiel: Man könnte vom ständigen Multitasking zu einem bewussten Singletasking übergehen – vielleicht indem man es wagt, im Gespräch mit einem guten Freund oder an einem romantischen Wochenende das Handy auszuschalten (oder zu »vergessen«).
Alle diese Beispiele, die freilich keinen Anspruch auf Vollständigkeit erheben, mögen im ersten Moment ein klein wenig nach calvinistischer Selbstquälerei schmecken, so aber sind sie nicht gemeint. Es ist nur so: In einer Welt chronischer Knapp-

heit hängt unser Leben davon ab, dass wir jederzeit die größtmögliche Gier an den Tag legen. Wird uns etwas angeboten, sollten wir im Zweifelsfall zuschlagen, ja sagen, hingucken, teilnehmen, mitmachen – man kann schließlich nie wissen, was es morgen gibt! In einer Überflussgesellschaft hängen, umgekehrt, unser leibliches und seelisches Wohl unter anderem davon ab, wie gut es uns gelingt, auf so manch überflüssige Sache zu *verzichten*. Wir müssen lernen zu ignorieren, wegzulassen. Wir müssen uns trauen, nein zu sagen, wenn wir nicht das verpassen wollen, was uns wirklich am Herzen liegt.

Nur, was genau ist überflüssig und was nicht? Wo verläuft die Grenze zwischen Zuwenig und Zuviel? Ab wann stellt ein Verzicht einen Gewinn für uns dar, und wann ist es einfach nur ein Verlust? Ich glaube nicht, dass es auf diese Fragen allgemeingültige Antworten gibt. Gerade darin besteht ja eine der zentralen Herausforderungen unserer Zeit: dass jeder die Frage nach der richtigen Balance für sich entdecken und bestimmen muss.

Unsere Gesellschaft erweckt den Eindruck, dass in ihr das Glück gewissermaßen auf der Straße liegt. Wir müssen nur zugreifen! Wer es nicht tut, wer so undankbar ist und es wagt, in einer dermaßen privilegierten Lage wie der unsrigen noch unzufrieden zu sein, dem ist eigentlich auch nicht mehr zu helfen. Der ist einfach ein bemitleidenswerter Fall, bestenfalls stellt er sich an, schlimmstenfalls hat er eine Schraube locker.

Ich hoffe, dieses Buch konnte zeigen, dass es sich so eindimensional nicht verhält. Selbst eine freie Wohlstandsgesellschaft bietet keine Garantie aufs Glück. Stattdessen konfrontiert sie uns mit ihren ganz eigenen Klippen und Fallstricken.

Und doch, das Beleuchten der Abgründe, die sich in unserer Gesellschaft auch verstecken, ändert nichts an der grundsätzlichen Tatsache, dass wir in privilegierten Zeiten leben. Es war bekanntermaßen nicht immer so. Wer weiß, wie lange es so bleiben wird. Die Privilegien, die wir genießen (eingeschlossen das Privileg, sich den einen oder anderen selbstgewählten Verzicht überhaupt leisten zu können), stellen auch insofern etwas äußerst Knappes dar – was uns ihre Kostbarkeit einmal mehr ins Bewusstsein rücken sollte.

Anmerkungen

Erster Teil
Das Freiheitsparadox

1. Die Qual der allzu großen Wahl

1 Da allerdings hat sich Tanja um ein paar Jahre geirrt, wie wir schon damals online (http://en.wikipedia.org/wiki/Charlie_Chaplin) feststellten: In Wahrheit heiratete Chaplin mit 54 seine vierte, damals erst 18-jährige Frau, mit ihr hatte er acht Kinder, das letzte wurde geboren, als Chaplin 73 war.
2 Daten unter (die Studie kursierte bereits 2007 im Internet, bevor sie im August 2009 offiziell veröffentlicht wurde): http://www.marginalrevolution.com/marginalrevolution/2007/10/the-significanc.html
3 Stevenson & Wolfers (2009), siehe zur Situation der Frau in Deutschland auch Schultz-Zehden (2005), zum abnehmenden Glück in Deutschland mehr im zweiten Buchteil.
4 Goldin (2006)
5 http://news.blogs.nytimes.com/2007/09/25/a-happiness-gap/#comment (meine Übersetzung)
6 Stevenson & Wolfers (2009)
7 Genau genommen gab es auch hierfür einen unabhängigen Beobachter, siehe Iyengar & Lepper (2000).
8 Daten aus: Iyengar & Lepper (2000)
9 Iyengar & Lepper (2000), Iyengar (2010)
10 Galeria Kaufhof, Alexanderplatz, Berlin, persönliche Mitteilung
11 Shah & Wolford (2007). Bei den Käufern in der Grafik handelt es sich um absolute Zahlen: Pro Bedingung beobachtete man zehn Leute, über alle zehn Bedingungen also insgesamt 100.
12 Reutskaja & Hogarth (2009)
13 Reutskaja (2008)
14 Für eine kritische Übersichtsstudie siehe Scheibehenne et al. (2010)
15 Vgl. Schwartz (2004 b), Reutskaja & Hogarth (2009)

16 Miller (1956)
17 Jahre, Monate und Tage sind von Sonne, Mond und Erde bestimmt, woher dagegen die Woche kommt, ist nicht ganz so klar.
18 Christakis & Fowler (2010). Wirkliche Freunde werden in der Analyse als solche definiert, die auf ihren Facebook-Seiten Fotos voneinander veröffentlichen. Der Studie zufolge beträgt die durchschnittliche Freundeszahl bei Facebook 110, Facebook selbst spricht von derzeit 130 Freunden: http://www.facebook.com/press/info.php?statistics
19 Binswanger (2006)
20 Für eine experimentelle Bestätigung siehe: Diehl & Poynor (2010)
21 Schwartz (2004 a)
22 Iyengar (2010)
23 http://www.txtpost.com/playboy-interview-steven-jobs/
24 Die Analyse beschränkt sich in der veröffentlichten Studie auf Jungs. Bei den Mädchen, deren Selbstmordrate generell weitaus geringer ist (Ausnahme: China), zeigt sich der Zusammenhang nicht, mehr dazu in Eckersley & Dear (2002).
25 Eckersley & Dear (2002), mit Dank an die Autoren für das freundliche Zur-Verfügung-Stellen der Rohdaten.
26 Der Ausdruck R^2 links oben in der Grafik ist das »Bestimmtheitsmaß«, das auch in einigen weiteren Grafiken des Buchs auftaucht. Kurze Erläuterung dazu: Nehmen wir an, in manchen Ländern ist die jugendliche Suizidrate, wie in dieser Grafik dargestellt, höher als in anderen Ländern. Wie lassen sich die Unterschiede erklären? R^2 ist ein Maß dafür, inwieweit diese Unterschiede (die »Varianz«) mit Hilfe eines Verdachtskandidaten erklärt werden können. Das Maß reicht von 0 bis 1, bei 0 liegt kein Zusammenhang vor, bei 1 ist der Zusammenhang perfekt. Sagen wir, der Verdachtskandidat ist, wie hier, die gefühlte Freiheit des Landes. Liegt R^2 bei 0,5, dann bedeutet dies, dass das Freiheitsgefühl 50 Prozent der Suizid-Unterschiede zwischen den Ländern erklären kann, was angesichts der Komplexität der Sache eine beachtliche Menge ist. Das Praktische am Bestimmtheitsmaß ist: Sobald ich etwas über das Freiheitsgefühl eines Landes weiß, kann ich bis zu einem gewissen Grad vorhersagen, wie es um die Selbstmordrate in diesem Land steht, und mit der Höhe des Bestimmtheitsmaßes steigt die Genauigkeit dieser Vorhersage. Korrelation ist natürlich nicht gleich Kausalität: Auch wenn es einen Zusammenhang zwischen dem Freiheitsgefühl des Landes und der jugendlichen Suizidrate gibt, ist damit noch nicht gesagt, dass das Freiheitsgefühl die Selbstmorde

verursacht. So könnte es zum Beispiel sein, dass ein hohes Freiheitsgefühl mit hohen Scheidungsraten einhergeht, und dass es eigentlich die hohe Scheidungsrate ist, die die Jugendlichen vermehrt in den Suizid treibt (was hier nicht der Fall zu sein scheint).

27 Für eine wissenschaftliche Bestätigung dafür, dass Männer ein tendenziell engeres Interessenspektrum als Frauen haben, siehe z. B. Baron-Cohen (2004). Bei einer Mini-Umfrage auf Facebook bescheinigten zwei Drittel meiner Kontakte Frauen das größte Interessen- und Talentespektrum, nur zwei Leute stimmten für die Männer (eine Bekannte fügte spontan die Kategorie Kinder hinzu).

28 http://blog.elitepartner.de/beliebter-denn-je-elitepartner-hat-uber-zwei-millionen-mitglieder-29092117

29 Quelle: Statistisches Bundesamt, www.destatis.de

2. Wir Perfektionisten

1 Gilbert & Ebert (2002), Gilbert (2006)

2 Gilbert (2006)

3 Bei einem Winkel von null Grad würde der Falter direkt in die Lichtquelle steuern, bei einem rechten Winkel von 90 Grad würde er um die Lichtquelle kreisen, bei stumpfen Winkeln würde er sich in einer Spirale vom Licht entfernen und in der Dunkelheit verlorengehen. So zumindest die Theorie – ob sich Nachtfalter tatsächlich auf diese Weise orientieren, ist umstritten.

4 Schwartz (2004 a, b)

5 Vgl. die Arbeiten von Barry Schwartz, siehe auch http://www.searo.who.int/LinkFiles/Regional_Medical_Services_Jan2010.pdf

6 Dar-Nimrod et al. (2009)

7 Iyengar et al. (2006)

8 Vgl. Schwartz (2004 a), Offer (2006), Markus & Schwartz (2010)

9 Eine Arbeit, in der man aufgeht und die einem alles bedeutet (in die man gewissermaßen verliebt ist), kann natürlich eine ähnliche Wirkung entfalten, aber vermutlich ist die Liebe zu Kindern, Liebhabern, Lebensgefährten, Familienmitgliedern etc. universeller als die Liebe zur Arbeit. Siehe dazu auch die letzten Abschnitte des zweiten Buchteils.

Zweiter Teil
Das Wohlstandsparadox

1. Unzufriedenheit im Überfluss

1 Rath & Harter (2010)
2 http://www.easternct.edu/~pocock/MallsWorld.htm
3 http://www.louisvuitton.com/en/flash/index.jsp?direct1=home_entry_gb0
4 Burkholder (2005)
5 Burkholder (2005), siehe auch Kahneman & Krueger (2006). Für den Zeitraum zwischen 1990 und 2007 kommen Inglehart et al. (2008) zu einem ähnlichen Befund, siehe auch Brockmann et al. (2009).
6 Die Jahreszahlen 2010 und 2011 entsprechen genau genommen dem jeweiligen Veröffentlichungsdatum der Forbes-Liste: http://blogs.forbes.com/russellflannery/2011/03/10/its-chinas-year-on-the-2011-forbes-billionaires-list/
7 Siehe z. B. http://china.usc.edu/App_Images/Dollar.pdf
8 Easterlin et al. (2010), für eine konträre Position siehe Stevenson & Wolfers (2008)
9 Easterlin et al. (2010)
10 z. B. Diener et al. (2010), Kapitel 6, und Inglehart et al. (2008)
11 http://www.iwkoeln.de/Publikationen/IWDossiers/tabid/126/articleid/30053/Default.aspx).
12 Daten BIP: Statistisches Bundesamt, Daten Lebenszufriedenheit: Eurobarometer (Werte transformiert zu einer 0–10-Skala, siehe auch http://worlddatabaseofhappiness.eur.nl/)
13 z. B. Inglehart et al. (2008) sowie Diener et al. (2010), darin unter anderem Kapitel 6
14 Inglehart et al. (2008) analysieren die Daten vom Eurobarometer, Bartolini & Bilancini (2010) analysieren die Daten des Sozio-ökonomischen Panels am Deutschen Institut für Wirtschaftsforschung in

Berlin – beide stellen einen sinkenden Glückstrend für Deutschland fest.

15 Daten unter http://www.diw.de / documents / publikationen / 73 / diw_01.c.91272.de / soep_wave_report_2008.pdf

16 Daten unter http://www.bmbf.de / pub / soep_leben_in_deutschland.pdf

17 Kessler et al. (2011)

18 Die Daten zu den psychischen Störungen in der Grafik stammen aus Kessler et al. (2009), Tabelle II, bei der Häufigkeit handelt es sich um den Anteil der Menschen, die in den letzten zwölf Monaten unter der Störung litten. Siehe auch das etwas ältere Paper WHO World Mental Health Survey Consortium (2004), Tabelle 3. Als reiche Länder definiere ich hier Länder mit einem Mindest-BIP von 10 000 US-Dollar pro Kopf. Ein derartiges Cut-off-Kriterium hat einerseits natürlich etwas Willkürliches, andererseits bietet es auch gewisse Vorteile hinsichtlich der Aussagekraft. Erstens werden die Länder im Großen und Ganzen etwas vergleichbarer. Hinzu kommt, dass es in diesem Kapitel primär um die Frage geht, welche Konsequenzen eine immer weitere Zunahme von Wohlstand in ohnehin wohlhabenden Gesellschaften hat. Der Zeitraum der psychiatrischen Erhebungen waren laut WHO Consortium (2004) die Jahre 2001 bis 2003, weshalb ich das BIP pro Kopf dieses Zeitraums gemittelt habe.

19 Siehe z. B. auch Twenge et al. (2010)

20 Obwohl nationale Studien teilweise auf erheblich höhere Raten für Deutschland kommen, wie etwa Jacobi et al. (2004).

21 Siehe z. B. Jacobi (2009)

22 http://wido.de / uploads / media / wido_pra_pm_krankenstand_0209.pdf

23 Genau genommen handelt es sich um die Renten wegen verminderter Erwerbsfähigkeit, siehe Deutsche Rentenversicherung Bund (2010).

24 Lane (2000)

25 Bünger (2010)

2. Weniger Geld, mehr Geborgenheit: Die Amischen

1 Man nennt sie so, weil die Täufer ihren Nachwuchs nicht wie üblich im Säuglingsalter taufen (um das Baby damit von der »Erbsünde«

reinzuwaschen und in die kirchliche Gemeinschaft aufzunehmen). Ein Baby, so die einleuchtende Auffassung der Täufer, kann ja noch gar keine Sünden begangen haben. Also verschiebt man die Taufe aufs frühe Erwachsenenalter. Dann, und das ist der entscheidende Punkt, soll jeder Einzelne sich aus freien Stücken für oder gegen eine Taufe – sprich: eine Aufnahme in die kirchliche Gemeinschaft – entscheiden.

2 Meine Ausführungen über die Amischen beruhen im Wesentlichen auf Kraybill (1989) und Längin (1990).

3 http://en.wikipedia.org/wiki/File:Amish_vs_modern_transportation.jpg

4 Vgl. auch Marglin (2008)

5 Längin (1990)

6 Einigen Erhebungen und Analysen zufolge ist die sinkende Gesamtzufriedenheit in Deutschland zu einem entscheidenden Teil auf die Gruppe der Über-Siebzigjährigen zurückzuführen, deren Glück in den letzten Jahren besonders stark gelitten hat, siehe z. B. Bartolini & Bilancini (2009).

7 Vgl. Luthar & Sexton (2005)

8 Fragen, die vielleicht so unberechtigt nicht sind: Während ich diese Zeilen schreibe, läuft in den Nachrichten die Geschichte einer 42-jährigen Frau namens Simone B. aus England, die auf Facebook ihren Selbstmord ankündigte. Was daraufhin geschah? Nicht allzu viel. Keiner ihrer immerhin 1048 »Freunde« griff rechtzeitig ein, stattdessen reagierten einige mit zynisch-gleichgültigen Kommentaren, wie »Ist ihre Entscheidung«. Als die Polizei die Wohnung der Frau aufbrach, war sie bereits tot. Siehe z. B. http://www.spiegel.de/panorama/0,1518,738022,00.html

9 Zitiert in Längin (1990)

10 Längin (1990)

11 Längin (1990)

12 Biswas-Diener (2008)

13 Miller et al. (2007)

14 Miller et al. (2007)

15 Kraybill (1989), aktuelle Zahlen: http://www2.etown.edu/amishstudies/Population_Trends_1991_2010.asp

16 Tatsächlich herrscht unter den Amischen eine *gewisse* Offenheit gegenüber der Technik des Industriezeitalters. Das betrifft zum Beispiel Taschenlampen, Taschenrechner oder auch den Traktor. Im Großen

und Ganzen handhabt man es so, dass die Anführer das Ausprobieren neuer technischer Geräte in begrenztem Maße dulden, »bis sie sehen, was passiert, oder sich ein Bild davon machen können, was passieren könnte, wenn sie es ganz zulassen«, wie ein amisches Oberhaupt sich in Kraybill (1989) ausdrückt. »Durchgegriffen wird dann, wenn es etwas ist, das wir nicht brauchen, *das die Gemeinschaft zerstören würde, die Nähe.*« (Kursiv von mir.)

17 http://www.clairefontaine.ws/

3. Wie Geld die Psyche verändert

1 Vohs et al. (2006)
2 Scherer (1974)
3 Kraus & Keltner (2009), siehe auch Kraus et al. (2011)
4 Vohs et al. (2006)
5 Piff et al. (2010)
6 Vohs et al. (2006), siehe auch den Vortrag von Kathleen Vohs unter http://csi.gsb.stanford.edu/money-and-mind
7 Christian Keysers, Netherlands Institute for Neuroscience, Amsterdam, persönliche Mitteilung. Siehe z. B. auch Eisenberger & Lieberman (2004) oder für ein kleines Review Burchiel (2002), Kapitel 64.
8 Eisenberger et al. (2003)
9 Zhou et al. (2009)
10 Zhou et al. (2009)
11 Für ein Review siehe Delgado (2007)
12 Izuma et al. (2008)
13 Izuma et al. (2008)
14 Vgl. Simmel (1907/2009)
15 http://www.platinumcardtravel.at/lifestyle/index.php

4. Familie vs. Welt

1 Offer (2006)
2 Glücksdaten nach Ronald Inglehart in Diener et al. (2010), Kapitel 12, siehe auch Inglehart et al. (2008). Der Glücksindex setzt sich aus folgenden Komponenten zusammen: Man befragt Testpersonen eines Landes, wie zufrieden sie mit ihrem Leben insgesamt sind (Skala von

1 bis 10, wobei 1 = gar nicht zufrieden, 10 = sehr zufrieden). Außerdem fragt man sie, wie glücklich sie momentan sind (Skala von 1 bis 4, wobei 1 = sehr glücklich, 4 = gar nicht glücklich). Der Index kombiniert beide Werte wie folgt: Glückswert = Lebenszufriedenheit – 2,5 × momentanes Glück. Beispiel: Wenn 100 Prozent der Bevölkerung sehr zufrieden mit dem Leben und auch momentan sehr glücklich sind, bekäme das Land den Maximalwert von 10 – 2,5 × 1 = 7,5. Wenn mehr Leute eines Landes unzufrieden oder unglücklich sind als zufrieden oder glücklich, ergibt sich ein negativer Wert. Die Glückswerte wurden zwischen 1995 und 2007 erfasst, weshalb ich das BIP dieses Zeitraums gemittelt habe (die Glückswerte für Ost- und Westdeutschland habe ich zu Deutschland zusammengefasst, gewichtet nach dem Bevölkerungsanteil). Zum Spezialfall Hongkong, siehe: Sing (2009) sowie Delhey (2010).

3 Oishi & Schimmack (2010) meinen, es könnte sich dabei zum Teil auch um ein Artefakt handeln, weil die Lateinamerikaner die Tendenz hätten, in Fragebögen die höchste Antwortkategorie zu bevorzugen.

4 Ronald Inglehart in Diener et al. (2010), Kapitel 12

5 Der Familiensinn der Latinos lässt sich sogar im Hirnscanner beobachten. In der Studie von Telzer et al. (2010) legten die Forscher Jugendliche lateinamerikanischer Herkunft in einen Kernspintomographen und verglichen sie mit einer Gruppe von weißen amerikanischen Jugendlichen. Die Jugendlichen konnten Geld gewinnen – für sich selbst oder für ihre Familien. Dabei war es so, dass ein Geldgewinn fürs eigene Ich mit einem kleinen Verlust für den Familientopf einhergehen konnte, und umgekehrt (Beispiel: Man bekam selbst drei Dollar, was zu einem Dollar Abzug im Familientopf führte, oder der Familie wurden drei Dollar zugesprochen, was allerdings mit einem Dollar weniger im Ego-Topf einherging; unterm Strich jedoch war der Gewinn stets größter als der Verlust). Auch in diesem Versuch warf man einen Blick auf jene »Belohnungsregion« namens Striatum. Wie sich ergab, zeigte das Striatum bei den amerikanischen Jugendlichen durchgehend dann die stärkste Erregung, wenn sie selbst Geld gewannen. Bei den Latinos war das anders: Bei ihnen lief das Striatum auf Hochtouren, wenn der Geldgewinn an ihre Familien ging – und das war sogar noch bei jenen Runden der Fall, bei denen sie *selbst* etwas Geld verloren.

6 Die Punktezahlen stellen eine Kombination der Umfrage-Ergebnisse dar, wobei das Land mit dem niedrigsten Wert (Litauen) auf 0 gesetzt

wurde und das Land mit dem höchsten Wert (Nigeria) auf 100. Von Litauen bis Australien liegen die Werte unter 50, ab Neuseeland über 50. Mit großem Dank an Paola Giuliano für die Kalkulation der neuesten Familiendaten des World Value Survey von 1990 bis 2005 eigens für dieses Buch.

7 Alesina & Giuliano (2010)

8 In der Grafik habe ich den Spezialfall Hongkong ergänzt, weil die Stadt die zweitniedrigste Geburtenziffer der Welt hat, obwohl dort die übliche Ein-Kind-Politik Chinas nicht gilt (Chinas Fertilitätsrate: 1,54). Die Daten sind Schätzungen für das Jahr 2011 vom CIA World Factbook, siehe: https://www.cia.gov/library/publications/the-world-factbook/rankorder/2127rank.html

9 Die Kinderdaten in der Grafik basieren auf Currie et al. (2004), Untersuchungszeitraum: 2001/2002, Altersgruppen der Kinder: 11, 13 und 15. Das BIP habe ich vom gleichen Zeitraum gemittelt. Berücksichtigt habe ich nur die Länder mit einem BIP pro Kopf von über 10 000 US-Dollar. Unter den Ländern mit weniger als 10 000 zeigt sich kein systematischer Zusammenhang. Weggelassen habe ich Belgien, da dies bei Currie et al. (2004) in einen flämischen und einen französischen Teil getrennt wurde, deren Werte stark schwanken (9,2 vs. 16,1 Prozent). Für Großbritannien habe ich den Wert von England (16,9 Prozent) genommen, der sich allerdings nicht allzu sehr von Wales (15,5 Prozent) unterscheidet.

10 Vgl. dazu auch Offer (2006)

11 Oder, noch genereller: Die Sorge scheint allgemein in reichen Gesellschaften vorzuherrschen, man siehe z. B. auch das Buch der Australier Hamilton & Denniss (2005).

12 Dorbritz (2008). Für eine neuere, ähnliche Umfrage mit ähnlichem Ergebnis siehe: http://www.stiftungfuerzukunftsfragen.de/de/newsletter-forschung-aktuell/231.html?PHPSESSID=bb9176f18e197e4379648ba20bf3faed

13 Solnick & Hemenway (1998)

14 Brockmann et al. (2009)

15 Vgl. Frank (1999)

Dritter Teil
Wir rastlosen Stadtneurotiker

1. Wie die Unruhe in unser Leben trat

1 Studie von Forsa im Auftrag der Techniker Krankenkasse und des F. A. Z.-Instituts, siehe: http://www.tk.de/centaurus/servlet/contentblob/164766/Datei/4064/TK_Pressemappe.pdf
2 http://www.bkk.de/arbeitgeber/bkk-finder/bkk-gesundheitsreport/
3 Siehe dazu auch das Buch von Hartmut Rosa (2005), eine Art Superreview zum Thema der gesellschaftlichen Beschleunigung.
4 »Für das größte Unheil unsrer Zeit, die nichts reif werden lässt, muss ich halten, dass man im nächsten Augenblick den vorhergehenden verspeist, den Tag im Tage vertut, und so immer aus der Hand in den Mund lebt, ohne irgendetwas vor sich zu bringen«, notierte Goethe im Jahr 1825. »Haben wir doch schon Blätter für sämtliche Tageszeiten, ein guter Kopf könnte wohl noch eins und das andere interpolieren. Dadurch wird alles, was ein jeder tut, treibt, dichtet, ja was er vorhat, ins Öffentliche geschleppt. Niemand darf sich freuen oder leiden, als zum Zeitvertreib der Übrigen; und so springt's von Haus zu Haus, von Stadt zu Stadt, von Reich zu Reich und zuletzt von Weltteil zu Weltteil, alles veloziferisch.« Das Wort »veloziferisch« heißt buchstäblich übersetzt »schnelles Tragen« (vom Lateinischen ferre). Mit dem Begriff bezeichnete man damals in Frankreich schnelle Wagen/Karren (vélocifère) bzw. die Vorläufer des heutigen Fahrrads (vélocipède). Vielleicht betrachtete man die neuen Fortbewegungsmittel als teuflisch schnell, als Transportmittel Luzifers, und womöglich empfand es auch Goethe so. Dessen Zitat findet sich u. a. in Carsten Rohdes *Spiegeln und Schweben* (Wallstein, 2006).
5 Nietzsche (1882/1982)
6 de Botton (2004)
7 Frank (1999)
8 Rosa (2005)
9 Zitiert in Max Weber, online unter http://www.zeno.org/nid/20011440473

2. Warum Anonymität rastlos macht

1 Gladwell (2009). Die Geschichte Rosetos beruht im Großen und Ganzen auf den Werken von Bruhn & Wolf (1979) und Wolf & Bruhn (1993). Erstmals aufmerksam auf die Roseto-Geschichte wurde ich durch Putnam (2000).
2 Für den Anfang dieser Arbeit siehe: Stout et al. (1964)
3 http://articles.chicagotribune.com/1996-10-11/news/9610110254_1_satellite-dishes-outsiders-town
4 Wolf & Bruhn (1993)
5 Wolf & Bruhn (1993), leicht gekürzt
6 Bruhn & Wolf (1979)
7 Die Zahlen der nachfolgenden Grafik sind aus: Egolf et al. (1992). Für neuere Daten, die in Richtung des »Roseto-Effekts« gehen, siehe z. B. Kim et al. (2010).
8 Meckel (2010)
9 http://www.spiegel.de/spiegel/vorab/0,1518,778746,00.html
10 Bruhn & Wolf (1973), siehe auch Wolf & Bruhn (1993)
11 Kann man es uns verübeln, wenn wir vermehrt zum Schönheitschirurgen rennen? Statt diesen Trend, wie üblich, als Sache bemitleidenswerter Eitelkeit abzutun, könnte man sich auch fragen, was in unserer Gesellschaft immer mehr Menschen dazu veranlasst, sich freiwillig unters Messer zu begeben, warum sie sonst das Gefühl haben könnten, nicht zu genügen, was sie sich von einem solchen Eingriff erhoffen und inwiefern diese Hoffnungen nicht auch ihre Berechtigung haben.
12 Veblen (1899/1958)
13 Smith (1759/2004)

3. Die Aufmerksamkeitsdefizitgesellschaft

1 Turkle (2011)
2 Vgl. Green & Bavelier (2003)
3 ADHS-Daten aus Fayyad et al. (2007), Tabelle 2, BIP aus gleichem Zeitraum (2001 bis 2003) gemittelt, hier der besseren Vergleichbarkeit halber wiederum nur die Länder mit BIP über 10 000 US-Dollar pro Kopf – berücksichtigt man alle Länder, ist der Zusammenhang noch stärker.

4 Daten von http://www.cinemetrics.lv / database.php. Suchwort: Scorsese, nur die Spielfilme + Aviator, bei mehreren Resultaten eines Films habe ich die Daten gemittelt.
5 Cutting et al. (2011)
6 González & Mark (2004)
7 Carr (2010)

4. Von der Stadt zum Neurotiker

1 Vgl. Milgram (1970)
2 Chen & Nordhaus (2011)
3 Siehe dazu auch, wie überhaupt zum Thema Stadt, das Buch von Edward Glaeser (2011).
4 Die Daten zum CO_2-Ausstoß stammen aus einer Studie des Forschungsinstituts Economist Intelligence Unit im Auftrag von Siemens: http: / / www.siemens.com / press / pool / de / events / 2011 / corporate / 2011 – 06-germany / german-gci-report-d.pdf. Für eine ähnliche, systematische Analyse einer großen Stichprobe amerikanischer Städte siehe: Glaeser & Kahn (2010).
5 Daten der nachfolgenden Grafik aus: Porter & Brand (1995), Sauerstoffverbrauch in Nanomol pro Minute und Milligramm Zelltrockenmasse
6 Daten der nachfolgenden Grafik aus: Brown et al. (2007), Sauerstoffverbrauch in Nanomol pro Minute und 10^6 Zellen
7 Bettencourt et al. (2007), Bettencourt et al. (2008)
8 Bornstein & Bornstein (1976), Bornstein (1979), Wirtz & Ries (1992), Morgenroth (2008)
9 Dekker et al. (2008)
10 Lederbogen et al. (2011)
11 Facebook-Weltkarte unter http: / / www.facebook.com / note.php?note_id=469716398919, Facebook-Statistiken unter http: / / www.facebook.com / press / info.php?statistics
12 Umfrage-Report unter http: / / www.pewinternet.org / Reports / 2011 / Technology-and-social-networks / Part-3 / SNS-users.aspx
13 Lee et al. (2010). Noch innerhalb eines Gebäudes schwankt der Austausch erheblich, zum Beispiel stoßen Leute, die auf ein und derselben Etage arbeiten, deutlich häufiger aufeinander, und in Firmen überlegt man sich nicht umsonst, wie man die Produktivität und Kreativität

der Mitarbeiter auf die Sprünge helfen kann, indem man den direkten Austausch zwischen ihnen erleichtert und fördert. Beim Computerzeichentrickfilm-Studio Pixar *(Findet Nemo, Ratatouille)*, mitgegründet von Apple-Legende Steve Jobs, entwarf Jobs die Architektur des Firmengebäudes so, dass die Leute aus den diversen Abteilungen möglichst oft zu einem zentralen Atrium gelockt werden und dort aufeinandertreffen, um sich gegenseitig mit Ideen zu befruchten. Siehe http://www.mckinsey.it/storage/first/uploadfile/attach/140140/file/inle08.pdf, http://www.youtube.com/watch?v=OeGCQWi8K-E

14 http://www.pewinternet.org/Reports/2011/Technology-and-social-networks/Part-3/SNS-users.aspx

15 Daten der nachfolgenden Grafik unter http://esa.un.org/unpd/wup/

Epilog
Wo das Glück zu finden ist

1 Stutzer & Frey (2008)

2 Solnick & Hemenway (1998)

3 Man sollte den Begriff Nachbar hier nicht allzu wörtlich, sondern eher als Metapher für jene Gruppe von Menschen verstehen, mit denen wir uns vergleichen. Diese Gruppe kann sich im Laufe des Lebens immer wieder so verschieben, dass man nie an das ersehnte Ziel gelangt: Ein Geschäftsmann, der 100 000 Euro verdient, fängt an, sich mit den Besserverdienenden zu vergleichen. Leider hat er die 200 000-Marke immer noch nicht erreicht. Sobald er diese schafft, verschiebt sich sein Ziel auf die nächsthöhere Stufe (bis irgendwann Bill Gates in sein Blickfeld rückt, woraufhin er sich besonders arm fühlt). Mit anderen Worten: Er kommt, einer Kafka-Figur gleich, nie an.

4 Headey (2010), siehe auch Headey et al. (2010)

5 http://www.diw.de/documents/dokumentenarchiv/17/diw_01.c.366487.de/soep_bdw_artikel2011.pdf

6 Headey (2008), Grafikdaten aus: Headey et al. (2010). Die Lebensprioritäten wurden auf einer Skala von 1 bis 4 gemessen (je höher, desto wichtiger), die Lebenszufriedenheit auf einer Skala von 0 bis 10. Die Werte in der Grafik spiegeln die absolute Veränderung der Lebenszufriedenheit bei einer Veränderung der Lebensprioritäten-

Werte um einen Punkt. Beispiel: Wer 4 statt 3 Punkte bei der Kategorie Familie erzielt, darf mit einer Erhöhung der Lebenszufriedenheit von 0,26 Punkten rechnen.

7 Quoidbach et al. (2010)

8 de Botton (2004)

Literatur

Alesina, A., & Giuliano, P. (2010). The power of the family. Journal of Economic Growth, 15, 93–125 (siehe auch das Discussion Paper No. 2750 des IZA vom April 2007)

Baron-Cohen, S. (2004). Vom ersten Tag an anders. Walter, Düsseldorf

Bartolini, S., & Bilancini, E. (2010). If not only GDP, what else? Using relational goods to predict the trends of subjective well-being. International Review of Economics, 57, 199–213

Bettencourt, L., et al. (2007). Growth, innovation, scaling, and the pace of life in cities. PNAS, 104, 7301–7306

Bettencourt, L., et al. (2008). Why are large cities faster? Universal scaling and self-similarity in urban organization and dynamics. The European Physical Journal B, 63, 285–293

Binswanger, M. (2006). Die Tretmühlen des Glücks. Herder, Freiburg

Biswas-Diener, R. (2008). Material wealth and subjective well-being. In: Eid, M., & Larsen, R. (Hrsg.). The science of subjective well-being. Guilford, New York

Bornstein, M., & Bornstein, H. (1976). The pace of life. Nature, 259, 557–559

Bornstein, M. (1979). The pace of life: Revisited. International Journal of Psychology, 14, 83–90

Botti, S., et al. (2009). Tragic choices: Autonomy and emotional responses to medical decisions. Journal of Consumer Research, 36, 337–352

Botton, A. de (2004). Statusangst. S. Fischer, Frankfurt

Brockmann, H., et al. (2009). The China puzzle: Falling happiness in a rising economy. Journal of Happiness Studies, 10, 387–405

Brown, M., et al. (2007). Metabolic rate does not scale with body mass in cultured mammalian cells. American Journal of Physiology, 292, R2115-R2121

Bruhn, J., & Wolf, S. (1979). The Roseto story. University of Oklahoma Press, Norman

Bünger, B. (2010). The demand for relational goods: Empirical evidence

from the European Social Survey. International Review of Economics, 57, 177–198
Burchiel, K. (2002, Hrsg.). Surgical management of pain. Thieme, New York
Burkholder, R. (2005). Chinese far wealthier than a decade ago – but are they happier? Siehe: http://www.gallup.com/poll/14548/chinese-far-wealthier-than-decade-ago-they-happier.aspx
Carr, N. (2010). Wer bin ich, wenn ich online bin … Blessing, München
Christakis, N., & Fowler, J. (2010). Connected! S. Fischer, Frankfurt
Currie, C., et al. (2004, Hrsg.). Young people's health in context: International report from the HBSC 2001/02 survey. Health Policy for Children and Adolescents, 4, WHO Regional Office for Europe, Copenhagen
Cutting, J., et al. (2011). Visual activity in Hollywood film: 1935 to 2005 and beyond. Psychology of Aesthetics, Creativity, and the Arts, 5, 115–125
Dar-Nimrod, I., et al. (2009). The maximization paradox: The costs of seeking alternatives. Personality and Individual Differences, 46, 631–635
Dekker, J., et al. (2008). Psychiatric disorders and urbanization in Germany. BMC Public Health, 8, online
Delgado, M. (2007). Reward-related responses in the human striatum. Annals of the New York Academy of Science, 1104, 70–88
Delhey, J. (2010). From materialist to post-materialist happiness? National affluence and determinants of life satisfaction in cross-national perspective. Social Indicators Research, 97, 65–84
Deutsche Rentenversicherung Bund (2010, Hrsg.). Rentenversicherungen in Zeitreihen, DRV-Schriften, Band 22, Oktober 2010
Diehl, K., & Poynor, C. (2010). Great expectations?! Assortment size, expectations, and satisfaction. Journal of Marketing Research, 47 (April), 312–322
Diener, E., et al. (2010, Hrsg.). International differences in well-being. Oxford University Press
Dorbritz, J. (2008). Germany: Family diversity with low actual and desired fertility. Demographic Research, 19, 557–598
Easterlin, R., et al. (2010). The happiness-income paradox revisited. PNAS, 107, 22463–22468
Eckersley, R., & Dear, K. (2002). Cultural correlates of youth suicide. Social Science & Medicine, 55, 1891–1904
Egolf, B., et al. (1992). The Roseto effect: A 50-year comparison of mortality rates. American Journal of Public Health, 82, 1089–1092

Eisenberger, N., et al. (2003). Does rejection hurt? An fMRI study of social exclusion. Science, 302, 290 – 292
Eisenberger, N., & Lieberman, M. (2004). Why rejection hurts: A common neural alarm system for physical and social pain. Trends in Cognitive Science, 8, 294 – 300
Fayyad, J., et al. (2007). Cross-national prevalence and correlates of adult attention-deficit hyperactivity disorder. British Journal of Psychiatry, 190, 402 – 409
Frank, R. (1999). Luxury fever. Princeton University Press
Gilbert, D., & Ebert, J. (2002). Decisions and revisions: The affective forecasting of changeable outcomes. Journal of Personality and Social Psychology, 82, 503 – 514
Gilbert, D. (2006). Ins Glück stolpern. Riemann, München
Gladwell, M. (2009). Überflieger. Campus, Frankfurt
Glaeser, E., & Kahn, M. (2010). The greenness of cities: Carbon dioxide emissions and urban development. Journal of Urban Economics, 67, 404 – 418
Glaeser, E. (2011). Triumph of the city. Penguin, New York
Goldin, C. (2006). The quiet revolution that transformed women's employment, education, and family. American Economic Review, Papers and Proceedings, 96, 1 – 21
González, V., & Mark, G. (2004). »Constant, constant, multi-tasking craziness«: Managing multipple working spheres. Proceedings of ACM Conference on Human Factors in Computing Systems, 6, 113 – 120
Green, C., & Bavelier, D. (2003). Action video game modifies visual selective attention. Nature, 423, 534 – 537
Hamilton, C., & Denniss, R. (2005). Affluenza. Allen & Unwin, Crows Nest
Headey, B. (2008). Life goals matter to happiness: A revision of set-point theory. Social Indicators Research, 86, 213 – 231
Headey, B. (2010). The set point theory of well-being has serious flaws: On the eve of a scientific revolution? Social Indicators Research, 97, 7 – 21
Headey, B., et al. (2010). Long-running German panel survey shows that personal and economic choices, not just genes, matter for happiness. PNAS, 107, 17922 – 17926
Iyengar, S., & Lepper, M. (2000). When choice is demotivating: Can one desire too much of a good thing? Journal of Personality and Social Psychology, 79, 995 – 1006

Iyengar, S., et al. (2006). Doing better but feeling worse. Psychological Science, 17, 143 – 150
Iyengar, S. (2010). The art of choosing. Little, Brown, London
Izuma, K., et al. (2008). Processing of social and monetary rewards in the human striatum. Neuron, 58, 284 – 294
Jacobi, F., et al. (2004). Prevalence, co-morbidity and correlates of mental disorders in the general population: Results from the German Health Interview and Examination Survey (GHS). Psychological Medicine, 34, 1 – 15
Jacobi, F. (2009). Nehmen psychische Störungen zu? Report Psychologie, 34, 16 – 28
Kahneman, D., & Krueger, A. (2006). Developments in the measurement of subjective well-being. The Journal of Economic Perspectives, 20, 3 – 24
Kast, B. (2001). Decisions, decisions … Nature, 411, 126 – 128
Kast, B. (2003). Revolution im Kopf. Berliner Taschenbuch Verlag
Kessler, R., et al. (2009). The global burden of mental disorders: An update from the WHO world mental health surveys. Epidemiologia e Psichiatria Sociale, 18, 23 – 33
Kessler, R., et al. (2011). Development of lifetime comorbidity in the World Health Organization world mental health surveys. Archives of General Psychiatry, 68, 90 – 100
Keysers, C. (2011). The empathic brain. CreateSpace
Kim, D., et al. (2010). Do neighborhood socioeconomic deprivation and low social cohesion predict coronary calcification? American Journal of Epidemiology, 172, 288 – 298
Kraus, M., & Keltner, D. (2009). Signs of socioeconomic status: A thin-slicing approach. Psychological Science, 20, 99 – 106
Kraus, M., et al. (2011). Social class as culture: The convergence of resources and rank in the social realm. Current Directions in Psychological Science, 20, 246 – 250
Kraybill, D. (1989). The riddle of Amish culture. Johns Hopkins University Press, Baltimore
Lane, R. (2000). The loss of happiness in market democracies. Yale University Press, New Haven
Längin, B. (1990). Die Amischen. List, München
Lederbogen, F., et al. (2011). City living and urban upbringing affect neural social stress processing in humans. Nature, 474, 498 – 501
Lee, K., et al. (2010). Does collocation inform the impact of collaboration? Plos One, 5, e14279

Luthar, S., & Sexton, C. (2005). The high price of affluence. In: Kail, R. (Hrsg.). Advances in child development, 32, 126 – 162. Academic Press, San Diego
Marglin, S. (2008). The dismal science. Harvard University Press, Cambridge
Markus, H., & Schwartz, B. (2010). Does choice mean freedom and well-being? Journal of Consumer Research, 37, 344 – 355
Meckel, M. (2010). Brief an mein Leben. Rowohlt, Reinbek
Milgram, S. (1970). The experience of living in cities. Science, 167, 1461 – 1468
Miller, G. (1956). The magical number seven, plus or minus two: Some limits on our capacity for processing information. Psychological Review, 63, 81 – 97
Miller, K., et al. (2007). Health status, health conditions, and health behaviors among Amish women: Results from the central Pennsylvania women's health study. Women's Health Issues, 17, 162 – 171
Morgenroth, O. (2008). Zeit und Handeln. Kohlhammer, Stuttgart
Nietzsche, F. (1882 / 1982). Die fröhliche Wissenschaft. Insel, Frankfurt
Offer, A. (2006). The challenge of affluence. Oxford University Press
Oishi, S., & Schimmack, U. (2010). Culture and well-being: A new inquiry into the psychological wealth of nations. Perspectives on Psychological Science, 5, 463 – 471
Piff, P., et al. (2010). Having less, giving more: The influence of social class on prosocial behavior. Journal of Personality and Social Psychology, 99, 771 – 784
Porter, R., & Brand, M. (1995). Cellular oxygen consumption depends on body mass. American Journal of Physiology, 269, R226-R228
Putnam, R. (2000). Bowling alone. Simon & Schuster, New York
Quoidbach, J., et al. (2010). Money giveth, money taketh away: The dual effect of wealth on happiness. Psychological Science, 21, 759 – 763
Rath, T., & Harter, J. (2010). Wellbeing. Gallup, New York
Reutskaja, E. (2008). Experiments on the role of the number of alternatives in choice. Dissertation, online unter: http://www.tesisenxarxa.net / TESIS_UPF/AVAILABLE / TDX-0505109 – 125215/ter.pdf
Reutskaja, E., & Hogarth, R. (2009). Satisfaction in choice as a function of the number of alternatives: When goods satiate. Psychology & Marketing, 26, 197 – 203
Rosa, H. (2005). Beschleunigung. Suhrkamp, Frankfurt
Scheibehenne, B., et al. (2010). Can there ever be too many options? A

meta-analytic review of choice overload. Journal of Consumer Research, 37, 409 – 425
Scherer, S. (1974). Proxemic behavior of primary school children as a function of their socioeconomic class and subculture. Journal of Personality and Social Psychology, 29, 800 – 805
Schultz-Zehden, B. (2005). Lust, Leid, Lebensqualität von Frauen heute. Springer, Heidelberg
Schwartz, B. (2004 a). Anleitung zur Unzufriedenheit. Ullstein, Berlin
Schwartz, B. (2004 b). Die Qual der Wahl. Spektrum der Wissenschaft, September, 70 – 75
Shah, A. & Wolford, G. (2007). Buying behavior as a function of parametric variation of number of choices. Psychological Science, 18, 369 – 370
Simmel, G. (1907 / 2009). Philosophie des Geldes. Anaconda, Köln
Simon, H. (1971). Designing organizations for an information-rich world. In: Greenberger, M. (Hrsg.). Computers, communication, and the public interest. Johns Hopkins University Press, Baltimore
Sing, M. (2009). The quality of life in Hong Kong. Social Indicators Research, 92, 295 – 335
Smith, A. (1759 / 2004). Theorie der ethischen Gefühle. Meiner, Hamburg
Solnick, S., & Hemenway, D. (1998). Is more always better?: A survey on positional concerns. Journal of Economic Behavior & Organization, 37, 373 – 383
Stevenson, B., & Wolfers, J. (2008). Economic growth and subjective well-being: Reassessing the Easterlin paradox. Brookings Papers on Economic Activity, 1 – 87
Stevenson, B., & Wolfers, J. (2009). The paradox of declining female happiness. American Economic Journal: Economic Policy, 1, 190 – 225
Stout, C., et al. (1964). Unusually low incidence of death from myocardial infarction. JAMA, 188, 845 – 849
Stutzer, A., & Frey, B. (2008). Stress that doesn't pay: The commuting paradox. Scandinavian Journal of Economics, 110, 339 – 366
Telzer, E. (2010). Gaining while giving: An fMRI study of the rewards of family assistance among White and Latino youth. Social Neuroscience, 5, 508 – 518
Turkle, S. (2011). Alone together. Basic Books, New York
Twenge, J., et al (2010). Birth cohort increases in psychopathology among young Americans, 1938 – 2007: A cross-temporal meta-analysis of the MMPI. Clinical Psychology Review, 30, 145 – 154

Veblen, T. (1899 / 1958). Theorie der feinen Leute. Kiepenheuer & Witsch, Köln

Vohs, K., et al. (2006). The psychological consequences of money. Science, 314, 1154 – 1156

WHO World Mental Health Survey Consortium (2004). Prevalence, severity, and unmet need for treatment of mental disorders in the World Health Organization world mental health surveys. JAMA, 291, 2581 – 2590

Wirtz, P., & Ries, G. (1992). The pace of life – reanalysed: Why does walking speed of pedestrians correlate with city size? Behaviour, 123, 77 – 83

Wolf, S., & Bruhn, J. (1993). The power of clan. Transaction, New Brunswick

Zhou, X., & Gao, D.-G. (2008). Social support and money as pain management mechanisms. Psychological Inquiry, 19, 127 – 144

Zhou, X., et al. (2009). The symbolic power of money. Psychological Science, 20, 700 – 706

Bildnachweis

S. 14 Afrikanische Savanne (www.zastavki.com)
S. 15 Supermarkt: My Shoppingday #2 / 02 (Michael Wagenhäuser)
S. 26 Fissler-Anzeige, »Koche mit Liebe und VitaFit« (Fissler GmbH, Idar-Oberstein); Familienbild der 1950er Jahre (Klaus Meier-Ude, Frankfurt am Main)
S. 33 Marmeladenversuch (Sheena Iyengar; Sina Bartfeld)
S. 69 Navigationsstrategie des Nachfalters (Sina Bartfeld)
S. 108 Lebensstile (Wikimedia Commons / Nils Fretwurst)
S. 121 Capitalism Kills Love (Foto: Sina Bartfeld)
S. 124 Geld-Stühle-Versuch (www.geliosoft.com / Sina Bartfeld)
S. 128 Cyberball (aus: Eisenberger & Lieberman 2004)
S. 132 Hirnschnitte (aus: Izuma et al. 2008)
S. 176 Karikatur (Alex Gregory, The New Yorker)
S. 213 Weststrand auf dem Darß (Foto: Sina Bartfeld)
S. 215 Satellitenbild (http: / / visibleearth.nasa.gov)
S. 218 Kontaktdichte auf dem Dorf und in der Stadt (Sina Bartfeld)
S. 229 Anregungsdichte vor dem Computer (Sina Bartfeld)
S. 230 Freundschaftsverbindungen von Facebook-Mitgliedern (www.facebook.com)

Statistische Grafiken von Bas Kast
Illustrative Grafiken von Sina Bartfeld

Danksagung

Danke, Sina, für alles. Für großartige Hilfe, Beratung sowie Durchsicht des gesamten Manuskripts: Prof. Dr. Christian Keysers, Netherlands Institute for Neuroscience, Amsterdam (http://www.empathicbrain.com/). Ein herzliches Dankeschön auch an Familie Dr. Wewetzer.

Personen- und Sachregister

Bas Kast

Die Liebe

und wie sich Leidenschaft erklärt

Band 16198

Die Liebesformel!

· Warum verlieben Sie sich?

· Was macht uns attraktiv?

· Wie verführt man?

· Was ist das Geheimnis glücklicher Paare?

Alles, was die Wissenschaft über die Liebe weiß: Bas Kast hat die neuesten Erkenntnisse über das schönste Gefühl der Welt zusammengefügt. Er erklärt uns die Logik der Liebe und bringt uns so dem großen Glück ein Stück näher.

»Wissenschaft und Liebe, ein Gegensatz an sich? Nicht unbedingt. Dieses Buch zeigt, dass es auch anders geht. Einfühlsam erklärt der Autor alles, was die Forschung über das Schönste aller Gefühle weiß: vom Flirt über die Leidenschaft bis zur langjährigen Beziehung.«

Die Welt

Fischer Taschenbuch Verlag

fi 16198 / 1